Cómo ser influyente y afirmaciones diarias de autoestima

2 libros en 1

Aprende a influir en la gente, vive tu vida al máximo e incrementa tu autoestima con afirmaciones positivas diarias

Aprende a ser influyente y obtén todo lo que quieras

Se la persona que todos escuchan dominando el arte de la influencia y persuasión. Aprende a convencer a tu pareja, tu jefe o tus socios de negocio

Aprende a ser influyente
Table of Contents

Introducción 7

Capítulo 1: Guía de Persuasión para Principiantes 12

Formas Diarias en las que Eres Manipulado 12

Manipulación: Una Herramienta para el Bien y para el Mal 14

6 Reglas de Oro en la Manipulación 16

Cómo Utilizar un Lenguaje Corporal Persuasivo 22

Capítulo 2: Principios de Inteligencia Emocional 26

¿Qué es la Inteligencia Emocional? 27

Por Qué los Maestros de la Manipulación Necesitan Inteligencia Emocional 33

9 Maneras de Desarrollar una Inteligencia Emocional Potente .. 35

Cómo Controlar tus Emociones Como un Veterano 40

Capítulo Tres: Escoge Tu Blanco 45

¿Qué Atrapa a la Gente? 48

7 Cualidades Que Definen al Blanco Perfecto 61

Los Blancos que Son Más Difíciles de Conquistar 63

Capítulo Cuatro: Descifrar El Lenguaje Corporal 66

Leer las Señales Sutiles del Cuerpo 67

Los Mensajes Secretos del Rostro 69

Entender Micro Expresiones 77

Lo Que la Forma de Caminar Dice de Ti 79

Capítulo Cinco: Herramientas Esenciales para la Manipulación. 82

Trucos Diarios de Manipulación 82

Aprende a ser influyente

11 Trucos de Persuasión para Empezar a Conseguir lo que Quieres en tu Día a Día 92

Como Usar las Seis Leyes de Persuasión 94

Todo lo que Tienes que Saber Sobre la Psicología Inversa 98

Capítulo Seis: Un Maestro en Cada Escenario 105

Cómo Manipular a Tu Jefe en Secreto 105

Estrategias de Negociación Infalibles para Manipular Tu Camino al Éxito 113

Fraccionamiento: La Herramienta de Seducción de los Grandes Manipuladores 118

11 Técnicas de Manipulación Menos Conocidas para Seducir . 124

Capítulo Siete: Tácticas de Manipulación Avanzadas 132

El Poder Manipulador del Afianzamiento 132

Hábitos Encantadores para Manipular a Cualquiera 138

Cómo Convertir a Alguien en Su Propio Enemigo 143

Capítulo Ocho: Reafirmando el Dominio 146

Lenguaje Corporal que Reafirma el Dominio 146

Cómo Hablar Como un Líder 153

Comportamiento Dominante para Mostrar Quién Manda 160

Conclusión 166

Introducción

Todos tienen un pequeño manipulador viviendo dentro de sí. Si te estás sintiendo inseguro acerca de tu vida, podría resultarte difícil reconocer ésta cualidad, y el poder que puede tener sobre otros. Como humanos, contamos con una amplia variedad de métodos sobre los que, instintivamente, nos apoyamos cuando queremos ejercer nuestra influencia sobre otros. Podríamos hacer que otras personas duden de su propio juicio y aceptar nuestro consejo personal cuando queremos algo; pudiéramos hacerles sentir culpables acerca de algo que no nos gusta, podríamos vestirnos de encanto para tentarlos a hacer algo a lo que están renuentes. Todo esto forma parte de la comunicación diaria, y comenzamos a apoyarnos en éstas técnicas a muy temprana edad.

Sin embargo, en algún momento de la vida, terminamos convenciéndonos de que la manipulación es algo inmoral; que existe algo intrínsecamente indecente en ello y, así, nuestra forma de comunicación cambia. Desafortunadamente, esto nos deja vulnerables a las tácticas usadas por aquellos que reconocen dichas habilidades como meras herramientas, cuya utilidad se puede emplear tanto para buenas, como malas intenciones. Como resultado, nos encontramos siendo manipulados y presionados a lidiar con las cosas que ellos no quieren hacer. Acabamos sintiéndonos impotentes, frustrados y sin control.

De lo que no nos damos cuenta, es que la manipulación, igual que cualquier otra destreza, es una habilidad que fácilmente se puede desarrollar positivamente para ayudarnos a lograr nuestras metas. Sólo con hacer algunos ajustes a nuestro lenguaje corporal, forma de expresarnos y comportamiento, todos podemos convertirnos en dueño de nuestra propia vida. No importa si eres un padre tratando de hacer que su hijo limpie su habitación, o si eres el director ejecutivo de una importante corporación intentando motivar una fuerza de trabajo masiva; superar tus propias inseguridades y aprender a usar ésta habilidad pueden cambiar la dinámica entera de tu vida.

Hay quienes se han referido a ella como una forma de "persuasión oscura", como tratando de insinuar que hay algo misteriosamente malévolo acerca de la manipulación. A simple vista, eso podría parecer cierto. Después de todo, cuando escuchas la palabra "manipulación", la mente, automáticamente, evoca ideas intrigantes. Se reproducen en tu cabeza imágenes de control mental en las películas de ciencia ficción, hipnotizadores intentando obligarte a hacer cosas extrañas o vergonzosas, que normalmente no harías; y personas deshonestas que quieren persuadirte para que hagas algún tipo de acto cuestionable. Pero todas éstas son ideas erróneas acerca de lo que la manipulación realmente se trata.

La creencia más común sobre la manipulación, es que involucra a una persona tomando el control sobre otra, como si ésta fuera una marioneta, con ellos moviendo las cuerdas. Pero, lo que la mayoría de la gente no entiende, es que el verdadero arte de manipulación no tiene nada que ver con hacer que otras personas hagan cosas en contra de su voluntad; sino una delicada forma de persuasión capaz de convencer a otro de querer lo mismo que uno quiere. En otras palabras, la manipulación es simplemente una forma profunda de persuasión, algo que todos hacemos en la vida diaria.

Tu objetivo es hacer creer a otros que, cualquiera que sea la decisión que estén tomando, siempre fue idea de ellos. Siempre habrá personas que utilizarán esta habilidad con intenciones dudosas; pero eso no quiere decir que, la persuasión en sí, esté mal.

Una persona puede usar un cuchillo para preparar la comida para su familia, o puede usarlo para hacerle daño a otra persona. El cuchillo en sí no es el problema; es de qué forma alguien decide utilizarlo. Si sigues los medios de comunicación, debes saber que, históricamente, ha habido una corriente infinita de personas carismáticas que han puesto bastante esfuerzo en influenciar y maniobrar a las personas para que hagan lo que ellos quieren. Buscan controlar el comportamiento de las masas a través de actos sutiles que pueden ser difíciles de notar.

Todos hemos oído las horrorosas historias de la opresión sobre los Judíos por parte de los Nazis durante la Segunda Guerra Mundial. Cómo estos alemanes, que normalmente eran amables, pacíficos y gentiles, fueron convencidos de ver a los Judíos como una amenaza real para sus vidas; o tal vez hayas oído del record de muertes suicidas cometidas bajo la persuasión de personas carismáticas como Jim Jones, o aquellos que participaron en el pacto establecido bajo la estela del cometa Hale-Bopp. Nuestros libros de historia están plagados de éste tipo de historias de horror, que demuestran cuán malvado y peligroso puede ser la manipulación psicológica. No obstante, esos casos no representan la norma, y no reflejan la realidad de lo que el arte de la manipulación realmente es.

Todos practicamos la manipulación, de una manera u otra. Lo hacemos diariamente y ni siquiera lo pensamos dos veces. De hecho, la definición principal de la palabra "manipular", es "dirigir o influenciar con destreza", en algún proceso de tratamiento o desempeño".

La manipulación no es el mal en sí; es el cómo se usa, lo que se vuelve cuestionable. ¿Perteneces a alguna religión? ¿Algún grupo al que pertenezcas? ¿Alguna vez fuiste parte de una fraternidad? ¿O miembro de un club exclusivo? ¿Seguías las reglas de tu escuela? ¿Existen políticas de oficina donde trabajas?

Todos estos grupos fueron formados y desarrollados usando cierto nivel de manipulación. Los miembros ejercían una sutil presión sobre ti para seguir ciertas normas, encajar dentro de ciertas expectativas, y complacer a cierto grupo de personas. Simplemente no te diste cuenta de que estabas siendo manipulado, porque querías ser parte de ello.

Pero, después de leer este libro, tú puedes estar del otro lado de la ecuación. Sutilmente impulsando personas en una dirección u otra. Los trucos están todos en tu mente y en tu forma de pensar. Todo eso podrá necesitar un cambio y nuestro objetivo es ayudarte a lograrlo. En este libro aprenderás a:

- Qué es realmente la manipulación y cómo reconocer cuando estás siendo manipulado.
- El lenguaje no-hablado que siempre comunicas al resto del mundo.
- Qué papel juega tu IE (Inteligencia Emocional)
- Qué atrae a la gente
- Cómo identificar una persona vulnerable a la manipulación
- Cómo leer el lenguaje corporal y micro expresiones
- Cómo tu forma de caminar dice mucho de ti
- Cómo abastecer tu caja de herramientas de manipulación
- Cómo manipular a otros como un verdadero profesional
- Y muchísimo más

La pregunta que debes hacerte, es ¿por qué estás leyendo este libro? ¿Con qué objetivo quieres aprender cómo manipular personas? Ten presente que, para manipular personas de forma efectiva, se requiere de un serio compromiso respecto al tiempo. Tendrás que ser paciente y cultivar tu arte. Puede parecer fácil, pero para dominar las estrategias usadas aquí, deberás practicarlas hasta que se sientan naturales y sin esfuerzo. Éste tipo de habilidad requiere de tiempo para ser cultivado e involucra vencer tus propias barreras mentales y crear una mentalidad muy específica.

Aprende a ser influyente

Eso implica bastante trabajo y compromiso. Sin embargo, una vez que seas experto en esta habilidad, serás capaz de lograr cosas grandiosas. Será más fácil para tu nuevo negocio el ganar impulso y adelantarse a la competencia. Podrás obtener el apoyo que necesites para superar cualquier obstáculo. Tendrás acceso a una amplia fuente de recursos y podrás comunicarte y conectarte con el resto del mundo, bajo tus términos.

Si alguna vez te has preguntado cómo una persona sin muchos recursos parece poder enfrentarse al resto del mundo, y ganar, entonces has sido testigo oficial del poder de la manipulación. No necesitas una caja llena de herramientas, ni un montón de trucos bajo la manga. Sea que quieres convencer a tus hijos de tomar ciertas decisiones importantes, o si eres un director ejecutivo tratando de motivar a un equipo de empleados a seguir tus ideales; las estrategias son las mismas.

¿Qué significa eso para ti? Significa demasiado. Con el arte de la manipulación, encontrarás más sencillo conseguir el trabajo que quieres, obtener el préstamo que necesitas, e incluso negociar el tipo de tratos que estás buscando. Tu meta no es hacer que la gente te ayude en contra de su voluntad, sino convencerlos de que, lo que tú tienes para ofrecer para el mundo, es algo por lo que vale la pena correr riesgos. Es una poderosa herramienta que cualquiera puede usar para conseguir lo que necesita. Y se trata de aprender a usar tus propias fortalezas para tu ventaja. Así que, si estás listo para enfrentarte al mundo y finalmente conseguir las cosas que necesitas, y que deberías tener, entonces es tiempo de voltear la página y aprender a ser un maestro de la manipulación en todo su esplendor. Entonces, empecemos para que puedas vencer al resto del mundo como un torbellino.

Aprende a ser influyente

Capítulo 1: Guía de Persuasión para Principiantes

Mucha gente piensa en la manipulación de forma negativa. Sienten que cualquiera que sea manipulador tiene un propósito malévolo y no se puede confiar en él. Desafortunadamente, esto es, por lo menos, parcialmente cierto. Definitivamente los hay quienes desean hacerte daño o aprovecharse de cualquiera que se cruce en su camino.

Una de las razones por las que, frecuentemente, asociamos la manipulación con una intención negativa es porque no tenemos la habilidad para ver el corazón de las personas y determinar su verdadero motivo. Entonces, más allá de pensar que alguien está genuinamente haciéndote un cumplido, la mente siempre se torna sospechosa y adoptará el peor escenario.

Formas Diarias en las que Eres Manipulado

Sería genial sentir que, cuando tomamos nuestras propias decisiones, lo hacemos en nuestros propios términos, pero ése raramente es el caso. Vivimos vidas muy ocupadas y, como resultado, sucumbimos frecuentemente a las influencias de otros, usándolas como una especie de atajo, o como una guía para sacar rápidamente nuestras propias conclusiones acerca de alguna situación. Para la mayoría, esto puede funcionar bien; pero raramente es la acción más sabia.

Por ejemplo, llegas a casa y enciendes la televisión en el canal de noticias para oír sobre los últimos eventos ocurridos en el mundo.

Aprende a ser influyente

Ves una foto del Príncipe Charles mostrando su dedo medio a alguien del público. La gente está indignada porque alguien de la familia real adopta éste tipo de actitud en público, y tú estás de acuerdo. ¿Estás siendo manipulado o es un verdadero reporte de noticia? La imagen en la pantalla es clara, así que te unes a la multitud y te enfureces por la fotografía y elevas tu propia protesta contra el insensible miembro de la familia real.

Sin embargo, a pesar de que éste incidente realmente sucedió, los medios no contaron la historia completa. La misma imagen, tomada desde un ángulo distinto, muestra que el Príncipe Charles realmente estaba sosteniendo tres dedos en alto, como si estuviera contando algo mientras hablaba, calmadamente, con alguien de la multitud. No era sólo el dedo medio, y su gesto era completamente inocente.

Ese gran ejemplo de manipulación, consiguió que millones de personas opinaran acerca de la situación de la familia real antes de que la verdad fuese revelada. No obstante, no toda manipulación se da de una forma tan pública. Puede suceder a menor escala también. Toma en consideración a esas personas que actúan como si fueran mejores que tú. Quizá tengan un mayor nivel de educación, o ganan más dinero que tú. Algunos incluso actúan de esa forma por su linaje familiar. Cuando te hablan, adoptan una voz condescendiente, como si hablaran con un niño. Sus expresiones faciales dejan claro que te ven como inferior.

¿Funciona ésta estrategia? Sólo si tú aceptas este comportamiento y estás de acuerdo con ello. Si te vuelves tembloroso y te muestras nervioso en su presencia, estás dándoles señal de que estás de acuerdo y realmente los ves como superiores a ti. Cómo respondes a éste tipo de comportamiento te permitirá saber si te están manipulando o no.

Otras estrategias de manipulación pueden ser vistas en el lenguaje corporal de alguien, su tono de voz, o, inclusive, lo que no dicen (trato silencioso, por ejemplo). Existe un sinnúmero de maneras en que alguien puede intentar manipularte. Si te tomas el tiempo, estoy seguro de que encontrarás incontables formas de manipulación siendo practicadas contigo todos los días. Es una estrategia perfectamente normal que todos usamos a lo largo de nuestras vidas.

Manipulación: Una Herramienta para el Bien y para el Mal

Son casos como éstos los que hacen que la gente se pregunte si la manipulación es éticamente correcta o no. Los medios se hacen notorios por éste tipo de tácticas. Utilizan la fotografía, palabras cuidadosamente empleadas, y otras tácticas inteligentes para persuadir gente de sentirse de cierta manera.

Sin embargo, aunque el mensaje que entregan posee cierto grado de verdad, no siempre es toda la verdad. Que alguien utilice la manipulación para mal, no quiere decir que siempre sea mala. Una mirada más atenta hacia nuestros estilos de comunicación nos ayuda a entender cómo la manipulación ha sido usada muchísimo más para buenos propósitos. Una vez que reconoces esto, no sólo serás capaz de reconocer cuando está siendo empleada alrededor de ti, sino que querrás aplicarla en tu vida también.

Debido a que nuestra mente subconsciente es usualmente la fuerza que dirige nuestro comportamiento, no muy a menudo nos damos cuenta de lo que sucede realmente durante nuestros procesos mentales. La mente subconsciente siempre está trabajando, cada segundo de cada día; está recolectando información a través de nuestros sentidos y poniéndola a través de filtros, decidiendo lo que es importante y lo que no.

Aprende a ser influyente

Así que, mientras navegas en tu computador, revisando tus redes sociales, cosas están sucediendo en el fondo de tu mente, de las que ni siquiera estás enterado. Ésta es una estrategia que aquellos especializados en marketing utilizan para atraer tu atención. El equipo de marketing entiende que, si colocan el nombre de la marca en frente de ti lo suficiente, eventualmente harás una conexión con ello. ¿Te has preguntado alguna vez por qué Coca-Cola se ha convertido en la marca número uno de bebidas gaseosas del mundo? Pequeñas cosas como una frase pegajosa, ligeros desenfoques de cámara entre escenas de tu programa de televisión favorito, y su logo plasmado en cada evento deportivo y sitio de entretenimiento.

Este arte astuto de manipulación no es nada nuevo. Ha estado presente durante décadas. Es usado por empresas, partidos políticos, religiones e, incluso, grupos de interés social. Tu jefe lo utiliza para sacar mayor trabajo de ti; tus padres lo utilizan para que regreses temprano a casa, tus profesores lo utilizan para hacer que quieras estudiar, y tu esposo puede que lo utilice para hacer que estés de acuerdo con él en cualquier número de cosas. Puesto simple, la manipulación es el hábil uso de la persuasión para lograr un resultado deseado. Es el aceite en la ruidosa rueda que mueve nuestra sociedad.

En conclusión, si vives en éste mundo, perteneces a una de estas dos clases; el manipulador o el manipulado. No existe punto medio en esto. Así que, en, esencia, es una de las habilidades más útiles que un superviviente puede usar para conseguir lo que quiere.

Si estás pensando que necesitas tener una especial cantidad de carisma, o ciertos talentos para poder emplear las estrategias que usaremos en este libro, estás equivocado. El hecho es que todos tienen un talento innato para ser un maestro de la manipulación. Ya cuentas con las cualidades para hacer el trabajo. Así que, comencemos con lo básico.

Aprende a ser influyente
6 Reglas de Oro en la Manipulación

Entonces, ¿cómo saber si estás siendo manipulado? Hay muchas formas en que esto puede suceder. Las probabilidades son que, a este punto, ya has comenzado a percibir la idea, pero vamos a ponernos un poco específicos aquí. Después de muchos años de estudio, investigadores han delimitado exactamente cómo funciona la manipulación.

Al principio, probablemente sentías que las personas tomaban decisiones basadas en la información que reunían, pero ese no siempre es el caso. La evidencia ha mostrado que la manipulación tiene características muy específicas, y el tomador de decisiones usa esas características como un tipo de reglamento para medir la información que recolectan. Esto les permite llegar a conclusiones omitiendo todo el proceso analítico que implica. Existen al menos seis reglas diferentes de manipulación que son comúnmente usadas en ti todos los días.

- Reciprocidad
- Escasez
- Autoridad
- Consistencia
- Agrado
- Unanimidad

Una vez que entiendes cómo funciona cada una de éstas, y cómo pueden ser usadas, no sólo podrás detectar cuando alguien está intentando manipularte, también podrás sacar provecho de ésta estrategia y usarla en otros.

Reciprocidad: El arte de la reciprocidad permite al manipulador tocar una característica innata de todos nosotros. SI alguien hace algo

Aprende a ser influyente

por ti, automáticamente te sientes obligado a devolver el favor. Aun cuando su gesto no viene con una expectativa de recibir algo de vuelta, igual te sentirás comprometido a hacer algo por esa persona, o tu mente no podrá descansar.

Aun así, no esperes que sea un intercambio de gestos o favores equitativos. El manipulador podría ni siquiera pedir o esperar algo a cambio; en lugar de eso, creará una situación que te hará sentir conectado a ellos de alguna manera. Luego, cuando las circunstancias son favorables y necesitan del servicio o del producto que tú puedes proveer, tu mente, automáticamente, traerá de vuelta el nombre del manipulador y lo pondrá de primero en la lista; y hay una gran probabilidad de que cumplirás lo que sea en favor de ellos.

Un perfecto ejemplo de reciprocidad, es una práctica encontrada en la mayoría de los restaurantes hoy en día. Después de haber terminado tu plato, usualmente el mesero te llevará la cuenta, junto con una menta para cada persona en tu mesa – un regalo. En muchos casos, el regalo es algo pequeño y aparentemente insignificante. ¿Cómo te sientes cuando recibes este regalo? ¿Qué haces con ello? Mientras que la menta le cuesta al restaurante una pequeña fracción del plato que acabas de comer, comienzas a sentir cierto endeudamiento. Tu subconsciente te dice que debes devolver el gesto de alguna manera. La evidencia de esto ha sido revelada en un número de estudios que han demostrado que, los comensales que reciben una menta después de la comida, a menudo aumentan la cantidad de la propina por al menos un 3%. Si recibían dos mentas, el tamaño de la propina se cuadruplicaba cerca de un 14%.

Otro resultado de reciprocidad es que, si el mesero te da una menta junto con la cuenta, y luego comienza a alejarse, pausa y luego regresa para hacer un cumplido a los integrantes de la mesa, las propinas se incrementan aún más, hasta un 23%.

Esto revela algo interesante. Que no sólo el regalo hace la diferencia. Si, dar un regalo incrementará tus probabilidades de obtener lo que quieres, pero también se debe prestar atención a la forma en la que el regalo es entregado. Esto te concederá el máximo posible resultado.

Escasez: Es un hecho bien conocido que, cuando sólo hay reserva limitada de algo, la gente lo querrá aún más. Esta reacción natural está incorporada en todos nosotros. Podríamos ni siquiera estar consciente de ésta inclinación pero, psicológicamente, cuando algo que deseemos se vuelve escaso, nos sentimos obligados a intentar obtenerlo lo antes posible.

Vemos cómo los que trabajan en marketing utilizan el arte de la escasez en campañas que tienen fecha límite. Recibes emails o mensajes de texto con frases como "sólo quedan 12 horas" o "sólo quedan 5 asientos disponibles". Poniéndolo simple, una vez que te das cuenta de que no tienes acceso infinito a algo que deseas, serás conducido a tomar acción y asegurarlo para ti antes de que la reserva se agote.

Lo importante que hay que saber aquí, es que nada ha cambiado acerca del producto. No ha sido mejorado, ni está siendo ofrecido a un menor precio. La única diferencia es que hay una gran probabilidad de que el recurso dejará de estar disponible. El hecho, por sí sólo, hace que la gente lo quiera aún más.

Así que, cuando realmente quieres motivar a alguien a la acción, el Principio de Escasez es muy efectivo. Cuando las personas conocen los beneficios de los que se estarían perdiendo, clamarán por obtenerlo antes de que la reserva se termine.

Autoridad: Hemos sido programados desde una edad muy temprana para respetar y aceptar las palabras y consejos provenientes de personas con autoridad. Esta es la razón por la cual tomamos el consejo de un profesional de salud, sin cuestionar, escuchamos la voz de un profesor, y obedecemos a la insignia de autoridad cuando nos da una instrucción.

Esto lo hacemos a un nivel consciente. Es una decisión que todos tomamos en algún punto de nuestra vida. Sin embargo, pocos nos damos cuenta de que también lo hacemos a un nivel inconsciente. Incluso un profesional, del que no sabemos nada, recibe de nosotros mayor importancia a su opinión y la situamos más alta que ninguna otra. Es porque es nuestra forma de reconocer su experiencia, posición y conocimiento

Es interesante notar que esta aceptación automática puede ser vista no sólo en números, sino también en entornos sociales alrededor del mundo. Los doctores logran hacer que sus pacientes sigan ciertos regímenes de tratamiento si sus diplomas están desplegados libremente en sus oficinas mientras dan las recomendaciones. La gente está más dispuesta a seguir las leyes de tráfico si hay un oficial uniformado presente, y muchos están inclinados a escuchar a un experto en cualquier tema si hay algún indicio de que realmente es un experto.

Por supuesto, ésta estrategia también puede producir un efecto indeseado para ti. Si vas por ahí jactándote de tus logros, o si les dices a todos que deben escucharte porque eres un experto, puede ser de mal gusto para muchas personas y hacer que se cierren a tus opiniones. Sin embargo, si alguien más señala tu nivel de experiencia en algún área en particular y te recomienda, las personas pueden estar más inclinadas a responder favorablemente.

Este es el por qué ves incontables testimonios en páginas web que quieren venderte algo. Curiosamente suficiente, no necesitas saber la confiabilidad de la persona que está haciendo las recomendaciones. En muchos casos, sólo la sugerencia de una persona ajena al producto es suficiente para convencer a la gente del peso de su autoridad. Estudios han demostrado que ese tipo de estrategia referencial puede rendir un incremento de hasta 20% de resultados en muchos casos.

Consistencia: Las personas, generalmente, siempre seguirán el mismo camino por el que han viajado en el pasado. Se remiten a lo familiar y cómodo. Es por esto que, si alguien ha hecho algo por ti de forma natural en el pasado, es muy probable que lo vuelvan a hacer; en muchos casos, su siguiente gesto será, incluso, mayor que el anterior.

Si puedes conseguir que alguien haga un pequeño e insignificante compromiso contigo la primera vez, entonces es probable que su siguiente acción sea más grande después. Los negocios apelan a éste deseo natural al pedirte de entrada que hagas un pequeño, pero voluntario, compromiso; tales como llenar un formulario en línea o responder una simple pregunta de encuesta. En un centro de salud, se pidió a los pacientes que llenaran su propio registro de cita, en vez de hacerlo el personal. Como resultado, tuvieron una disminución de 18% en citas perdidas. Pero el acto era tan minúsculo, que los pacientes nunca siquiera imaginaron que estaban comprometiéndose.

Agrado: Todos somos naturalmente atraídos a las personas y las cosas que nos gustan. Esto es debido a tres elementos esenciales. Primero, queremos estar con aquellos similares a nosotros, con los cuales nos podemos identificar. Segundo, estamos atraídos a aquellos que nos elogian, y tercero, a las personas que están dispuestas a trabajar con nosotros y ayudarnos a lograr nuestros objetivos.

Muchos se han vuelto exitosos al encontrar formas de destacar las similitudes entre sus metas y sus potenciales clientes. Tomándote el tiempo de involucrarte en cierto tipo de conversación corta, compartiendo información personal entre sí, puedes crear un vínculo que los unirá en cierto nivel. Mientras más fuerte puedas hacer que sea ese vínculo antes de hacer una petición, más posibilidades tendrás que la otra persona esté dispuesta a conceder tu solicitud. Los negocios que han utilizado esta estrategia han visto hasta un 90% de respuesta positiva; opuesto a aquellos que tuvieron sólo un 55% de respuesta positiva cuando quisieron entrar de primera instancia en materia de negocios.

Para tomar ventaja de esta habilidad, busca el terreno en común que puedas compartir con otros, y concédeles elogios genuinos en vez de banalidades sin profundidad, y deberías ver mejores resultados.

Unanimidad: El suave uso de la presión grupal. Las personas tienden a seguir las acciones y creencias de la multitud, especialmente si tienen inseguridades acerca de sí mismos. Todos tomamos nota de lo que otras personas están haciendo. Habitualmente escogemos un restaurante por lo concurrido que es. Asumimos que, si tanta gente va, debe ser porque es bueno. McDonald's exhibe el número de clientes a los que ha servido en vez de los tantos años que llevan en el mercado; y probablemente has notado cómo Amazon muestra una lista de otros productos que otros clientes han comprado cuando eligen algo que tú has buscado.

Todo esto forma parte de nuestra cultura de socialización. Aplicar esto en nuestro arte de persuasión le da a la gente un sentimiento de camaradería respecto a nosotros y les ayuda a conectarse, no sólo con aquello que podemos ofrecer, sino también a otros que ya se han vuelto parte del grupo. Ya sea que estés vendiendo un producto, o si sólo estás tratando de hacer que alguien esté de acuerdo contigo, una de las formas más simples de subir a la gente a bordo del plan es haciéndoles saber que si se unen a ti, no estarán solos. Se siente menos riesgoso cuando saben que tienen a alguien con quien unir fuerzas.

Cualquiera de estas estrategias puede ayudarte a conseguir mejores resultados cuando estás buscando ciertas cosas. Probablemente ya has comenzado a darte cuenta de cuántas veces has sido manipulado en tu día a día. Sin duda, creías que estabas tomando tus propias decisiones, lo que probablemente es cierto hasta cierto punto; pero queda muy claro que la idea que germinó en tu mente, fue plantada allí por alguien más.

Cómo Utilizar un Lenguaje Corporal Persuasivo

Una cosa que pocas personas notan es que, cuando te comunicas con otros, no son las palabras con lo que mayoría de la gente se conecta. El fundamento de tu estilo de comunicación no se encuentra en aquello que sale de tu boca, sino de lo que tu cuerpo está haciendo mientras. Se debe dar una cuidadosa atención a cómo presentas tu mensaje. Un discurso pobremente expuesto puede hacer mucho más daño que una presentación pobremente desarrollada. Para sacar lo mejor de tu mensaje, debes apuntar y apelar a sus mentes subconscientes de una forma más física. Aquí están algunas pocas de las muchas señales usadas en el lenguaje corporal común. Mientras vayas leyendo, visualízalas en tu cabeza, practícalas en una menor escala cuando estés con otros y observa cuán fácil puedes meter gente en tu bolsillo.

Sé Superman

La pose de Superman funciona porque te permite resaltar en medio del resto. Practica esto en la privacidad de tu hogar antes de salir. Trasládate al baño e intenta mantenerte erguido, infla tu pecho (no demasiado), y posiciona tus manos sobre tus caderas, con tus codos en dirección a cada lado. Tu objetivo es hacerte ver tan grande como sea posible. Haz ésta pose antes de iniciar tu presentación y nota cómo tu confianza y compostura comienza a crecer.

Párate Derecho

Aprende a ser influyente

Puede ser bastante fácil rendirse a una postura encorvada, pero vence la necesidad. Cuando hablas públicamente con tu cuerpo erguido, tus hombros sostenidos hacia atrás y tu cuerpo recto no sólo te verás más confiable, sino que te sentirás bien también. Sin embargo, existen otros beneficios de pararse erguido que no son tomados en cuenta. Cuando tienes una posición erguida, alineas tu vía aérea permitiéndole al flujo respiratorio viajar libremente. Con todos los potenciales bloqueos abiertos, naturalmente podrás hablar más alto, tu voz sonará más clara; sonarás tan bien como un profesional.

Mantén Una Postura Abierta

Debes tener cuidado con la posición erguida. Si lo exageras, en vez de mostrar aplomo y seguridad, puedes terminar mostrándote presumido y arrogante. Para evitar esto, resiste toda tentación de cruzar tus brazos, ya que eso te hará parecer cerrado o aislado. Intenta no meter las manos en tus bolsillos y, si estás sentado, no cruces las piernas. Quieres mostrarte seguro, pero también confiable; así que, mientras más abiertas puedas mantener tus extremidades, más gente querrá responder al mensaje que transmites.

Haz Contacto Visual

Si quieres conferirle a tu presentación un toque más personal, esfuérzate en hacer contacto visual verdadero. Cuando miras directamente a los ojos de alguien, básicamente les estás invitando a tu círculo social. El contacto visual directo crea un vínculo tácito que te acerca más a las personas, que cuando sólo les hablas.

Por supuesto, tampoco quieres mirarlos fijamente a los ojos porque eso puede hacerlos sentir incómodos. Por tanto, haz contacto visual con ellos, pero sólo por unos pocos segundos. Si estás hablando a un grupo de gente, escoge varios de ellos entre la multitud y haz contacto visual con cada uno. Después de unos segundos breves, sigue con la otra persona; repite esto con tantas personas como sea razonablemente posible. Esto hace que los oyentes sientan que les estás dando un trato personal y que estás genuinamente interesado en ellos.

Muévete

Si estás dando una presentación, resiste la tentación de quedarte de pie como una estatua. Cuando sea posible, camina alrededor del espacio en el que estás y abarca tanto terreno como puedas. Reflejará un movimiento más natural y te dará más seguridad. Si estás nervioso, el movimiento te ayudará a relajarte con el entorno y hacer que tu mensaje se transmita más fácilmente. El movimiento también hace posible que proyectes mejor tu voz hacia diferentes áreas, así la mayor cantidad de gente puede conectarse con tu mensaje.

Usa Tus Manos

Recuerda, todo tu cuerpo debe hablar. La comunicación involucra más que solo palabras. Mantén tus manos libres, para que puedas hacer gestos más fluidos. Esto atraerá más personas de la audiencia hacia ti. Deja que tus manos se muevan libres para enfatizar los puntos clave que quieras hacer. Los gestos comunes que puedes incluir pueden ser apuntar a la palma de tu mano para recalcar un punto específico, las palmas abiertas completamente y desplegadas a los lados para indicar apertura, o para crear una pregunta en la mente de la gente; o señalar hacia afuera para recalcar otros asuntos.

Te ayudaría muchísimo si te tomaras un tiempo para observar cómo te comunicas naturalmente con las personas que conoces. Pocas personas hablan cómodamente sin hacer gestos, solo no te das cuenta de que lo haces. No obstante, si comienzas a tomar nota de cómo se mueven tus manos y tu cuerpo cuando hablas con tus amigos, sabrás qué gestos puedes incorporar a cualquier presentación que hagas, para darle un empujón extra a tu mensaje en su recepción.

Usa Expresiones Faciales

Decimos mucho con nuestra cara y, cuando la gente habla contigo, inconscientemente buscarán esas señales para rellenar los vacíos de lo que no dijiste o no puedes decir verbalmente. Cuando te preguntan una pregunta tan básica como, "¿Cómo estás?", inmediatamente observarán tu cara cuando respondes. Nuestros rostros son como lienzos en limpio y, cuando hablamos, nuestro mensaje se refleja en ello proyectando lo que sentimos por dentro. Sin decir una palabra, una persona puede saber cómo nos sentimos, qué estamos pensando, y si confían o no en ti.

Cuando hagas expresiones faciales, mantén tu cara relajada. Una cara calmada y relajada te da la apariencia de autenticidad y te hace ver más humano.

Mantén estos gestos faciales al mínimo. Si son demasiados, la gente se sentirá incómoda – si son muy pocos, la gente percibirá desinterés.

Convertirse en un maestro de la manipulación es sólo cuestión de perfeccionar un arte que hemos estado aprendiendo desde la infancia. No es algo nuevo, único, o cuestionable. Es sólo refinar nuestra manera de comunicarnos con el mundo exterior. Lo que acabamos de discutir en este primer capítulo son las bases de esta habilidad. Ahora, comencemos con el trabajo duro y veamos un poco más allá debajo de la superficie, para encontrar lo que realmente impulsa a la gente a seguir a un verdadero maestro del arte de la persuasión.

Capítulo 2: Principios de Inteligencia Emocional

Durante años, la creencia común decía que la clave del éxito residía en tu coeficiente intelectual (CI). Ya sea que se te den mejor los libros o si te desenvuelves mejor fuera de la escuela, tener cierto nivel agudeza mental te ayuda a navegar entre los obstáculos que debes vencer para lograr tus objetivos.

Pero eso nos lleva a un largo debate, ¿cuál es más importante? Aquellos que se avocan por el CI como lo más importante, argumentan que tu inteligencia mental es lo te puede ayudar a navegar en el sistema y te hará más fácil el camino; pero han surgido evidencias que demuestran que la inteligencia emocional (IE) es igual de importante al momento de prepararte para lidiar con las personas. Para aclarar esto, necesitamos entender completamente la diferencia entre las dos.

El muy reconocido psicólogo, Howard Gardner, señala que la inteligencia de una persona no está limitada a dominar una sola habilidad. Sus años de estudio en cómo trabaja el cerebro han identificado muchas maneras diferentes en que alguien puede mostrar inteligencia. Si lees cualquiera de sus escritos, te encontrarás con ésta reconocida expresión:

No es qué tan inteligente eres, sino cómo eres inteligente

Mientras que el CI se concentra en una o algunas habilidades, alas que, comúnmente, se les refiere como "Facto G", él señala que la capacidad de reconocer emociones, entenderlas y expresarlas de forma clara, es clave para qué tan bien podemos navegar los retos de la vida.

Aprende a ser influyente

Si alguna vez has tomado un test de CI, entonces sabes que sólo se concentra en una habilidad. Tu puntaje de CI fue basado únicamente en la destreza visual, espacial, memoria funcional, memoria de corto y largo plazo, razonamiento cuántico y fluido. En esencia, fuiste examinado en los temas generales que se enseñan en la escuela.

Tu inteligencia emocional, sin embargo, es medida por tu capacidad para percibir una emoción, evaluarla, dirigirla y expresarla. Cuanto tienes inteligencia emocional, eres capaz de ver e identificar las emociones en otros, razonar respecto a tus observaciones para determinar cómo se sienten los demás, y utilizar esas emociones como un método para facilitar la comunicación; todo mientras mantienes tus emociones bajo control.

Durante años, siempre hemos dado mucha importancia a nuestro coeficiente intelectual, y sigue siendo visto importante en la actualidad. Pero, tal como nuestro conocimiento sobre cómo funciona el cerebro sigue creciendo, hay una creciente evidencia de que el CI, por sí sólo, no garantiza el éxito. Es verdad, las personas con un CI alto usualmente tendrán mejor desempeño en la escuela, consiguen los mejores trabajos, e incluso parecen ser más saludables físicamente. Pero, a lo largo de la historia, hemos visto en repetidas ocasiones a muchos con inteligencia emocional alta fracasar en todo lo que se proponen. Es claro que sólo la inteligencia emocional no te llevará a donde quieres estar. Más bien es todo un grupo de factores, que incluye la inteligencia emocional, lo que te dará mejor seguridad en el éxito.

¿Qué es la Inteligencia Emocional?

Aprende a ser influyente

Ya hemos determinado que, esencialmente, la inteligencia emocional es la habilidad para identificar y reconocer emociones en otras personas y dirigir las tuyas propias, pero hay aún más de esto. Para tener una buena inteligencia emocional, necesitas dominar tres habilidades.

- **Conciencia Emocional:** La capacidad de reconocer las emociones en otros y etiquetarlas. No es suficiente decir que una persona está alterada, necesitas saber si está molesta, triste, asustada, en duelo o avergonzada.
- **Redireccionar:** Una vez identificadas esas emociones, necesitas redirigirlas hábilmente pensando bien las cosas, usarlas para resolver problemas y aplicarlas en las tareas o destrezas que necesitas encontrar.
- **Administrar:** La habilidad de poder manejar tus propias emociones va más allá de no enloquecerse cuando algo no te gusta. Siempre que puedas dominar esos sentimientos y usarlos para tu provecho, te convertirás en un maestro de la inteligencia emocional.

Cuando tienes una inteligencia emocional alta, eres capaz de identificar una amplia gama de emociones tanto negativas, como positivas, incluso cuando no están exhibidas de forma obvia. Estarás en sintonía con cómo se sienten otras personas, lo que te puede dar perspicacia respecto a lo que están pensando; y serás capaz de captar hasta la más sutil de las señales cuando estás interactuando dentro de un entorno social en particular. Todas estas habilidades te pueden ayudar a convertirte en mejor esposo, amigo, padre, profesor, amante, líder, jefe, o lo que sea que desees hacer.

Sería difícil hacer que alguien responda a ti si no qué les mueve a tomar acciones. El manejar las emociones es un arte delicado, pero es necesario para cualquiera que busque expandir sus horizontes.

Aprende a ser influyente

Las emociones son extremadamente poderosas, y son la fuerza detrás de todo nuestro comportamiento y, por extensión, el comportamiento de la gente, desencadenando reacciones tanto positivas, como negativas. Tu inteligencia emocional te ayudará a enfocarte no sólo tus propios pensamientos y emociones, sino también en las de los demás.

Si te tomas el tiempo, probablemente podrías mirar atrás y darte cuenta de muchos ejemplos de cómo otros han usado su inteligencia emocional para manipularte en el pasado. La táctica fue sutil, seguramente no tenías idea de que estaba sucediendo. Por ejemplo, cuántas veces has estado viendo la televisión y viste un comercial mostrando niños pequeños de un país tercermundista, con sus barrigas distendidas y moscas volando alrededor de ellos. ¿Te toca el corazón, no es cierto? O quizás alguna vez te encontraste con un amigo que estaba visiblemente angustiado, y después de insistir un poco, te dijo que estaba en mal estado, a nivel financiero, y necesitaba un poco de ayuda para solventar algunas obligaciones financieras.

En cada uno de estos casos, el manipulador tocó tu fibra emocional porque sabían cómo podía afectarte emocionalmente. Son capaces de ponerte en una posición en la que tú quieres ayudarles. De hecho, probablemente pensaste que fue tu idea desde el principio. Todos los días vemos este tipo de manipuladores emocionales alrededor de nosotros, muchos de esos usándolo de una forma positiva y beneficiosa; pero hay muchos ejemplos negativos de ello también.

Considera este ejemplo de un maestro de la manipulación que causó un daño extremo a otras personas. Antes de que Adolf Hitler comenzara su reinado de terror como la cabeza del régimen Nazi, pasó años observando el comportamiento humanos y cómo su propio lenguaje corporal afectaba a aquellos a su alrededor. Observó el impacto emocional de cada gesto y cada posición y perfeccionó esas habilidades hasta convertirse en un conferencista cautivador.

Un líder que quiere sacar provecho injustamente de otros, utilizará muchas cosas para hacer que compren una idea concreta.

Pueden intentar controlarte usando tus propios miedos en tu contra, incluso llegar hasta el punto de exagerar la verdad o decirte mentiras descabelladas y rotundas para acorralarte en una esquina, en la que sientas que ellos son los únicos en quienes puedes confiar.

También podrían recurrir al engaño para ponerte en desventaja. Pueden decirte la verdad, pero sólo parte de ella; la parte de la historia que los muestra a ellos de forma más positiva. Dirán todas las cosas que quieras oír. Entonces, pueden ser la persona que siempre dice que sí en la oficina, siempre estando de acuerdo contigo en todo, independientemente de la lógica. Te harán pequeños favores en un intento de hacer que quedes en deuda con ellos. Intentarán todo lo que puedan para maniobrar las cosas a su provecho. Esta estrategia te pone en una situación en la que ellos tienen el poder y tú no estás tan a gusto, como lo estarías de no ser así. Las reuniones serán en sus casas, oficinas, clubes o cualquier otro lugar de su preferencia.

Ellos no tienen miedo de preguntar las cosas difíciles. Esto es un intento de exponer tus debilidades o para recoger información que puedan utilizar algún día para seguir manipulándote. Frecuentemente las preguntas son sobre temas personales, o cosas de las cuales no hablarías abiertamente.

Hablan rápido para tratar de hacerte perder el hilo e incluso podrían usar un vocabulario poco común para socavar tu seguridad. Piensa en esos infomerciales en que hablan tan rápido, en la hora nocturna de la programación televisiva. Usualmente te abordan con un vasto vocabulario, esperando que tú no seas capaz de seguir completamente la historia que están contando. Y su discurso de ritmo

Aprende a ser influyente

rápido no te da el tiempo suficiente de procesar toda la información que te están dando, dejándote inseguro de ti mismo.

Ellos no tienen miedo de mostrar sus emociones o de armar un espectáculo cuando será ventajoso para ellos. Situaciones negativas hacen a la gente sentirse incómoda, lo cual puede darles una gran ventaja para ellos explotar.

Te presionarán para responder rápido a situaciones, de modo que no tengas tiempo de pensarlo. Quieren que reacciones por impulso, incluso a lo que puede parecer una demanda irrazonable.

Incluso pueden cortar toda comunicación contigo para irritarte y conseguir la ventaja. Esto les da una sensación de poder y te obliga a esperar a que ellos estén listos para continuar la relación.

Todas estas son tácticas que los manipuladores negativos usan como quieren. Mientras las leías, hay una buena probabilidad de que las hayas visto siendo usadas en ti, de vez en cuando. De hecho, puede que hasta tú mismo las hayas usado en otras personas.

Como maestro de la manipulación, es importante que reconozcas estas tácticas. Ninguna podrá funcionar, si eres capaz de reconocerlas al instante. Y si tienes inteligencia emocional lo suficientemente alta, sabrás cómo responder para evitar ser manipulado de formas con las que no te sientes cómodo.

Si intentan usar el miedo – toma el tiempo para examinar el entorno, recoge más información para tener claros todos los hechos y tomar una decisión.

Si están siendo engañosos – haz preguntas para descubrir la verdad, o habla con alguien confiable para verificar los hechos sobre la situación.

Aprende a ser influyente

Si están siendo muy simpáticos – enfócate en tener un proceso de pensamiento más balanceado.

Si están siempre haciéndote pequeños favores – no dudes en decir no y rechazarlos.

Si siempre quieren coordinar los lugares de encuentro –insiste en un sitio neutral de reunión.

Si te hacen muchas preguntas personales – evita decir mucho.

Si hablan muy rápido – detenlos para hacer preguntas de verificación.

SI son propensos a estallidos emocionales – evita reacciones impulsivas. Espera que recobren la calma y hablan con ellos de una forma pausada e intencionada para equilibrar la situación.

Si te están presionando para tomar una decisión rápido – solicita más tiempo, o niégate.

Si te están ignorando intencionalmente – está dispuesto a alejarte o, por lo menos, a esperar que ellos vengan a ti, dándote la ventaja.

Otro gran manipulador del siglo 20 fue Martin Luther King, Jr. Tómate un momento y repasa su discurso de **Yo Tengo un Sueño**, y pregúntate por qué es tan poderoso. Por qué después de décadas, las palabras continúan resonando en quienes lo leen o escuchan. Fue su elección de palabras, pensadas para conmover y tocar las emociones de sus oyentes. Al mismo tiempo, mientras entregaba su mensaje, era capaz de mantener completo control de sus propias emociones, dejando mostrar sólo lo necesario para conmover a la audiencia para alinearse con él.

Entonces, mientras tu CI puede ser un instrumento para posicionarte en el lugar correcto y conseguir cierto nivel de éxito, es tu inteligencia emocional lo que tendrá mayor efectividad haciendo que otros para acompañarte en tu gran plan para obtener los resultados que buscas. Sin duda, necesitarás ambos, pero tu inteligencia emocional será un mayor indicador de tu éxito.

Por Qué los Maestros de la Manipulación Necesitan Inteligencia Emocional

Lisa Nowak era una persona altamente inteligente. Para el momento en que se postuló para el trabajo en la NASA, ya contaba con todos los criterios. Había completado un Master en Ingeniería Aeronáutica y un estudio de postgrado en astrofísica en la Academia Naval de los Estados Unidos. Ella pasó más de cinco años acumulando años de experiencia en pilotaje. Encajaba físicamente y tenía todo el conocimiento documental que pudiese necesitar. Ella fue seleccionada en el programa de astronautas sin problema.

Desafortunadamente, las cosas no salieron también para Lisa. En el año 2007, su incapacidad para controlar sus emociones le llevó a tomar decisiones apresuradas que destruyeron sus oportunidades completamente. Cuando descubrió que su, entonces pareja romántica, estaba involucrado con alguien más, tomó cartas en el asunto por sí misma. Hizo un viaje de 15 horas desde Houston hasta Orlando para confrontar y secuestra a la otra mujer, lo cual la llevó a tener un colapso emocional, terminando en la cárcel y finalizando su carrera por completo.

La evidencia es clara, nuestra inteligencia emocional dicta cómo nos comportamos. Nuestro comportamiento es el resultado final de un proceso lineal que tiene lugar en nuestros cerebros.

Aprende a ser influyente

1. Un evento desencadenante ocurre
2. Nuestros sentidos captan el evento y lo transmiten a nuestro cerebro
3. Procesamos el evento mentalmente y producimos pensamientos y opiniones respecto a ello
4. Los pensamientos desencadenan una respuesta emocional
5. La emoción que sentimos desencadena un comportamiento específico
6. El comportamiento luego desencadena otro evento instigador
7. El ciclo comienza de nuevo

La clave para convertirse en un maestro manipulador es controlar el comportamiento y, ya que el comportamiento es desencadenado por nuestro estado emocional, es importante dominar bien nuestras emociones. No importa lo que hagamos con otros, comunicación, relaciones, negocios, o cualquier otra cosa, las emociones están detrás de todo el proceso. Si tienes una inteligencia emocional alta será más fácil para ti leer a las personas y manipular las situaciones para hacer que hagan lo que esperas.

Muchos de nosotros podemos identificar y reconocer nuestras propias emociones y cómo nos hacen reaccionar a eventos desencadenantes en nuestras vidas. Sin embargo, lo que comúnmente nos hace falta es la capacidad de ver esas mismas reacciones en otros. Uno de los factores más importantes es manejar un nivel de inteligencia emocional elevado para identificar reacciones emocionales en otros.

De acuerdo a un estudio realizado por Johnson & Johnson, los mejores desempeños en el lugar de trabajo eran de aquellos que mostraban un nivel más alto de inteligencia emocional. Los números eran muy impresionantes, mostrando que un 90% de los mejores trabajadores eran aquellos con inteligencia emocional alta, y un 80% de los peores mostraban una inteligencia emocional baja.

Aprende a ser influyente

No importa cuáles sean tus objetivos o cómo planeas usar tus habilidades de manipulación, una inteligencia emocional alta puede ser uno de los factores más significativos para llegar a donde quieres estar.

9 Maneras de Desarrollar una Inteligencia Emocional Potente

Debido a que las emociones son tan poderosas, tienen un efecto directo en cómo interactúas en situaciones sociales. También pueden dictar tus estrategias de adaptación, la cantidad de dinero que gastas y qué hacer con tu tiempo. Como puedes ver, controlar tus emociones puede ser uno de los factores más importantes en determinar tu éxito, sin importar lo que hagas.

Mantén en mente que existe una gran diferencia entre desarrollar inteligencia emocional y suprimir tus emociones. Si te sientes triste o intentas esconder tus sentimientos, podría causarte más daño que bien. Las emociones suprimidas son lo que, generalmente, lleva a habilidades de adaptación dañinas, como comer más de lo debido, apostar y beber.

Dominar tus emociones y desarrollar una inteligencia emocional alta no es esconder o suprimir tus sentimientos, sino reconocer esas emociones y no permitirles tener poder de control sobre ti. En otras palabras, tú controlas tus emociones, y no al revés. Así que, si te encuentras de mal humor, necesitas tomar el mando y cambiarlo al escoger mostrar otra emoción. Pero aprender a cómo controlarlo tomará una inversión de tiempo y práctica. Aquí tienes algunas habilidades que te ayudarán a comenzar por el camino correcto.

Aprende a ser influyente

1. Identificar Primero las Emociones Negativas

Generalmente, las emociones que son más propensas a meternos en problemas son las negativas. Cuando nuestras emociones negativas toman el control, frecuentemente tenemos reacciones impulsivas. Necesitamos tomar un momento para analizar lo que sucede dentro de nuestras cabezas. Tomando el tiempo para detenerte a pensar qué está pasando internamente antes de volverte exageradamente emocional, es menos probable que tengas una reacción precipitada a un evento desencadenante. Aprende a respirar un poco e intentar ver las cosas más objetivamente. Practicar el arte de la concentración puede ayudarte a ir más despacio y analizar una situación objetivamente, desde distintas perspectivas. Una vez que has identificado y etiquetado tu emoción, cruzas un umbral mental que te hace más fácil seguir adelante.

2. Cambia Tu Vocabulario

Tu elección de palabras para comunicarte dice mucho de quién eres por dentro. Analiza tu lenguaje para ver qué palabras utilizas para transmitir lo que quieres. Aquellos con un mayor nivel de inteligencia emocional son muy específicos cuando hablan, mientras que aquellos con una baja inteligencia emocional tienden a ser bastante vagos, sonando como si estuvieran eludiendo los problemas, en lugar de afrontarlos. La próxima vez que te encuentres en una conversación con alguien más, que no haya terminado bien, tómate el tiempo de analizar las palabras que utilizaste. Cómo hubieses podido ser más claro en tu comunicado. Es probable que comiences a ver tus propias deficiencias de comunicación, pero también reconocerás los factores emocionales desencadenantes en otros. Esto te dará una mejor oportunidad de abordar el problema, más que dejar a tus emociones catapultarte hacia un ciclo de comportamiento negativo.

3. Aprende a Ser Más Empático

Aprende a ser influyente

Comienza viendo a otras personas de cerca. La gente, inconscientemente, te da señales verbales y no verbales, permitiéndote saber qué emociones están sintiendo. Esto te puede conceder una visión invaluable de las acciones que debes hacer, o palabras que debes decir para cambiar la dinámica. Pero, antes de reaccionar, tómate un momento para ponerte en su lugar y pregúntate cómo querrías que alguien reaccionara. Esto puede ser una herramienta clave de comunicación que puede llevar a mejores conexiones con otros, y recordarte que toda situación no se trata siempre de ti.

4. Conoce Tus Factores Estresantes

Todos tenemos nuestros propios desencadenantes, eventos que nos generan estrés y ansiedad. Estos factores son los que pueden sacarte del juego; así que, si conoces cuáles son, puedes desarrollar estrategias que pueden lidiar con ellos antes de reaccionar negativamente. Entonces, si sabes que mirar las facturas te hierve la sangre, planifícalo para un momento en el que sea menos probable que vayas a interactuar con otras personas. Si sabes que el sonido del teléfono durante la cena te enfurece, desconéctalo hasta que la cena acabe. Siendo proactivo en estas situaciones, puedes evitar altercados negativos con otros.

5. No Permitas a los Retos Derribarte

No importa quién seas, todos nos enfrentamos a retos. Este hecho por sí solo no es indicador de qué tipo de persona eres. Es el comportamiento que esos retos desencadenan lo que puede decirle al mundo quién eres. El cómo abordas problemas incómodos puede encaminarte hacia el éxito, o derribarte. Entonces, cuando estés frente situaciones desagradables, aprende a tomar una visión más optimista en vez de una crítica. Por ejemplo, si te das cuenta de que estás teniendo dificultades con tu empleador, puedes abandonar su oficina quejándote de lo que él o ella haya dicho, o puedes hacer preguntas constructivas y tratar de idear estrategias proactivas para disipar la situación. Aprende cómo lidiar con el conflicto antes de que surja y adopta un abordaje más optimista. Esto comenzará a gradualmente cambiar tu comportamiento personal y comenzará a atraer más personas hacia ti.

6. Procura Entender la Motivo Detrás de tus Emociones

Una vez que eres capaz de identificar cuáles emociones estás experimentando, necesitas intentar entender el por qué. Tu meta es descubrir el evento desencadenante que causó que estas emociones surgieran. Puede que tome algo de tiempo, pero raras veces el evento desencadenante es la causa de esos sentimientos. Puede que te des cuenta de que debes mirar más atrás en tu vida para descubrir por qué ciertos eventos te mueven a reaccionar de la forma en que lo haces. Muy a menudo no se trata del evento lo que te causa angustia, sino que la situación no respeta tus valores personales de alguna manera. Esto requerirá que desarrolles algo de fría honestidad para ayudarte a descubrir tus propias verdades ocultas.

7. Soluciona el Problema

A veces, todo lo que se necesita para disipar una situación difícil es aprender cómo mirarlo desde una perspectiva diferente. Recuerda el ciclo – pensamientos llevan a emociones, que llevan a comportamiento. Si te sientes mal sobre algo, ve atrás a tus pensamientos y cambia el diálogo. Después de identificar el pensamiento desencadenante, trata de crear diferentes pensamientos posibles que puedan cambiar el resultado. Enfócate en lo positivo, y los sentimientos negativos usualmente se irán. Otras veces, puede que descubras que mucha de la negatividad que has acumulado puede aliviarse simplemente entendiendo lo que sucede. Este proceso de redirección es clave para ganar control sobre tus emociones y, usualmente, te lleva hacia una personalidad mucho más calmada.

8. Toma una Decisión Diferente

Después de haber resuelto el problema en tu mente, debes decidir reaccionar de una forma diferente en el futuro. Esto puede ser un poco difícil, ya que sabemos que en el momento crítico del asunto, el pensamiento racional casi nunca está presente. Pero mucho de nuestro comportamiento es, realmente, el resultado del hábito; tenemos comportamientos automáticos para ciertas situaciones, y ha sido así por tanto tiempo, que nunca nos hemos detenido a considerar si nuestra respuesta está funcionando o no. Nadie quiere ser el chico que sale de sus casillas a la menor provocación; es estresante para todos, incluido él. Toma una decisión hoy, de no permitir a tus emociones apropiarse de ti y llevarte por el camino de la destrucción. Aprender a dominar esta habilidad no es algo sobre lo que puedes solo leer, y al siguiente día saber exactamente qué hacer. Fracasarás muchas veces, te costará restringirte, pero gradualmente harás el cambio.

9. Minimiza el Humor Negativo

Cuando te encuentres de mal humor, haz un reajuste tan pronto como puedas; de lo contrario, te hallarás envuelto en un comportamiento que te aislará. Evita ser evasivo, esto realmente puede resultar contraproducente en tu intento de convertirte en un maestro de la manipulación. Podrías terminar quejándote de las personas a tu alrededor o situarte dentro de un escenario sin conversa o atacando a otros.

Así que, es inteligente planear con antelación. Piensa en las cosas que generalmente te ponen de buen humor, para que comiences a hacer esas cosas cuando los sentimientos negativos comienzan a surgir. Por ejemplo, podrías querer hablar sobre cosas placenteras con amigos, escuchar tu música favorita, dar una caminata o meditar. Mantendrá tu mente enfocada en lo que es importante, y así te alejas de los sentimientos negativos antes de que se conviertan en un problema.

Una cosa es identificar emociones y entenderlas, pero dominarlas puede ser muy difícil. Nuestras emociones no son constantes y pueden ascender o caer como las olas de un mar, por lo que puede ser difícil de mantener bajo control. Nadie se encuentra complacido todo el tiempo, y nadie es siempre imprudente. Todos tenemos ciertos desencadenantes que sacan lo peor de nosotros, pero si practicas estos pasos lo suficiente, eventualmente comenzarás a ver cambiar la corriente y obtendrás el dominio sobre ello. Mientras lo hagas, tu inteligencia emocional se fortalecerá y estarás más sintonizado con tus propios demonios internos. Esto te dará la confianza necesaria para hacerte cargo de situaciones incómodas, cambiando tu estado de ánimo y dándote mayor control sobre cualquier situación en la que te encuentres.

Cómo Controlar tus Emociones Como un Veterano

Cuando el mundo te está cayendo encima, existe un poderoso y abrumador sentimiento de que estás perdiendo el control, lo cual puede ser bastante aterrador. No importa si tiene que ver con algo en casa o en la sala de juntas junto a un equipo de profesionales. La presión de una corriente constante de cosas acumulándose puede hacerte sentir claustrofóbico, llevándote a hacer algo rápido para cambiar la situación. Estos pueden ser los momentos que nos obligan a cometer nuestras mayores reacciones impulsivas, las cuales son, usualmente, las que nos meten en problemas.

A veces, tomar unas pocas respiraciones profundas o una caminata no es suficiente. Mientras la cortisona en tu organismo comienza a aumentar, sientes tu pecho apretado o el nudo en tu estómago comienza a crecer. Comienza a gritar a cualquiera que esté cerca de ti, responsables o no. Podrías amenazar a alguien, o salir corriendo de la habitación, cerrando la puerta detrás de ti al estilo de una rabieta infantil. Ese es el momento en el que estás a punto de explotar. Cómo puedes recuperar tu vida y asegurarte de que tus emociones se mantengan bajo control, cuando todo parece estar fuera de tus manos.

Todos hemos estado frente a un escenario así, o algo similar nos ha sucedido. Después nos vemos invadidos por la culpa y la vergüenza por nuestro comportamiento. Pero lo que quizás no notamos es que nuestras emociones han desencadenado una reacción química en tu cuerpo, que comenzó un efecto dominó que fue casi imposible de controlar después de iniciado.

Por otra parte, todos hemos visto a ése jefe, padre, profesor, u otra figura de autoridad que parece mantener su compostura, sin importar cuán desesperante la situación pueda ser. ¿Cuál es la diferencia? Se resume a un simple factor. Ellos fueron capaces de controlar sus propias emociones, de modo que el comportamiento negativo nunca apareció. La verdad es que dominar tus emociones puede, literalmente, transformar tu vida y tu personalidad, habilitándote para sacar a relucir tus mejores cualidades, más que las peores.

Si te puedes identificar con cualquiera de estas situaciones, debería resultarte claro que las emociones no son inherentemente malas. Todos las tenemos por una razón; están allí para advertirnos de situaciones que son incómodas, peligrosas o desagradables. Pero, ya que las escuelas están primeramente enfocadas en enseñarnos el conocimiento que aparece en los libros, muchos de nosotros tenemos que aprender a manejar nuestras emociones por nosotros mismos y nunca dejamos atrás esas hábitos rabiosos temperamentales que mostrábamos de niños.

Aprende a ser influyente

Pero no tiene que ser así. Haciendo un gran esfuerzo de tomar control de tus emociones, puedes, literalmente, comenzar a hacerte cargo de la situación. En lugar de permitirle a tus emociones dirigir tu comportamiento, tú diriges tus emociones. ¿Cómo puedes hacer esto?

Desarrollando algo llamado habilidades reguladoras de emoción. En esencia, estas son habilidades únicas diseñadas para dominar esas ganas y emociones impulsivas que surgen de todos nosotros. Mientras más domines estas habilidades, más seguridad tendrás al administrar tus emociones y controlarlas. Este será un gran paso en tu entrenamiento para convertirte en un maestro de la manipulación. Es un proceso de dos pasos:

1. **Identifica tus sentimientos y acéptalos por lo que son**

   No puedes controlar lo que no logras entender. Pero no es suficiente decir, "estoy molesto" o "estoy frustrado". Éste es un punto de partida, pero debes apuntar a ser más específico en el proceso de identificación. ¿Estás molesto porque estás asustado? ¿Estás frustrado por la carga de trabajo o porque no te sientes calificado para manejarlo? Identificando la raíz de la emoción negativa, comienzas a entender cuáles son tus verdaderas emociones. Rara vez son las que revelamos al público, una imagen real de quiénes somos.

   Es importante que te deshagas de la necesidad de juzgarte a ti mismo. Tu objetivo aquí es meramente identificar la situación, no justificar, explicar ni juzgar. Reconócelo por lo que es, no te resistas a ello, sólo acéptalas por lo que son y sigue adelante. Luego te ocuparás de corregir estos hábitos.

   Es importante hacer esto tan pronto notes una sobrecarga emocional surgir. Trabaja en expandir tu vocabulario y ve más allá de sólo afirmar lo obvio. Mientras trabajas en desarrollar éstas habilidades, serás pronto capaz de discernir incluso los más pequeños cambios de humor.

a. Identifica que estás teniendo una emoción
b. Detente y analiza
c. Qué pensamientos están llegando a tu mente
d. Qué sensaciones percibes en tu cuerpo
e. Identifica la emoción
f. Trata de discernir las sutilezas y lo que ha cambiado
g. Cuál es la reacción que intentas suprimir
h. Observa

Aquí, estás trabajando como un observador distante. En lugar de permitir que la emoción aflore en ti, usa tu imaginación y deja que se represente en frente de ti, como si fuera un actor en un escenario. Deja que transcurra, míralo intensificarse y luego disiparse frente a ti, sin volverte parte de ello.

2. Toma Acción Positiva

Una vez que estás familiarizado con la emoción, te resultará mucho más fácil manejarla. Mientras observas la emoción siendo representado frente a ti, retrocede para ver el panorama general. En muchos casos, serás capaz de llevar a tu mente a un estado más calmado. A menudo, simplemente tomando un momento para identificar y mirar el panorama, es suficiente para llevar tu mente a un estado de ánimo más calmado.

Si eso no funciona, puedes avanzar al siguiente paso y encontrar algo que pueda distraerte de tus sentimientos negativos actuales. Intenta desempeñar una tarea tranquilizante que tengas a la mano para equilibrar tu mente de nuevo. Muchas personas optan por hacer algo que instintivamente disfrutan, como caminar, hacer observaciones, respirar profundo, confeccionar o colorear. La clave, aquí, es tener algo que naturalmente te relaje. Todos somos diferentes, por lo que actividad tranquilizante puede ser algo único para todos a tu alrededor.

Dominando tu regulación de emociones, te volverás naturalmente más seguro y competente. Una vez que tus emociones ya no están controlándote, será más fácil para ti ver cómo dominar la manipulación. La conclusión de esto es que nunca puedes esperar manipular a otros hasta que seas capaz de manipularte a ti mismo. Una vez que has desarrollado bien tu inteligencia emocional, no sólo verás cómo te cambia internamente, sino que, por extensión, tendrá un efecto positivo en todos a tu alrededor. Tomará dedicación y trabajo duro. No serás capaz de alcanzarlo de una vez y necesitarás mucha práctica, pero los resultados rendirán muchos más frutos y serás capaz de ver las ventajas en los cambios mientras progresas.

Aprende a ser influyente
Capítulo Tres: Escoge Tu Blanco

Después de pasar por el proceso descrito en el último capítulo, es probable que hayas llegado a aprender algo nuevo sobre ti mismo. La mayoría de las personas se sorprenden al saber qué es lo que realmente las hace funcionar, y es aún más sorprendente descubrir cuáles son sus factores desencadenantes. Ahora que te entiendes mejor, es más fácil determinar exactamente lo que necesitas para cambiar tus circunstancias y avanzar hacia tu meta. No puedes manipular o influenciar a otras personas, si no puedes manipularte a ti mismo.

Otra ventaja de dominar las habilidades en el último capítulo, es que te vuelves más consciente de los demás a tu alrededor. Al prestar más atención a las señales verbales y no verbales que dan, casi te sentirás como si fueras un lector de mentes. Podrás discernir sus estados de ánimo, deseos, miedos, etc. Este conocimiento puede ser utilizado para encontrar tu primer blanco para la manipulación.

Al elegir un objetivo, busca ciertos rasgos que el individuo demuestre, que indiquen que está abierto a recibir y responder a tus poderes de influencia. Entonces, a medida que examines prospectos potenciales, busca estas características. No asumas que, si alguien está exhibiendo estas cualidades, es de alguna manera inferior a ti u otros. Por el contrario, muchas de las siguientes cualidades son admirables. Como ya hemos dicho, cualquier faceta del carácter de una persona puede ser utilizada tanto de manera positiva, como negativa. Únicamente buscamos una puerta para entrar y poner en práctica un posible medio de ejercer tu poder de persuasión.

Son Concienzudos

Aprende a ser influyente

Las personas que son concienzudas no es probable que se concentren completamente en sí mismas. Ellos se preocupan por la calidad de su trabajo, el bienestar de los demás y su compromiso con cualquier tarea que les haya sido asignada. Si bien pueden estar preocupados por la forma en que los acontecimientos les afectarán, su principal preocupación vendrá determinada por su brújula moral. Para poder ejercer algún nivel de influencia sobre ellos, es necesario aprovechar su poderoso sentido de moralidad. Una vez que puedas mostrarles cómo pueden lograr sus objetivos en relación con eso, tendrás un poderoso método para persuadirlos de que hagan lo que quieras que hagan.

Tienen Empatía

Un buen objetivo tendrá fuertes tendencias empáticas. La empatía puede ser vista como el combustible emocional puedes usar para impulsarte hacia tus metas. Las personas con empatía a menudo reciben elogios, atención y recursos valiosos libremente, poniéndote en un estado de comodidad a medida que haces saber tus peticiones o necesidades.

La gente empática es excelente para ponerse en tu lugar. Ellos pueden sentir tu dolor en su corazón y, debido a esto, harán todo lo que esté a su alcance para aliviarte de ello.

Puedes usar esa empatía a tu favor contándole una historia, disculpándote o enmarcando cuidadosamente un escenario para ganar su simpatía.

Son Íntegros

Una persona con integridad es fiel a su palabra, y puede ser de inmenso valor para ti. No se inclinan a engañar o robar, ni es probable que rompan una relación hasta que sea absolutamente necesario. Incluso si más tarde se dan cuenta de que te has aprovechado injustamente de ellos, su sentido de integridad es, generalmente, lo que les impide tomar represalias. La relación que construyas con ellos será fuerte y todo su sentido de ser evitará que la traicionen, pase lo que pase.

Son Resilientes

Un buen blanco será lo suficientemente resistente, como para recuperarse de cualquier incidente que pueda causarle daño. Esta resiliencia los hace lo suficientemente fuertes como para resistir las presiones que tú puedes ejercer sobre ellos. Incluso si se enfrentan a retos difíciles, estas son las personas que es menos probable que se den por vencidas. Aunque todos sus instintos les digan que corran en sentido contrario, es más probable que mantengan el rumbo, a pesar de todo.

Establecer una relación con ellos es lo mismo que atarlos a ti. Es poco probable que se vuelvan contra ti, aunque descubran que están siendo manipulados.

Son Sentimentales

Una persona que es muy sentimental dirige con su corazón todo lo que hace. Un manipulador puede usar halagos y elogios para posicionar al objetivo y prepararlo para la persuasión. Las palabras utilizadas deben abordar sus necesidades y deseos únicos. Al idolatrarlos desde el principio de la relación, puedes ganarte su confianza y apelar a su necesidad más básica de amor. Crear recuerdos placenteros juntos atrae a sus corazones y los une en una relación que puedes usar más tarde para conseguir lo que quieres.

Aprende a ser influyente

La mejor manera de influir en un sentimentalista es estudiarlo cuidadosamente, determinar sus cualidades individuales y las cosas que más valora. Al establecer una relación con ellos y captar sus señales verbales y no verbales, puedes descubrir sus inseguridades y debilidades.

Estas son las características básicas que encontrarás en aquellos que son blancos fáciles de manipular. Esto no significa que sean los únicos con los que podrás trabajar tu magia, pero son con los que probablemente tendrás más éxito, a medida que empieces a aplicar las estrategias de manipulación que discutiremos a lo largo de este libro.

¿Qué Atrapa a la Gente?

Cualquier cosa que llame nuestra atención puede ser utilizada como una herramienta clave de manipulación. Por lo tanto, a la hora de elegir un objetivo para persuadir de una u otra manera, es importante que utilices esas cosas que, naturalmente, engancharán a la gente y la atraerán hacia ti. Tu gancho, sin embargo, tiene que ser algo sobre lo que tu objetivo no tenga que pensar demasiado. De hecho, no quieres que tengan ni el más mínimo indicio de que los estás atrayendo. Con la habilidad correcta, serás capaz de atraerlos sutilmente a tu círculo sin hacerlos conscientes de que están atrapados en tu red.

Ya sea que estés tratando de atraer un interés amoroso, o de poner el pie en la puerta de tu próximo trabajo, tu primera tarea es atraer a la persona. Esto puede ser complicado y, las respuestas pueden variar dependiendo de tu objetivo. No obstante, hay hilos comunes que se pueden encontrar en todo tipo de personas. Dado que la mayoría de las personas están más inclinadas a escucharte cuando se sienten respetadas, es un hecho que, si puedes aprovechar su sentido personal de sí mismas, estarás a medio camino. Considera estas cualidades básicas y pruébalas para ver si funcionan con tu objetivo.

Conviértete en un Buen Oyente: La gente se sentirá naturalmente atraída hacia ti si siente que estás escuchando lo que tienen que decir. Pero esto implica algo más que dar la apariencia de que estás está interesado en lo que tienen que decir. Cuando eres un oyente dedicado, estás totalmente comprometido con su mensaje.

Esto hace varias cosas que pueden funcionar a su favor. Primero, te convertirás en un mejor comunicador, pero también estarás construyendo un nivel de confianza entre tú y la otra persona. Esa relación funcionará a un nivel subconsciente, lentamente construyendo una conexión más profunda y significativa entre los dos.

Un oyente activo requiere compromiso y concentración. Puede que no sea fácil al principio, pero debes mostrar un gran interés en lo que la otra persona está diciendo. Eso significa no responder a distracciones o interrupciones, sino estar completamente presente en el momento. Es posible que tengas que hacer preguntas para obtener aclaraciones, insertar regularmente palabras en la conversación para que sepan que aún estás con ellos, apagar o no contestar el teléfono cuando recibas llamadas, y prestarles toda tu atención.

Sé Observador

Escuchar activamente también significa observar las señales no verbales de la otra persona. Estarás prestando mucha atención a su lenguaje corporal y a su entonación verbal. En otras palabras, quieres no sólo escuchar lo que te están diciendo, sino también cómo lo están diciendo. Esto le dará información valiosa sobre su estado emocional.

Por ejemplo, si están lloriqueando o hablando en un tono bajo de voz, puede ser una señal de que están preocupados o temerosos. Sin embargo, si están gritando, podría ser una indicación de que están enojados o frustrados.

Pero, para que estas observaciones los atraigan, necesitas encontrar maneras de mostrarles que estás comprometido con ellos. Al reflejar algunas de sus expresiones y clarificar tu comprensión de esos puntos, les demuestras que estás formando una nueva relación con ellos. Los hará encariñarse contigo en un nivel subconsciente. Cuanto más puedan creer que valoras su opinión y su mensaje, más atractivo serás para ellos y te responderán acordemente.

Amabilidad

Vivimos en un mundo donde la bondad verdadera y genuina es difícil de encontrar. Si realmente quieres enganchar a la gente, todo lo que necesitas es un simple acto de amabilidad. La bondad no significa necesariamente dar regalos. Aunque eso puede ser parte de ella, a veces sólo el hábito de decir palabras amables, sonreír o mostrar una genuina consideración puede ser todo lo que se necesita para demostrarle a la gente que te importan.

Esto no debería ser una sorpresa para ti. Probablemente ya hayas experimentado cómo respondes a las personas que son amables contigo. No deberías pensar menos de aquellos que estás tratando de atraer a tu círculo. De hecho, se ha demostrado científicamente que, tanto los hombres como las mujeres, se sienten más atraídos por las personas que son compasivas y desinteresadas. En realidad es un medio muy poderoso para atraer a otros, y puede literalmente influenciar a una persona aunque el acto de bondad no haya sido hacia ellos. En otras palabras, también puede funcionar si son meros observadores de tus actos de bondad, aunque no sean los receptores.

El concepto de bondad puede extenderse más allá de lo obvio. Un estudio realizado en el 2013, demostró que tanto hombres como mujeres se sentían atraídos por personas que tenían un espíritu de ayuda más fuerte y que, en realidad, los encontraban más atractivos en todos los niveles. Demostrar una preferencia por los demás de una manera servicial, puede atraer a las personas en los niveles más básicos, ya que esto es una indicación de que una persona servicial satisfará la necesidad de protección en un mundo peligroso.

Sonreír

Enganchar a la gente puede ser tan fácil como sonreír. Es el único acto que no te costará nada, pero puede producir muchos resultados. Sonreír no sólo te hace destacar como alguien amable y útil, sino que también libera tus propias endorfinas y serotonina en tu cuerpo. Ambas sustancias químicas, producidas naturalmente, no sólo mejorarán tu propio estado de ánimo, sino que también son lo suficientemente contagiosas como para mejorar el estado de ánimo de las personas a tu alrededor, incluido tu blanco.

Los estudios han demostrado que el simple hecho de ver una cara sonriente puede activar el centro de placer del cerebro, dando a tu objetivo una sensación de satisfacción y recompensa. Según la Escuela de Psicología de la Universidad de Aberdeen, en Escocia, aquellos que recibieron sonrisas de otros (aunque sea indirectamente) se sintieron naturalmente atraídos a la persona que sonreía.

Consistencia

La gente anhela estabilidad en sus vidas. Si te tomas en serio la idea de atraer a otras personas hacia ti, entonces la consistencia es la clave. La inestabilidad en el trabajo, en la vida familiar, incluso en la dieta, causa angustia a la gente. La vida se vuelve impredecible y confusa. Una persona que tiene a alguien inconsistente en sus vidas, nunca gana la habilidad de sentirse segura.

Tu blanco será naturalmente atraído hacia ti en un nivel subconsciente, si tu comportamiento es consistente y confiable. Para reforzar esta atracción gravitacional, si tu consistencia está sintonía con tus actitudes personales, creencias y valores esenciales, será mucho más fácil atraerlos.

Obligación

Las personas también pueden ser enganchadas y atraídas hacia ti atándolas a ti. Esto es interesante porque, a menudo, la obligación comienza incluso antes de hacer algo directamente. Piense en la empresa que ofrece un regalo de muy poco valor. A veces denominada teoría de la reciprocidad, es un concepto que está profundamente arraigado en nosotros desde una edad muy temprana. Cuando alguien hace algo por nosotros, nos sentimos en deuda de corresponder de alguna manera. Puede que no esperen nada a cambio, pero el poder es tan fuerte que nos compromete de todos modos.

Este poder es tan fuerte que sólo hay una manera de librarnos de esta necesidad de devolver el favor, y es hacer algo por la otra persona. Incluso si no quieres o ni siquiera te gusta el regalo o favor, te sientes frecuentemente obligado, con un sentido de urgencia, a hacerlo. Es un tipo de deuda psicológica que a veces puede ser tan fuerte, que lleva a una persona a veces a excederse por mucho del regalo original.

Conexión

Aprende a ser influyente

Es una inclinación natural en todos nosotros. Cuanto más conectados estemos con los demás, más influencia tendrán sobre nuestras decisiones. Al crear un vínculo, creas comodidad en los demás. Incluso si tienes poco tiempo conociéndolos, ese vínculo puede hacer que parezca una relación de toda la vida.

Hay cuatro elementos principales para una fuerte conexión:

- Atracción: Al elegir una única cualidad positiva y utilizarla para influir en la percepción general, la gente se sentirá naturalmente conectada contigo. Mostrando cualidades como la amabilidad, la inteligencia y la lealtad, la gente te encontrará más atractivo.

- Relación: La relación es un poco más difícil de definir. Es una cualidad oculta que te pone en la misma onda mental que la otra persona. Es esa sensación que sientes cuando conoces a alguien y te llevas bien al instante. Ese algo secreto que automáticamente te une con otra persona. A veces la relación es fácilmente reconocible como una atracción física o un entendimiento común. Otras veces es un poco más difícil de identificar. Probablemente has visto casos en los que dos personas no tienen un terreno común obvio, pero desarrollan una relación de igual manera.

- Habilidades Sociales: Tu habilidad para trabajar bien con las personas puede forjar un fuerte vínculo con ellas. Según algunas investigaciones, al menos el 85% de tu éxito dependerá de cómo interactúes con los demás; el otro 15% puede estar relacionado con tu inteligencia y entrenamiento específico. Como discutimos en el capítulo anterior, tu inteligencia emocional es crucial para tu habilidad de tomar esa base de conocimiento y habilidades y conectarla con otras personas.

- Similitud: La gente se siente naturalmente atraída por cosas con las que está familiarizada. Por lo tanto, al utilizar aquellas características con las que la gente se siente cómoda, puedes conectarte con más personas. Los estudios han revelado que las personas se sienten naturalmente atraídas por cosas con las que pueden relacionarse y comprender. Al emparejar tus rasgos de personalidad con sus estilos de vida, se verán impulsados a conectarse contigo.

Cuando se juegan estos cuatro elementos, se puede construir un fuerte vínculo en el que se pueden basar las relaciones a largo plazo.

Presión Social

Debido a que somos criaturas sociales por naturaleza, todos nosotros, no importa lo tímidos que seamos, tenemos un deseo innato de pertenecer a algo. Un buen manipulador buscará definitivamente a alguien que esté en la búsqueda de alguna forma de inclusión, para usarlo a su favor. Para todos nosotros, si el deseo de ser un grupo es lo suficientemente fuerte, puede hacer que cambiemos nuestro punto de vista y nuestras percepciones para poder encajar.

A todos nos importa, hasta cierto punto, lo que los demás piensen de nosotros y todos buscamos la validación, aunque no queramos admitirlo. Es este deseo innato de encajar con la multitud principal lo que determina nuestra visión de lo que se considera un comportamiento "correcto". Si nuestras acciones van en contra de la corriente dominante de las masas, nuestro comportamiento está mal visto, pero cuanto más encajamos, más nos percibirán los demás "correctos" y es más probable que estén dispuestos a estar de acuerdo con lo que tú quieres. Es una parte natural de la naturaleza humana, y cuanto más se pueda crear una forma aprobada de presión social, más sus objetivos se sentirán validados y unidos a ti.

Escasez

La gente tiene un impulso interno para no perderse las cosas. Esta es la razón por la que las ofertas de tiempo limitado, por lo general, funcionan muy bien cuando se trata de ventas. La tendencia natural es posponer las cosas hasta un momento posterior, cuando no existe una necesidad inmediata real; pero al crear un sentido de urgencia, se puede desencadenar una reacción de impulso que obligará a las personas a moverse, incluso si sus propias mentes les dicen que no es necesario.

La escasez desencadena ese miedo innato a perderse algo. Piensa en cómo funcionan las cosas en una subasta. Por lo general, en una subasta, hay una oferta limitada de un artículo específico (a menudo sólo uno). Cuando otra persona ofrece más que tú, una especie de pánico comienza a aparecer. ¿Qué pasa si no puedes encontrar este artículo de nuevo? ¿Qué pasa si alguien considera el artículo más valioso que tú? ¿Quizá se te pasó algo por alto? Todo tipo de pensamientos comienzan a correr por tu cabeza y de repente, el impulso para obtener ese objeto se vuelve más poderoso que tu propio sentido común. No importa lo que hayas planeado antes del evento, rápidamente desaparece cuando este factor comienza a ejercer presión sobre ti.

Este factor puede ser extremadamente poderoso cuando se juega de la manera correcta. Cuanto más escasez se pueda crear, más valioso será a los ojos de los demás.

Lenguaje

Tu elección de palabras también tiene una gran influencia en otras personas. Debido a que somos criaturas sociales, al menos el 60% de nuestra vida diaria se dedica a la comunicación oral. Al elegir palabras que atraen a los oídos de tu blanco, puedes captar su atención y dar vida a tu historia. Las palabras pueden generar una poderosa fuente de energía y convencer a la gente para que responda a tu mensaje. De la misma manera, las palabras equivocadas pueden aplastar todo tu duro trabajo, en cuestión de segundos.

Cuanto más adepto seas en el uso de la palabra hablada, más persuasivo serás. Aunque el lenguaje corporal constituye la mayor parte de nuestras habilidades de comunicación, no subestimes el poder de tus palabras. Tienen un impacto directo en las creencias, actitudes y percepciones de quienes nos rodean. Usado de la manera incorrecta, podrías perder mucho más de lo que esperabas. Incluso los locutores están específicamente entrenados para usar ciertas inflexiones en sus voces, para proyectar un sentido de autoridad y conocimiento.

Los elementos del control por voz también influyen en las personas. Considera cómo enfatizas las palabras, tu tono, ritmo, relleno, volumen, articulación e incluso dónde haces una pausa cuando hablas. Incluso tu falta de palabras tiene poder. Saber cuándo hablar y cuándo dejar que el silencio tenga poder dice mucho sobre tu propio nivel de confianza.

Crear Contraste

El contraste suele ser algo que se entiende mejor en el arte, pero cuando se aplica en la persuasión, puede literalmente vincular a alguien a ti con poco esfuerzo. Cuando presentas a alguien con dos escenarios que parecen ser mundos aparte, estás creando un contraste. Imagínese darse cuenta de que necesita miles de dólares para redecorar su casa, y luego saber que la mayor parte del costo puede ser eliminado usando un diseñador diferente. Esto está creando contraste. Lo más probable es que te sientas en deuda con el nuevo diseñador o contratista que te ahorró todo el dinero, incluso si más tarde se entera de que ninguno de los otros gastos que pensó que necesitaba era necesario.

La clave para el éxito de usar el contraste es usar los dos escenarios juntos. Si se deja pasar demasiado tiempo antes de que se presente la opción favorable, el contraste pierde gran parte de su poder. Debido a que la gente se sentirá naturalmente atraída por las noticias positivas, cuando escuchan informes negativos, por lo general se sienten emocionalmente intimidadas. Aquí, el tiempo es la clave. Si envía su concepto en rápida sucesión con otra gran idea, su mensaje tendrá poco impacto. No hay suficiente contraste entre las dos ideas. Sin embargo, si envías tu idea inmediatamente después de que otra persona presente una mala idea, el poder de tu mensaje llegará al corazón de los oyentes y verás una reacción inmediata.

Crear Expectativa

Muchas personas toman decisiones basadas en lo que saben que otros esperan que hagan. Vemos esto a menudo en los niños. Si los padres esperan que se comporten mal en una situación dada, generalmente los obligarán. Lo mismo se aplica a todos nosotros. Si tu blanco es consciente de tus expectativas, por lo general actuará en acordemente.

La gente tiene todo tipo de formas de mostrar lo que espera de ti. Algunos te dirán directamente lo que quieren y otros utilizarán medios más sutiles. Por ejemplo, si vas a conocer a alguien por primera vez, el modo en que te presentas les permite saber exactamente cómo quieres que te traten. Si usas tu título y apellido, entonces ellos saben que quieres ser tratado de esa manera. Sin embargo, si les dices un apodo o sólo un nombre, es más probable que se sientan más relajados y cómodos contigo. La casualidad en tus palabras puede hacer que se sientan cómodos.

Aprende a ser influyente

Cada vez que te comunicas con otros, les haces saber cuáles son tus expectativas.

Participación

Tienes mucha más influencia sobre otra persona cuando está involucrada en lo que tú estás haciendo o diciendo. Los esfuerzos por involucrar a la otra persona requieren que aproveches sus percepciones sensoriales. Todos tenemos cinco sentidos que alimentan continuamente el cerebro. Mientras más de estos sentidos seamos capaces de incorporar, más involucrada y comprometida estará la otra persona contigo. Al crear una atmósfera muy específica, puedes ejercer una poderosa influencia sobre ellos.

El mero hecho de hablar con la otra persona no es suficiente para influir en la gente, porque escuchar es simplemente un ejercicio pasivo. No evoca ninguna emoción o conexión. Sin embargo, si la otra persona está escuchando, oliendo, probando y sintiendo todo al mismo tiempo, sería casi imposible que su mente se desviara y se concentrara en otra cosa.

Hay varias maneras de crear un sentido de participación en la otra persona. Si estás en una conversación con ellos, asegúrate de que la conversación no sea unilateral. Haz preguntas informativas que los obliguen naturalmente a contribuir a la discusión. Puedes involucrar su mente creativa contando historias diseñadas para tocarlos emocionalmente. Al crear una atmósfera de suspense, puedes mantenerlos aferrados a cada una de tus palabras hasta que alcances la meta fijada. Cuanto más involucrada esté una persona en tu objetivo, más probable es que haga lo que sea necesario para darte lo que quieres.

Construir Autoestima

Aprende a ser influyente

Uno podría pensar que una persona con autoestima débil es fácil de manipular, pero eso no sería del todo correcto. La creencia general es que cualquiera que carece de autoestima anhela ser aceptado. La realidad es que la aceptación, el elogio y reconocimiento es una necesidad común compartida por todos nosotros. Habla del núcleo de lo que significa ser humano.

Mira lo que sucede cuando elogias a alguien, incluso con las expresiones más pequeñas e insignificantes. Se puede ver literalmente cómo se levantan sus espíritus y cómo cambian de humor. Todos los humanos necesitan alabanza y reconocimiento. De hecho, es la única manera en que una persona se construye psicológicamente con el tiempo. El elogio de los demás satisface nuestra necesidad de ser parte de algo más grande que nosotros mismos.

Al persuadir a otros, presentar tu mensaje de una manera que edifique a tus oyentes te llevará mucho más lejos de lo que imaginas. Cuanto más los construyas, más se inclinarán a seguirte hasta tu meta. Esta regla es válida para todas las personas, independientemente de su nivel de autoestima. Pero con el mero hecho de que la autoestima es clave para su conexión contigo, tu meta debe ser hacer que tu oyente se sienta necesitado y respetado.

Sin embargo, tendrás que caminar por una línea muy fina. Hay una gran diferencia en ayudar a construir la autoestima de alguien y aumentar su ego. Así que, no te pases de la raya cuando se trata de esta práctica. Asegúrate de entender la diferencia, ya que esta cualidad podría ser contraproducente para ti.

Asociación

Como seres sociales, nuestros cerebros buscan inconscientemente conexiones en todo lo que hacemos. Hacemos esto tan rápido que rara vez reconocemos que hemos categorizado automáticamente a las personas tan pronto como hacemos una conexión. Estas categorías ponen instantáneamente a algunas personas más cerca de nosotros y a otras más lejos. La categorización se basa en un sinfín de opciones. Podríamos decidir dónde encajan en nuestras vidas basándonos en los colores que usan, las personas con las que están, los trabajos que tienen, la música que escuchan, o incluso las emociones que expresan. Utilizamos estas asociaciones para hacer juicios sobre ellas y cuán profunda será nuestra relación con ellas.

Cuando tratas de aplicar tus poderes de persuasión utilizas esta necesidad interna e instintiva para crear el tipo de relación que necesitas. Puedes aprovechar para sacar a la luz ciertas emociones que necesitas que empleen para vincularlas contigo. Obviamente, la idea de asociación de cada persona será diferente, así que antes de que puedas usar el arte de la asociación, necesitas aprender lo suficiente sobre esa persona para averiguar qué tipo de asociaciones necesitas.

Equilibrio

Cuando estás manipulando a tu blanco, tu enfoque debe estar en sus emociones, pero eso no significa que puedes descuidar tu capacidad de razonar sobre las cosas. Tiene que haber algún nivel de equilibrio para obtener los resultados deseados. Puedes ser capaz de evocar una respuesta emocional poderosa que puede durar por un tiempo, pero nadie puede mantener emociones intensas todo el tiempo. De la misma manera, puedes ser capaz de utilizar el razonamiento cuidadoso y el análisis lógico de una cierta situación, pero eso eventualmente se volverá aburrido y pueden perder interés.

Las emociones pueden estimular a una persona a la acción, generando la energía necesaria para moverla en la dirección que quieres que vaya. La lógica funciona al establecer una base en la que pueden confiar para tomar sus decisiones. Al crear un cuidadoso equilibrio entre los dos, se puede crear el ambiente perfecto para evocar la respuesta correcta.

Para convertirte en un maestro manipulador, necesitarás todas estas cualidades, pero las usarás en diferentes grados dependiendo de tu objetivo. Todo el mundo las necesita para adaptar su mensaje a los mejores resultados.

7 Cualidades Que Definen al Blanco Perfecto

Con las cualidades anteriores, casi todo el mundo puede ser manipulado. Sin embargo, hay algunas personas que se destacan como el blanco perfecto para la persuasión. Estas personas mostrarán algunas vulnerabilidades expresas que serán fáciles de identificar.

La necesidad de complacer: Algunas personas ansían tanto la atención que estarán más que ansiosas por complacer a otros. Esto puede deberse a la necesidad de ser aceptado o a una baja autoestima, pero estas personas son bastante fáciles de distinguir entre la multitud. Oprime sólo unos cuantos de sus botones y, por lo general, caerán bastante rápido.

Pescadores de cumplidos: Junto con esa necesidad de complacer, muchos también estarán constantemente buscando cumplidos. En otras palabras, estarán constantemente creando escenarios en los que se ganarán elogios y la aprobación de quienes los rodean.

Miedo a sus propias emociones negativas: Lucharán muy duro para no mostrar ningún signo de negatividad en sus vidas. Pueden resistir la tendencia a expresar desaprobación de algo que buscan, su desilusión, frustración o enojo. Aplicarán técnicas de evasión para no mostrar que se sienten incómodos ante una situación dada. Pueden esforzarse en encontrar las palabras correctas para decir lo que tú quieres escuchar, para no perder su conexión contigo.

Falta de asertividad: La asertividad es la capacidad de sentirse seguro de sí mismo y de tener el tipo de control que le impide ser agresivo y dominar a los demás. Las personas que son asertivas no necesitan exigir u obligar a otros a hacer cosas. Tienen una conducta tranquila y controlada que atrae naturalmente a la gente. Sin embargo, aquellos que carecen de asertividad están muy inseguros de sí mismos, luchan con decir que no a nadie, incluso cuando se sienten incómodos con la situación, lo que los convierte en el blanco ideal para la manipulación.

No hay límites personales claros: Aquellos que están dispuestos a comprometer sus límites personales pueden ser objetivos fáciles de manipular. Carecen de un sentido de identidad establecido y, por lo tanto, se inclinan a sucumbir a los caprichos de los demás. Cuando alguien no tiene claro quién es o qué debe defender, tiende a defenderlo todo. No tiene una base firme en la que basar sus decisiones y, por lo tanto, es fácilmente influenciable.

Baja autosuficiencia: Carecen de independencia y, por lo tanto, siempre necesitan la ayuda de los demás. En esencia, siempre necesitan que otras personas les ayuden a superar las cosas más básicas de la vida. Les cuesta sobrevivir si alguien no está allí para satisfacer sus necesidades básicas.

Creer en su propio autocontrol: Algunas veces referido como lugar de control, no hace referencia al nivel de control de uno sobre ciertos eventos, sino más bien a la creencia de que uno tiene control. Esta es una gran diferencia. Cuando alguien cree que los factores externos tienen más control sobre una situación que ellos, le deja abierto a todo tipo de persuasiones.

Una persona que cree que tiene control, es más probable que crea que todo lo que hace ha sido causado, de alguna manera, por él. Cuando algo sale mal, él aceptará la culpa en lugar de culpar a otra persona. Sin embargo, si cree que la culpa radica en factores externos, es probable que no quiera asumir la responsabilidad, incluso si se señala que es él mismo el responsable.

Cualquiera de estas cualidades hará que una persona sea un blanco fácil de manipular. En la mayoría de los casos, no serán difíciles de encontrar, incluso pueden tener una forma de comportamiento nervioso que pondrá en evidencia su baja autoestima. Un manipulador eficaz debe primero tomarse el tiempo para observar los objetivos potenciales y buscar estas características específicas para identificarlos.

Los Blancos que Son Más Difíciles de Conquistar

No importa cuán cuidadoso seas al elegir tus blancos, inevitablemente llegará un momento en que vas a encontrar a alguien que se resista a tus intentos de manipularlos. Es cierto, todo el mundo caerá en las estrategias de manipulación en un momento u otro, incluso aquellos que puedas sentir que son relativamente sabios. Sin embargo, hay pocos que no sucumbirán a tus intentos sin importar lo que hagas. Tratar de influir en estos objetivos puede literalmente dejarte con un dolor de cabeza, mientras luchas por superar su resistencia.

Sin embargo, hay quienes han sido "quemados" antes por manipuladores del pasado. Así que, mientras puedas superar sus objeciones, sus defensas estarán en alto y estarán en guardia para cualquier otra forma posible de influencia.

Aprende a ser influyente

Piensa en ello. Una estrategia de manipulación común es prometerles alivio de cualquier estrés o preocupación que estén tratando de superar. Sin embargo, aquellos que han sido quemados tienen una naturaleza altamente sospechosa y cuestionarán todo, incluso viendo motivos ocultos en sus esfuerzos. Tendrás que trabajar muy duro para superar esas objeciones.

Su pasado les hará acercarse a cada nueva relación con la anticipación de que algo anda mal. Tomará mucho trabajo hacerles creer en cualquier promesa que hagas, no importa cuán razonable suene. Incluso pueden insistir en pruebas sólidas, pruebas físicas o incluso más tiempo para que demuestres que vale la pena la confianza que estás pidiendo.

Otra persona a la que puedes tener problemas para llegar son los que son "solitarios". Es la naturaleza humana encontrar un lugar dentro de una red social. La creencia común, y a menudo tácita, de que hay seguridad en los números es lo que hace que una persona sea un blanco fácil. Las personas que son solitarias, contentas con su propia compañía, de alguna manera han superado esa necesidad y son menos propensas a sucumbir a las mismas tácticas a las que otros pueden caer.

Una persona que no es parte de una familia, equipo, religión o relacionada a cualquier otro grupo, no siente la necesidad o se resiste a la inclusión. Aunque esta es una inclinación natural con la que todos nacemos, ellos han aprendido a sobrevivir sin ella. Para llegar a esas personas, tendrás que reavivar esa necesidad en ellas para ponerlas de tu lado.

Un buen manipulador busca las debilidades y trabaja en ellas hasta que puedan desencadenar una reacción emocional. Su principal objetivo es involucrarlos tan emocionalmente que desarrollen una especie de visión de túnel, que les permita dejar a un lado su propia capacidad de razonamiento lógico y responder emocionalmente a tus necesidades. En esencia, estás creando un enfoque de mente cerrada en ellos, para que sólo vean lo que tú quieres que vean.

Aquellas personas que son resistentes, que son lo suficientemente fuertes como para pensar cuidadosamente en cada escenario, serán tus objetivos más difíciles. En realidad pueden ser manipuladores ellos mismos y por lo tanto reconocerán tus tácticas tan pronto como las aplique. Esto no significa que no pueden ser superados con estas estrategias, pero es probable que tengas que trabajar más y más duro para llevarlos a donde quieres que estén.

Es cierto, hay algunos blancos que parecerán impermeables a tus esfuerzos, pero no dejes que eso te desanime. Donde no puedes encontrar el éxito con una persona, hay muchas otras en las que podrás influir.

Capítulo Cuatro: Descifrar El Lenguaje Corporal

La comunicación es mucho más que palabras. Dentro de todos nosotros hay un código oculto que heredamos al nacer y que nos permite comunicarnos, incluso cuando las palabras no están disponibles. De hecho, esta forma oculta de lenguaje es mucho más confiable que las palabras que elegimos decir. A través de ella, hacemos saber a los demás cómo nos sentimos, lo que pensamos y nuestros deseos más íntimos.

El lenguaje corporal es más que un simple gesto, porque sus raíces están profundamente arraigadas en nuestro subconsciente. Un movimiento puede transmitir más significado que mil palabras encadenadas, sin importar cuán conmovedoras sean. Sin embargo, pocos de nosotros hemos aprendido a leer este idioma y a utilizarlo en nuestro beneficio. A menudo estamos tan enfocados en el mensaje verbal que la gente está entregando, que no nos damos cuenta de lo que está justo frente a nuestros ojos.

Esta forma de comunicación no verbal se realiza a nivel subconsciente, y los mensajes que otros te están enviando pueden ser muy valiosos para un manipulador. No sólo puedes leer e interpretar lo que otros están diciendo, sino que también puedes aprender tipo de mensajes estás enviando, a través de tus propias acciones. De cualquier manera, comprender el significado subyacente de estas señales corporales, puede darte una gran cantidad de información que te facilitará la creación de una estrategia persuasiva en la que puedas confiar.

Aprende a ser influyente
Leer las Señales Sutiles del Cuerpo

Hay dos tipos de señales de lenguaje corporal que se pueden buscar: positivas y negativas. Las señales positivas del cuerpo indican si la persona se siente segura de lo que dice o cómoda en su entorno. Los verás en todo tipo de entornos, así que tanto si estás hablando con uno de ellos como si estás en un grupo, estos se observarán fácilmente.

- De pie, erguido, con la cabeza alta y los hombros hacia atrás
- Hacer buen contacto visual y ojos sonrientes
- Gesticular cómodamente con las manos y los brazos mientras se está conversando
- Habla claramente con un tono de voz moderado
- Asentir con la cabeza para indicar que está escuchando e interesado en la conversación

Las señales negativas del cuerpo son indicadores de que hay un cierto nivel de incomodidad, ya sea contigo o con el entorno. Está atento a estas señales:

- Evitar el contacto visual
- Mínimos gestos con las manos o los brazos. Mantienen los brazos cerca del cuerpo como si estuvieran a la defensiva.
- No asentir con la cabeza o sonreír mientras escucha o habla
- Brazos cruzados sobre el cuerpo - esto te indica que están cerrados o que no están dispuestos a aceptar lo que está sucediendo.
- Golpecitos nerviosos en las manos o los pies
- Puños cerrados

Aprende a ser influyente

- Habla rápidamente o en un tono alto

Hay señales que pueden no transmitir consuelo o confianza, sino más bien cuán interesada puede estar una persona en tu mensaje. Reconocer esto puede ayudar a determinar si realmente estás alcanzando a una persona con tu mensaje, o si tus palabras están cayendo en oídos sordos.

- Si su cabeza está hacia abajo y no hay contacto visual, esto usualmente indica una falta de interés.
- Los signos de escuchar activamente o concentrarse en lo que se está diciendo implica involucrar todo el cuerpo en la conversación. Signos de escucha activa:
  1. Repetir o parafrasear sus palabras
  2. Inclinarse hacia adelante o hacia un lado mientras escucha
  3. Ligera inclinación de la cabeza o si está sentado, descansando la cabeza sobre una mano.
  4. Copiar tus expresiones faciales
  5. Cruzar los dedos – signo de autoridad y control

Cuando hay una falta de interés, verás otras señales.

- Pueden distraerse fácilmente
- Comprobación constante de la hora
- Hacer garabatos
- Jugar con su cabello
- Picar sus uñas
- No hacer preguntas
- Mirar a otra cosa
- Juguetear con objetos pequeños

Antes de que puedas convertirte en un maestro manipulador tienes que convertirte en un maestro del lenguaje corporal. Su hábil uso puede ayudarte a decidir en el acto si necesitas cambiar de táctica o no. No importa cuál sea tu meta, conocer el mensaje puede ayudarte a conseguir ese trabajo perfecto, negociar el mejor precio, ganar una discusión o si debe continuar con una relación.

Es importante notar aquí que estas son las sutiles claves que se encuentran en la cultura occidental moderna. Los signos del lenguaje corporal no son universales y, por lo tanto, pueden variar de una cultura a otra. Si no estás viviendo en la cultura occidental moderna como en Estados Unidos, el Reino Unido o Canadá, sería inteligente tomar el tiempo para aprender estas claves antes de intentar una comunicación regular. Un gesto en un área puede significar algo completamente diferente en el lugar en el que te encuentras.

Los Mensajes Secretos del Rostro

Nuestros rostros también son muy expresivos, enviando mensajes que las palabras nunca pueden transmitir con claridad. Todos conocemos las sonrisas y sus significados pero, ¿sabías que existen diferentes tipos de sonrisas, cada una con su propio mensaje único? Una sonrisa puede mostrar que eres feliz, tímido, cálido o falso. Hay una sonrisa llamada "Duchenne" que es considerada la más genuina de todas. Es esa en que las esquinas de la boca tiran hacia arriba mientras aprietas los músculos de los ojos haciendo patas de gallo en las esquinas. Las sonrisas falsas no tienen las patas de gallo en el rabillo de los ojos - cuando ves eso, sabes que la persona no es sincera en sus expresiones. Las sonrisas falsas tienden a mostrar más dientes que las sonrisas genuinas.

Por otro lado, fruncir el ceño, muestra desaprobación, infelicidad o duda. Una persona puede decirte que se siente bien por algo, pero la mirada en su rostro podría estar enviándote un mensaje completamente diferente. El lenguaje corporal puede decirte mucho acerca de lo que alguien está sintiendo, pero las expresiones faciales te dicen claramente cómo se siente una persona.

A diferencia de los gestos y movimientos del lenguaje corporal que no traspasan las fronteras culturales, las expresiones faciales son universales. No importa qué trasfondo o historia tenga una persona, estas expresiones se pueden ver claramente en todas partes del mundo. La investigación ha indicado incluso que la mayoría de nosotros, sin darnos cuenta, hacemos juicios basados casi por completo en las expresiones faciales de una persona. Concluimos que si la cara de alguien refleja alegría y felicidad, es más inteligente que alguien que está constantemente mostrando ira. Esto nos ayuda a entender lo valioso que puede ser aprender y entender las verdaderas expresiones faciales. Habla de los sentimientos centrales de tu blanco para que sepas exactamente con lo que estás lidiando.

Ojos: Hay una razón por la que la gente ha descrito los ojos como la ventana al alma. Hay tanta expresión en ellos que a veces la gente no tiene que decir una palabra, pero sus pensamientos y sentimientos se manifiestan muy claramente. Cuando estás involucrado en una conversación, tómate el tiempo para observar sus ojos. La forma en que se mueven te dará una idea de lo que está pasando en su cerebro.

- Mirando: Cuando están haciendo contacto visual directo contigo, están mostrando interés en lo que estás diciendo. Sin embargo, el tiempo que miran también puede reflejar el significado. ¿Has notado lo incómodo que se siente si alguien te da contacto visual prolongado? Esto se debe a que naturalmente percibimos este tipo de mirada como una amenaza, de manera muy similar a como un depredador se sentiría incómodo si un perro lo estuviera observando intensamente.

Romper el contacto visual también le muestra que su oyente está aburrido, distraído o está tratando de ocultar sus verdaderos sentimientos acerca de la discusión.

- Parpadeando: Todos parpadeamos con frecuencia a lo largo de nuestras horas de vigilia, pero cuando notas que alguien parpadea demasiado, o no lo suficiente, te está enviando un mensaje inconsciente. Muy pocos parpadeos significa que están controlando deliberadamente los movimientos de sus ojos. Los apostadores a menudo hacen esto para resistir la tentación de parecer demasiado entusiasmados con un resultado potencial. Si notas un parpadeo rápido, generalmente es una indicación de que se sienten nerviosos o incómodos.

- El tamaño de la pupila es un signo sorprendente, del que la mayoría de las personas no tienen ni idea de que están usando. Las pupilas reaccionan a la iluminación ambiental, pero más allá de eso, también reflejan emociones en sus pequeños cambios de tamaño. Si están muy dilatados, podría ser una señal de que están muy interesados o excitados.

- Si se están moviendo hacia arriba y a la derecha cuando contestan una pregunta, podría significar que están mintiendo. Arriba y a la izquierda normalmente significa que están siendo honestos contigo.

- El asco se puede ver cuando los ojos se entrecierran. Es una respuesta negativa y cuando va acompañada de labios apretados puede significar enojo u hostilidad. Por lo general, cuanto más estrechos se vuelven los ojos, más intensa es la emoción negativa.

- El bloqueo de los ojos o el cubrirse los ojos, después de que has hecho una solicitud, generalmente indica que se sienten incómodos con algo que acabas de decir o que no están de acuerdo con tu punto de vista.

- Las cejas arqueadas a menudo muestran felicidad, especialmente si van acompañadas de una sonrisa o si las pupilas se agrandan. Notarás que las madres hacen esto con frecuencia cuando ven a sus hijos.

- El miedo también se manifiesta con las cejas arqueadas, pero se acompaña de ojos bien abiertos y la ausencia de una sonrisa. También hay una mirada rápida y fugaz y las pupilas se dilatan como resultado de un rápido estallido de adrenalina que inunda el sistema.

- Probablemente lo más importante que quieres ver en los ojos es su enfoque. Cuando estén muy interesados en su mensaje, sus pupilas comenzarán a estrecharse. Lo contrario también es cierto, si no están interesados, puedes esperar ver las pupilas dilatarse.

Estas señales no verbales pueden ser herramientas increíbles cuando se trata de leer las emociones de las personas. La próxima vez que estés en una conversación, comienza a tomar nota de estos pequeños destellos sutiles en su alma. Comenzarás a ver todo un nuevo mundo desplegarse ante ti y lo que aprendas puede ayudarte a entender exactamente lo que necesitas hacer para lograr sus metas.

Aprende a ser influyente

La Boca: La boca también dice mucho, incluso cuando la persona no está hablando. Cada expresión tiene un significado y aprender a leerla es esencial para cualquiera que quiera persuadir a alguien.

- Cubrir la boca: Esto es usualmente un intento de ser educado. Las personas hacen esto cuando están tosiendo o estornudando, pero también lo hacen cuando están aburridas o bostezando, lo cual podría ser una señal de advertencia de que necesitas cambiar de táctica. Algo de lo que hay que estar atento es de taparse la boca como señal de desaprobación.

- Labios carnosos: Cuando aprietan los labios, es una señal de desconfianza o desaprobación de algún tipo.

- Morder los labios: Esta es una señal de que están preocupados o estresados por algo.

- Elevados en las esquinas: Indica que son felices u optimistas.

- Inclinado en las esquinas significa tristeza o desaprobación. Si el gesto es prominente, puede significar un gran disgusto.

Gestos: Los gestos, como los ojos, suelen ser algunos de los signos más obvios que reflejan los sentimientos internos de una persona. Leemos automáticamente los gestos sin pensarlo dos veces. Nadie cuestionaría el significado de una ola, o señalaría o incluso contaría sus figuras. Son bastante fáciles de entender, pero también hay gestos culturales que puedes encontrar. Si has viajado mucho, notarás que un gesto en un país no siempre se traduce en gestos en otro país. Estos son gestos comunes que se encuentran en los Estados Unidos.

- *Puños cerrados*: en algunos casos, podría ser un reflejo de enojo. Sin embargo, si se hace con el brazo levantado, suele significar solidaridad o unidad.
- *Pulgares arriba:* aprobación
- *Pulgares abajo*: desaprobación
- *Pellizcando el pulgar y el índice juntos*: Esto es una señal de aprobación o de que todo está bien.
- *El signo V*: Este signo, formado al sostener los dedos índice y corazón en forma de V, significa victoria. En algunas áreas también puede significar paz.

Las Extremidades: Los brazos y las piernas son excelentes comunicadores. Por ejemplo, cruzar las piernas y apartarlas de la otra persona te permite saber que la otra persona está tomando una posición defensiva y que desconfía de ti. Al prestar atención a lo que las extremidades te están diciendo, será fácil determinar si lo que están diciendo coincide con sus sentimientos.

- *Cruzar los brazos*: la persona se siente a la defensiva o está cerrada, no está dispuesta a abrirse a ti.
- *Manos en las caderas*: una señal de que tienen el control. Si la postura parece más desafiante también podría ser un signo de agresión.
- *Manos pegadas a la espalda*: este gesto puede ser una señal de que están aburridos o ansiosos. A veces puede ser una señal de enojo y frustración.
- *Mover o dar golpecitos con los dedos*: Cuando se hace rápidamente, es una señal clara de que están impacientes o frustrados.
- *Pies cruzados*: indicación de que están cerrados o que necesitan cierta separación o privacidad.

Postura: Nuestra postura es otra forma de comunicarnos inconscientemente con los demás. La forma en que sostenemos nuestro cuerpo puede reflejar muchas cosas, desde el estado de nuestra salud hasta nuestra sensación de confianza. Hay dos tipos de postura a tener en cuenta.

- *Abierto*: cuando el tronco del cuerpo está expuesto, le dice a los demás que son abiertos y amigables. Una postura abierta generalmente significa que están dispuestos y listos para cumplir.

- *Cerrado*: Cuando el tronco del cuerpo se cierra con posturas como encorvarse hacia adelante o cruzar los brazos o las piernas, puede ser una muestra de hostilidad o ansiedad. Normalmente no es un gesto amistoso.

Espacio personal: En Estados Unidos, la gente se toma muy en serio su espacio personal. Si te paras demasiado cerca, es probable que se sienta muy incómodo. Es mejor mantener una distancia respetable entre tú y la persona con la que estás interactuando. Un poco demasiado cerca y se pondrán a la defensiva y cautelosos, un poco demasiado lejos y es probable que tengan la sensación de que estás siendo cerrado y desinteresado.

- *Las conversaciones íntimas usualmente requieren una distancia entre 6 y 18 pulgadas.* Esta distancia es aceptable para aquellos en una relación cercana y permite más intimidad y discusión privada. La proximidad permite el contacto íntimo, los abrazos y los susurros.
- *Cuando no se trata de una discusión íntima, pero puede considerarse una relación personal, como con la familia y los amigos, se considera aceptable una distancia de 1,5 a 4 pies.* La cantidad de distancia que mantienes entre la otra persona refleja cuán cercana es la relación. Cuanto más cerca estés, más íntimo será el vínculo.

Aprende a ser influyente

- *En entornos sociales o de grupo, es aceptable mantener una distancia física de 4 a 12 pies.* Esta es la distancia aceptable para los conocidos personales como compañeros de trabajo y socios comerciales. Cuando trates con personas con las que no estás familiarizado o con las que interactúas con poca frecuencia, puede ser mejor que te quedes en el otro extremo del rango.
- *La distancia pública de hasta 15 pies se mantiene cuando no se necesita tener contacto personal directo.* Por ejemplo, cuando estás dando una presentación o hablando a una audiencia, no querrías estar demasiado cerca de sus oyentes. La distancia te permite hacer un breve contacto visual con diferentes personas de la audiencia sin hacerles sentir que han sido seleccionadas.

Aunque no tendrás que salir con una cinta métrica para determinar la distancia adecuada para permitir el espacio personal, puedes seguir las indicaciones de los que te rodean. Esto es especialmente importante cuando se trata de culturas de otros países. Por ejemplo, el espacio personal en la mayoría de las culturas asiáticas no es tan importante como en Norteamérica. Lo mismo ocurre con los de América Latina. Cuanto más observe esta distancia, más eficaz será para llegar a su público objetivo.

Comprender el lenguaje corporal te hará naturalmente un mejor comunicador, pero también te ayudará a entender las señales que estás enviando al universo. Esto no es de ninguna manera una selección completa de posibles gestos, así que sería una buena idea hacer una investigación adicional sobre el tema. Dicho esto, con sólo aplicar los que se enumeran a continuación, estarás bien encaminado para comprender lo que hay que hacer para persuadir a los demás.

Entender Micro Expresiones

Antes, discutimos la importancia de los gestos faciales para entender la comunicación. Sin embargo, un área de las expresiones faciales, que ahora estamos empezando a comprender mejor, es la de las micro expresiones. Estos son gestos involuntarios que ocurren muy rápidamente cuando se siente por primera vez un sentimiento o una emoción. Estos son generalmente más confiables que cualquier otro gesto facial, ya que son reacciones impulsivas en las que la persona no tiene tiempo para pensar. Ocurren rápidamente y generalmente ocurren dentro de las primeras fracciones de segundo después de que la emoción surge, generalmente comenzando en $1/2$ del primer segundo y durando $1/15$ y $1/25$ de segundo antes de desvanecerse. Debido a que aparecen y desaparecen tan rápidamente, son buenos indicadores de cualquier emoción que una persona está tratando de ocultar o suprimir.

Aprender a detectar estas micro expresiones es clave para llegar a ser persuasivo, pero antes de que puedas dominar esta habilidad, tienes que entender la dinámica del rostro humano y lo que deberías estar buscando. Según el Dr. Paul Ekman, estas expresiones son bastante universales. Todos, sin importar de dónde sean, comparten al menos siete expresiones comunes que tienen exactamente el mismo significado. Aunque hay muchas más micro expresiones que aprender, conocer al menos estas siete te dará una buena idea de la persona con la que estás tratando y de lo que puedes esperar.

Sorpresa: Esta expresión común se ve por el levantamiento de los párpados superiores, las cejas levantadas y curvadas. También debes ver la boca parcialmente abierta cuando la mandíbula cae, pero los labios y los músculos de la boca permanecerán relajados. La longitud de esta expresión indica si la persona está sorprendida o temerosa. Si dura más de un segundo, es más probable que sea una señal de miedo.

Aprende a ser influyente

Miedo: Al igual que la sorpresa, el miedo puede verse cuando se levantan los párpados superiores. Las cejas se levantan y se juntan formando una línea plana. La boca se abre ligeramente y los músculos de los labios se tensan y se tiran hacia atrás con fuerza.

Asco: Este aspecto clásico es fácil de reconocer por las arrugas que se forman alrededor de la nariz. Las cejas se dibujan hacia abajo y los ojos se entrecierran. El párpado superior, los músculos de las mejillas y el labio inferior se tensan para hacer visibles los dientes.

Ira: Cuando una persona está enojada, tanto los párpados superiores como los inferiores se juntan firmemente. Las cejas se jalan hacia abajo en el centro y se juntan firmemente. Verás que aparecen líneas verticales entre las cejas y que los propios ojos se quedan mirando fijamente o comienzan a abultarse. Algunas personas tienen el hábito de empujar la mandíbula hacia adelante cuando están extremadamente enojadas.

Felicidad: Esta emoción se ve cuando ambos lados de la boca se levantan en las esquinas haciendo una sonrisa simétrica. Muchas personas tratan de fingir ser felices forzando una sonrisa, pero tú debes poder notar la diferencia mirando el rabillo del ojo. La felicidad genuina también se manifiesta en los ojos y en la boca. Busca los músculos de los ojos esquineros para encajar mostrando los signos reveladores de las patas de gallo. Espera ver más compromiso de los músculos de la cara cuando la felicidad es genuina que con una exhibición forzada de emociones.

Tristeza: Esta sensación se puede ver cuando los músculos de las esquinas de los labios tiran hacia abajo en los lados y el labio inferior sobresale en una mueca. También puedes ver que la esquina interior de las cejas se eleva ligeramente.

Desprecio: Esta emoción puede ser claramente identificada por el clásico levantamiento de un lado de la boca haciendo una mueca de desprecio, o una sonrisa de satisfacción.

Las micro expresiones son universales y comunes. Se diferencian de las expresiones regulares en que son muy difíciles de crear intencionalmente. Las personas pueden ocultar fácilmente sus sentimientos más íntimos con gestos faciales regulares, pero las micro expresiones se forman en una parte diferente del cerebro y son reacciones impulsivas. Son fugaces en el mejor de los casos y desaparecen tan rápido como llegan, así que para notarlas e identificarlas necesitarás prestar mucha atención a tu objetivo para que puedas captar ese instante, que te revelará todo lo que necesitas saber.

Lo Que la Forma de Caminar Dice de Ti

La mayoría de nosotros no pasamos mucho tiempo preocupándonos por cómo camina una persona, pero un estudio reciente publicado en Social Psychological and Personality Science, nos da una buena razón para considerarlo. El estudio realizado en el 2017, por un experto en salud y bienestar de Maple Holistics, revela que la velocidad al andar podría indicarnos al menos cinco rasgos de personalidad diferentes. Estos rasgos: simpatía, apertura, extraversión, conciencia y neuroticismo, pueden decirnos mucho sobre el tipo de personas con las que estamos tratando.

Hay mucho que aprender cuando se analiza su velocidad, zancadas, y cómo sostienen sus brazos cuando están caminando. Analizando estas características, puedes revelar algo sobre ellas que de otra manera no serías capaz de captar.

Aprende a ser influyente

Caminantes rápidos: Las personas que caminan rápido tienden a ser más extrovertidas y, tal vez, más conscientes. De hecho, cuanto más rápido caminan, más extrovertidos tienden a ser.

Caminantes lentos: Aquellos que se mueven a un ritmo más lento reflejan una personalidad más cautelosa. Cuando dan zancadas más cortas a un ritmo más pausado, podrían reflejar un poco de ensimismamiento, ya que son signos clásicos de una personalidad egocéntrica. Sin embargo, esto no significa necesariamente que sea algo malo. Simplemente refleja a una persona que se preocupa por sus propios intereses. Aquellos que son más introvertidos también pueden caminar despacio, pero su lenguaje corporal revela una falta de confianza. Mantienen la cabeza baja y se tiran hacia sí mismos. Una persona cautelosa no es introvertida, sino más bien cuidadosa con sus decisiones. Camina con la cabeza en alto para poder ver y analizar todo lo que hay en su entorno.

Girar a la izquierda: Las personas que gradualmente giran a la izquierda mientras caminan, tienden a mostrar signos de ansiedad y estrés. Cuanto más se desvían del camino recto, más ansiedad sienten. Nadie entiende completamente este fenómeno, pero se cree que el lado derecho del cerebro está más involucrado en la resolución de problemas o en el manejo de sus preocupaciones o miedos que el lado izquierdo.

El Paseo Lento: Cuando alguien da un paseo más pausado, literalmente paseando por su camino con la cabeza en alto pero sin un destino claro a la vista, es una poderosa señal de confianza. Estas personas caen en un paso lento y fácil, que refleja el estado de calma de sus mentes.

Caminante Energético: Aquellos que se mueven con una alta energía en su paso son súper concienzudos y están más orientados al detalle. Caminan rápidamente, incluso cuando recorren distancias cortas. Por ejemplo, pueden moverse sólo unos pocos pasos hacia una silla o a través de la habitación. Su forma de andar es rápida, pero no es suave. Sus movimientos se irán sacudiendo a medida que cambien su atención de un pensamiento a otro.

Caminantes elegantes: Los caminantes elegantes reflejan una sensación de confianza interior y tranquila, pero la forma de leerlos dependerá de la dirección en que sus pies señalen. Cuando sus pies están apuntando hacia afuera mientras caminan es una señal de alta autoestima. Esta posición no es una forma natural de andar, sino que se enseña. Los dedos de los pies apuntando hacia adentro es una señal de inseguridad.

Hombros caídos: Si su postura los tiene en una posición ligeramente inclinada hacia adelante con los hombros encorvados, es un signo clásico de incomodidad. Es una posición que está diseñada para proteger los órganos vitales del cuerpo. Pueden haber sufrido algún tipo de trauma en su pasado, ya sea físico o psicológico, pero aún no se han recuperado.

Cuando se trata del lenguaje corporal, cuanto más aprendes, más te das cuenta de que cada movimiento, matiz y cada pequeño y minúsculo cambio, o gesto funciona como un espejo para reflejar lo que sucede en la mente y en el corazón de las personas con las que interactúas. Aunque aprender estas cosas no te hará un lector de mentes, puedes acercarte bastante a ello cuando las apliques a tu arte de persuasión.

Capítulo Cinco: Herramientas Esenciales para la Manipulación.

El arte de la manipulación tiene una meta específica. Quieres cambiar la mente de tu objetivo para poder afectar el tipo de comportamiento que quieres ver. Aprender cómo leer a otras personas y detectar su estado mental emocional es sólo la mitad de la batalla. Una vez que entiendes la mente de tu objetivo, es hora de seleccionar las herramientas apropiadas de manipulación para usar a tu favor.

Hay varios enfoques diferentes que son muy efectivos para persuadir a las personas. Quienes se incluyen en este capítulo trabajan sutilmente en la mente subconsciente para que el objetivo nunca se dé cuenta de lo que está sucediendo, pero producen los mejores resultados.

Trucos Diarios de Manipulación

El pie en la puerta: El principio fundamental detrás de este concepto es lograr que alguien haga lo que tú quieres que haga. En esencia estás sentando las bases para pedir un favor. Comienza pequeño pidiendo un favor más pequeño y menos importante primero. Al hacer esto, estás construyendo una pequeña pero simple conexión entre ustedes dos basada en una regla no escrita de compromiso a la que puedes recurrir más adelante.

Aprende a ser influyente

Los chinos han estado practicando esta estrategia durante siglos. Se deduce de esto que al hacer favores pequeños pero insignificantes a alguien con el tiempo hace que se estén en deuda contigo. Es como poner dinero en el banco para que puedas hacer una solicitud más grande luego. Mientras que en China esta herramienta es mucho más profunda que en la sociedad occidental, es un arma poderosa para hacer a alguien endeudarse contigo.

Un buen ejemplo de cómo se puede usar esto se puede ver en todos los ámbitos de la vida. Por ejemplo, podrías encontrarte en un territorio desconocido y preguntarle a alguien por direcciones. Esta simple petición crea una conexión contigo. Después de una simple y breve conversación, puedes hacer una segunda petición explicando que no eres muy bueno con las direcciones así que preferirías que te mostraran en vez de decirte. La persona puede decidir dibujarte un mapa o incluso caminar personalmente a tu destino. Hay una buena oportunidad de que esto funcione si primero le pides el favor más pequeño. Sin embargo, si te hubieras acercado a un extraño y pedido que te acompañara a tu destino, es casi seguro que no hubieras tenido éxito.

Esta teoría fue probada por investigadores en 1966. Un grupo de 156 mujeres se dividió en cuatro grupos. Comenzaron preguntando a los tres primeros grupos que respondieran algunas preguntas básicas sobre los productos de cocina que utilizaban. Después de varios días, pidieron permiso para revisar su cocina para poder catalogar los productos que usaban. Al cuarto grupo sólo se les hizo la segunda pregunta. Los resultados mostraron la eficacia de este enfoque con un éxito del 52,8% para los tres primeros grupos y sólo del 22,2% para el cuarto grupo.

Puedes ver que esto es aplicado en todos lados en el marketing. La mayoría de los sitios web en línea comienzan preguntando algo que no parece costarte nada. Es posible que le pidan su dirección de correo electrónico y luego más tarde te pidan algo más grande. Alguien puede pedirte que "te guste" una página y luego pedirte un comentario, lo que podría conducir a una oferta.

Puerta en la cara: El principio fundamental detrás de esta técnica es pedir algo extremadamente grande e irrazonable y luego de ser rechazado, pedir algo más pequeño. Funciona en escala opuesta que la técnica del pie en la Puerta. En este caso, estas pidiendo algo tan grande que sabes que vas a ser rechazado y luego hace una petición de algo que es mucho más fácil de cumplir.

Un caso para ejemplificar sería si le pides a un amigo un préstamo grande y luego de ser rechazado, pedir uno significativamente más pequeño. Esto funciona principalmente porque con sólo hacer la petición inicial, ya moviste tu relación a otro nivel causando que ellos sientan algún tipo de obligación hacia ti. Luego se vuelve mucho más fácil para ellos cumplir con tu segunda petición sin dudarlo.

Este hecho fue verificado en un estudio de caso realizado en el mercado minorista. Los investigadores utilizaron a una vendedora que vendía queso a las personas de los Alpes Austriacos. Primero ofreció a los excursionistas que pasaban dos libras de queso por ocho euros, y cuando rechazaron la venta, bajó la categoría de su pedido al ofrecer una libra por cuatro euros. Los resultados fueron impresionantes, con sólo un 9% de tasa de éxito en la primera solicitud y un 24% de tasa de éxito después de la segunda.

Anclaje: El pensamiento principal detrás del anclaje es crear una predisposición cognitiva creando familiaridad con un producto igual o similar para que tu objetivo pueda tomar una decisión basada en este conocimiento. Hay varias maneras de aplicar esta técnica, desde el marketing hasta encontrar el trabajo de en sueños que querías.

Funciona de manera similar a la técnica del Pie en la Puerta. Las tiendas constantemente aumentan el precio de ciertos productos en un 15% antes de una oferta del 10%. La gente ve el precio en descuento sobre el precio real publicado, sin darse cuenta de que están pagando aún más por el producto de lo que lo harían antes de la oferta.

La evidencia de que esto funciona se vio en un estudio donde a 100 sujetos se les dieron tres opciones diferentes para suscripciones. La primera opción era un costo en línea de 59$, la segunda opción era una suscripción impresa de 125$, y una tercera opción era una combinación de impresión y web de 125$. Los resultados mostraron que de los 100 sujetos sólo 16 eligieron la primera opción y 84 la tercera opción. Luego la segunda opción fue eliminada y se dio el mismo ejercicio a otros 100 sujetos, donde sólo 32 eligieron la tercera opción, escogiendo 68 restantes la primera opción.

Los resultados mostraron que cuando la opción B era un factor, se utilizaba meramente como ancla. Nadie lo consideraría seriamente, pero mostraba claramente el valor de las otras dos opciones. Este proceso es un medio eficaz para transferir experiencias de aprendizaje. Es su núcleo, da a personas un estímulo o una experiencia personal donde pueden basar sus decisiones.

Compromiso Y Consistencia: El principio básico aquí es aprovechar el sentido de consistencia interna de su objetivo. Como criaturas de hábito, si eres capaz de conseguir que se comprometan con algo pequeño e insignificante, entonces puedes usar eso para motivarlos a hacer algo más en el futuro.

Todos nosotros hacemos esto hasta cierto punto en la vida real. Cuando vamos de compras, compramos los mismos productos con los que estamos familiarizados, tomamos la misma ruta al trabajo todos los días, y normalmente comemos las mismas cosas con pocas variaciones en cada comida. Debido a esta necesidad interna de consistencia, rara vez probamos cosas nuevas. Al lograr que alguien haga algo por ti una vez, inicias un precedente que ellos seguirán para mantener la consistencia.

Muchos sitios web en línea utilizan este principio en sus esfuerzos de marketing. Comienzan preguntando a los clientes potenciales que se suscriban a recibir correos electrónicos regulares de su empresa. Los has visto en la pantalla cuando visitas sus páginas con palabras como "Sí, me gusta el dinero gratis" o "Sí, quiero saber más". A veces incluso te dan opciones que te hacen sentir que tienes que elegir una por encima de la otra. Por ejemplo, te pueden dar dos opciones: "Sí, quiero saber más sobre cómo hacer con esta opción" y "No, no quiero tener éxito". La segunda opción está tan alejada de la verdad que te sientes obligado a elegir la primera. Pero una vez que tomaste la decisión, no importa cuán insignificante sea, te sentirás obligado a mantenerte con ella.

Para obtener los mejores resultados, el primer compromiso debe ser fácil de hacer. No costará mucho o nada en lo absoluto. Una organización benéfica puede enviar una petición para que las personas aumenten su compromiso a sus esfuerzos. El costo inicial es mínimo en el mejor de los casos. Luego, pueden pedir donaciones más grandes y la mayoría lo hará sólo para mantener su nivel de compromiso involucrado.

Prueba Social: Todos hemos oído hablar de la presión social, ¿verdad? La prueba social es un ejemplo perfecto de la presión de social en el trabajo. El principio que prevalece aquí es que no quieres ser el tipo raro. Este concepto se basa en el pensamiento de que antes de que alguien tome una decisión, se detendrá y pensará en qué decisión tomarán sus compañeros y por lo general, actuar de acuerdo a esto.

Si estás trabajando en un restaurante y hay un frasco de propinas vacío, podrías empezar a recibir propinas añadiendo tus propias monedas. Es mucho más probable que los clientes añadan a un frasco que ya tiene dinero en él, a que sean los primeros en poner la bola en movimiento. Es más probable que dejes un comentario en un artículo o video al ver que otros también lo están haciendo.

Un estudio de caso de 1935 confirma esto. Los investigadores tomaron a varios sujetos y los colocaron en un cuarto oscuro, con la única fuente de luz a 15 pies de distancia. Se les pidió que observaran la luz y dieran una estimación de cuánto se había movido. Cada participante dio diferentes respuestas sobre el movimiento.

El segundo día del estudio, los pusieron en grupos e hicieron la misma pregunta. Esta vez todos llegaron a un acuerdo singular que estaba muy lejos de las estimaciones que dieron apenas el día anterior.

Autoridad: Aprendemos desde una edad temprana a escuchar a aquellos que tienen autoridad. Independientemente del área de especialización, el establecerse a sí mismo como una autoridad en un tema tendrá una poderosa influencia en otros.

Los expertos en marketing usan esto muy efectivamente con frases como "9 de cada 10" doctores aprueban este medicamento. O pueden decir algo como "nuestro producto ganó 8 de 10 premios por ser el mejor". Los sitios web y los blogs a menudo cuentan con una lista de autoridades reconocidas en su área de especialización, o publican testimonios de clientes anteriores para poner en evidencia que son los profesionales que dicen ser.

Aprende a ser influyente

Un psicólogo de la Universidad de Yale probó esto muy eficazmente en una serie de estudios llamados el Experimento del Miligramo. Los estudios consistieron en tres personas diferentes: el experimentador, el profesor y el estudiante.

El papel del profesor era hacer preguntas al estudiante. Si el estudiante daba una respuesta incorrecta, el profesor les daba una descarga eléctrica. El experimentador entonces presionaba al maestro para que continuara usando la descarga eléctrica incluso si había evidencia de que el estudiante tenía dolor.

En la mayoría de los casos, el maestro continuaba administrando dolor aunque fuera en contra de su conciencia. De hecho, 8 de cada 10 maestros continuarían dando las descargas eléctricas sin importar las circunstancias. Esto demuestra que la mayoría de la gente está dispuesta a cruzar incluso un límite moral si sus instrucciones son dadas por alguien con autoridad.

Escasez: El miedo a perderse es poderoso, y es el principio sobre el que la escasez es construida. La gente lo usa para crear un sentido de urgencia y obligar a sus objetivos a tomar una decisión lo antes posible. En realidad, la tendencia a querer algo cuando escasean es muy fuerte, así que al convencer a alguien de que algo pronto se va a acabar dentro de cierto período de tiempo es más probable que lo impulse a comprarlo.

La escasez es probablemente una de las técnicas de persuasión más utilizadas en el mundo hoy en día. Vemos que se utiliza en el marketing, en las relaciones, y en el mundo social. Si alguna vez has intentado de reservar vacaciones en línea, probablemente serás recibido con sólo quedan unos pocos asientos en este vuelo, o esta oferta expira a medianoche, o sólo puedes comprar éstos en esta época del año. Toda la premisa es en lo que se basa el Viernes Negro de América.

En un estudio, 180 estudiantes fueron separados en dos grupos. Al primer grupo se le dio un producto y se le informó de su escasez, mientras que al segundo grupo se le dijo que había una oferta abundante. El resultado mostró que la mayoría de los sujetos estaban ansiosos por comprar, simplemente porque tenían miedo de que ya no estuviera disponible.

Un ejemplo clásico de esto es un caso discutido por el psiquiatra, de un vendedor de automóviles que mostró certeza de que varias personas se presentaran por un automóvil al mismo tiempo. Esto creó un aire de competencia y ansiedad entre ellos haciendo que el coche luciera en realidad más valioso de lo que era.

Cuando se usa con éxito, hay un único sentimiento de poder para el ganador. La teoría es que este principio protege un sentido de libertad de elección. Siempre que la libertad de elección es limitada, tenemos un deseo innato de protegerla. Al aumentar la escasez, reconocemos instintivamente que nuestro acceso a ese artículo está restringido a menos que hagamos algo rápido.

Aprende a ser influyente

Reciprocidad: La reciprocidad es el acto de obligar a otro a hacer algo por tú haberlo hecho por ellos. Independientemente de lo que sea el regalo, sólo el acto de darlo genera una poderosa necesidad de devolver el favor. Automáticamente nos sentimos en deuda con el que da, y el manipulador puede definitivamente utilizarlo como ventaja.

Esto puede ser utilizado en una amplia variedad de formas. Por ejemplo, podrías ofrecer un regalo gratis a los primeros contribuyentes a su causa, o podrías recibir una descarga gratuita de un libro antes de que se le pida que hacer una compra más grande.

Las evidencias confirman esto en un estudio conducido en un restaurante de la ciudad de Nueva York donde el mesero daba un pequeño regalo antes de pagar la cuenta. En la mayoría de los casos, se produjo un aumento del 18% en las propinas. En una situación similar, cuando el camarero dejaba una menta y luego se alejaba, se daba la vuelta y les daba un pedazo adicional, el incremento en las propinas aumentaba un 21%.

Estas no son las únicas técnicas de persuasión que existen pero son las más comúnmente utilizadas. Utilízalas para sentar las bases de tu próxima estrategia de persuasión y ver qué tanto aumenta tu poder de influencia.

Aprende a ser influyente

11 Trucos de Persuasión para Empezar a Conseguir lo que Quieres en tu Día a Día

Vivimos en un mundo de perros que comen perros. No importa quién eres o dónde estás, caerás en una de las dos clases: el manipulador o el manipulado. Los llamamos juegos mentales y se están jugando a nuestro alrededor. Necesitas conocerlos para asegurarte de que no estás atrapado en el último grupo. No es que ser manipulado sea siempre algo malo, pero al menos si estás siendo manipulado conoces y reconoces las señales y puedes usarlas en tu beneficio.

Una vez que aprendas estos trucos de persuasión, serás capaz de utilizarlos para obtener todo lo que quieras de la vida.

1. **Difícilmente Malvado:** Al ayudar a otra persona a lograr sus propias metas, haces que se endeude contigo. El concepto general en el que todos creemos, es que puedes obtener lo que quieres de la vida siempre y cuando ayudes a otros a alcanzar sus propias metas.
2. **Un poco Manipulador**: Pedir favores en un ambiente más público puede hacer que las personas se sientan más inclinadas a hacer algo por ti. En lugar de pedirlo en un ambiente más privado, al hacer una petición pública es menos probable que sea rechazada.
3. **Carnada y Cambio:** Usar una oferta señuelo para enganchar a la gente y luego ofrecerles algo de mayor valor, y luego hacer una oferta final que parece ser del mismo valor pero menos efectiva para poder obtener lo que tú quieres.

Aprende a ser influyente

4. **Concentrarse en la Victoria:** Haz que tu objetivo se dé cuenta de lo que está ganando en el acuerdo, en lugar de lo que está perdiendo.
5. **Reflejar:** Refleja el lenguaje corporal de la otra persona para que se sienta cómoda contigo. Es más probable que se conecten y terminen haciendo lo que tú quieres.
6. **Observación:** hazles sentir como si estuvieran siendo observados. Esto puede hacerse mostrándoles una imagen de ojos. Subconscientemente, cuando vemos ojos en una imagen o en un video, nos sentimos como si estuviéramos siendo juzgados, lo que hará que se altere su comportamiento a algo que sientan que será más aceptado.
7. **Aprovechar las Inseguridades:** Las palabras que elijas pueden aprovechar lo que sienten sobre sí mismos. Las personas tienden a pensar más en sus identificaciones personales cuando escuchan sustantivos, pero piensan más en su comportamiento cuando escuchan verbos. Si quieres aprovechar sus inseguridades, escoge más sustantivos en sus conversaciones que verbos y debilitarás sus defensas.
8. **Decepción:** Habla rápido si quieres que estén de acuerdo contigo. Usa muchas palabras para abrumarlos y así bajarán la guardia. Muchas veces estarán de acuerdo contigo porque no pueden seguir el ritmo.
9. **Incitar:** Acérquese a ellos al final del día cuando estén cansados y listos para rendirse. Cuando las personas están exhaustas, es más probable que cumplan con tu petición porque su energía para resistir está agotada.
10. **Miedo:** Aprovechar sus miedos es una manera efectiva de hacer que las personas cumplan tu petición. Expón sus miedos y luego ofrece una solución inmediata.
11. **Confusión:** Confúndelos deliberadamente. El orgullo de la mayoría de las personas no les permite admitir que no entienden del todo. La respuesta más fácil para ellos es estar

de acuerdo. Ofrecer precios en términos poco familiares hará que se rindan porque les cuesta procesarlo mentalmente.

Como Usar las Seis Leyes de Persuasión

Las leyes de la persuasión están constantemente en uso a nuestro alrededor. Está en el centro de cada negociación de empresas, cada discusión en las relaciones, cada debate entre padres-maestros o padres-hijos, y en el centro de cada interacción con las redes sociales. Es un hecho de la vida que es esencial para cada uno de nosotros, estemos o no hablando de negocios. Cada uno de estos aspectos emplea habilidades de negociación en algún nivel.

Para tener éxito al utilizar estas leyes, primero tienes que entenderte a ti mismo (tu inteligencia emocional) y los objetivos que quieres alcanzar, pero también tienes que entender lo que está en el corazón de tu objetivo. Esto creará una plataforma donde podrás lanzar tu influencia sobre otros y afectar el tipo de cambio que quieres ver en tu mundo.

Pero la manipulación exitosa no debe ser sólo acerca de lo que tú quieres. Mientras que serás capaz de obtener un mínimo de éxito pensando sólo en ti mismo, los mejores resultados vendrán cuando crees una situación que sea mutuamente beneficiosa, tanto para ti como para tu objetivo. Qué tan bien logres hacer esto determinará el alcance de tu éxito y la eficiencia con que puedas asegurar que todas las partes salgan ganando en tus negociaciones. Para hacer esto, necesitas desarrollar tu experiencia en el uso de las seis principales leyes de la persuasión.

No nos damos cuenta, pero una persona promedio toma alrededor de 35.000 decisiones cada día. Por supuesto, la mayoría de estas decisiones se toman a nivel subconsciente y por eso no requieren ningún pensamiento consciente. Nos proporcionan formas de simplificar nuestras vidas, nos dan atajos y están diseñadas para ahorrarnos tiempo y/o dinero. Sin embargo, son esas decisiones conscientes que todos debemos tomar, las que nos permiten influenciar a otros y nos podrán dar lo que queremos. Aquí es donde las seis leyes de la persuasión pueden tener influencia. Hablamos brevemente de ellas en la última sección, pero vamos a examinarlas un poco más de cerca aquí.

Ley de Reciprocidad: La ley de la reciprocidad obliga a otros a devolver favor por favor. Al darle a alguien algo se sentirá obligado a pagarte de vuelta. Para aumentar este sentido de gratificación, si te aseguras de dar algo, ellos quieren que su conexión contigo sea aún más fuerte.

Aplicar esto en tu vida podría ser bastante simple. Ten en cuenta que lograr que alguien acepte algo sin pedir algo a cambio, implica un precedente bastante malo que hará que la otra persona se sienta con derecho y que tú te sientas en una pérdida. Al darles algo les estas dando la sensación de tener algún poder de negociación. Por lo tanto, el uso de una compensación funciona mejor, y puede ayudar a establecer una relación más duradera. Cuanto antes se cree este entendimiento, más fácil será persuadir a esa persona una y otra vez.

Aprende a ser influyente

Es una manera extremadamente efectiva de traer a su objetivo a su redil y cerrar el sin importar cual sea.

Ley de Compromiso y Consistencia: Usar la consistencia como un medio de aliviar la incomodidad de tu objetivo es importante. Una vez que hayas establecido una relación con esa persona, es importante que te apegues a ella y no te desvíes. Mostrar a la otra persona que estás comprometido con una decisión (sin importar qué tan significativa sea) le da la seguridad de que no la va a abandonar a la primera señal de cambio. Los vendedores son muy buenos en esto. Al hacer que sus clientes se pongan de acuerdo en varias cosas más pequeñas una tras otra, colocan un precedente de compromiso. Por lo que, cuando piden una gran oferta, es casi imposible que digan que no.

Ley de Gustar: Ya sea que quieras atraer a otra persona y despertar una nueva relación, o si buscas el trabajo de tus sueños, probablemente usarás la Ley de Gustar. Esta ley básica de la naturaleza humana dicta que nos sentimos atraídos por aquellas personas que se parecen más a nosotros mismos. Cuantas más similitudes encuentres con otra persona, más profundo será tu deseo de querer complacerla. Al aplicar la Ley de Gustar, trabajas para establecer una buena relación y dejar claro que eres como dos guisantes en una vaina. Cuantas más similitudes puedas mostrarles más profundo será el vínculo. Esto funciona bien con fiestas de ventas en casa, grupos religiosos y grupos sociales. Recuerde el viejo dicho que dice, 'los pájaros de una pluma se juntan'. Una vez que haya hecho este tipo de conexión con ellos, es menos probable que quieran decepcionarlo diciendo que no.

Aprende a ser influyente

Ley de la Escasez: No necesariamente tienes que tener un suministro limitado de algo para hacer que la ley fundamental de la escasez funcione para ti. Puedes aplicar la misma presión sin ella. Podrías hacerle saber a la otra parte que estarás disponible para contestar preguntas por un tiempo limitado solamente. Esto funciona bien para ofertas de temporada o cosas que sólo están disponibles durante una cierta época del año. Sólo tienes que crear la idea de que algo es escaso para obtener el resultado, de modo que crean que si dudan, pueden perder el privilegio completamente.

Ley de la Autoridad: Al aplicar esta ley, es importante que la otra persona sepa que tú eres el "experto" en este campo, o que tú eres aceptado y recomendado por expertos reconocidos. Esto se puede hacer de diferentes formas. Los comerciantes a menudo usan los "testimonios" de clientes anteriores, los bloggers usan la credibilidad de otros bloggers más conocidos, y ciertamente no hay nada malo en anunciar o publicar su propia credencial que lo establezca como una persona conocedora en su área de interés.

Ley de Prueba Social: La dinámica es que cualquier grupo social es bastante poderoso. Puede ser un tanto inquietante ir en contra de la multitud para que la gente esté más inclinada a conformarse cuando sea necesario. Una vez que las personas entienden cuál es el comportamiento aceptado en cualquier grupo social, rara vez se inclinan a ir en contra. Piensa en cómo te sientes cuando estás en un entorno social que no te es familiar. Tu primer instinto es mirar alrededor para ver lo que otras personas están haciendo, y luego coparse. Establecer un conjunto de pautas para tu grupo social casi siempre terminará en una conformidad que será difícil de romper para cualquiera.

Aprende a ser influyente

Todo lo que Tienes que Saber Sobre la Psicología Inversa

Probablemente has escuchado sobre usar la psicología inversa para hacer que otras personas hagan ciertas cosas. El principio es muy sencillo. Les dices algo opuesto a lo que quieres, y si se resisten a tus esfuerzos, usualmente van a hacer lo que tú desees. La táctica puede ser bastante exitosa en distintas formas de persuasión. Sin embargo, aunque es muy simple, puede resultar contraproducente para ti en una forma muy grande.

Parte del motivo de esto es su simplicidad. De hecho, es tan simple que muchos empezarían a confiar demasiado en esta estrategia. Una vez que las personas comienzan a entender lo que estás haciendo, puede dejar un sabor bastante triste en su boca. Como resultado, puede que descubras que en lugar de conectar a más gente contigo, puede terminar alejándolos dejando una cadena de relaciones rotas a su paso. Si decides utilizar la psicología inversa, asegúrate de hacerlo sólo en raras ocasiones y no como un hábito regular, incluso sólo en las situaciones más serias.

Habiendo dicho esto, aquí hay algunas formas sencillas de usar esta estrategia para conseguir lo que quieres.

Cambiar la mente de alguien: Para hacerlo tienes que pensar más allá de la idea de cambiar la mente de la persona. Antes de empezar, tienes que implantar tus ideas en su cabeza. Incluso si es algo a lo que sabes que se resisten, tienen que reconocer al menos la idea como una opción.

- **La puesta en marcha:** empieza por presentar dos opciones de las que deben elegir. Por ejemplo, tenemos dos opciones para la cena del sábado por la noche. Si sabes que tu objetivo tiene afinidad con la comida japonesa pero te interesa más la italiana, ya sabes cuál será su preferencia.

Presenta tu idea de forma realista. Puedes decir algo como, "¿Sabías que hay un nuevo restaurante italiano en la Calle Cinco que abre esta semana?"

Cuando presentes tu opción, reduce su importancia para crear un efecto negativo. "He oído que es bastante bueno, pero probablemente estará lleno para cuando lleguemos. Puede que tengamos que esperar una hora o más para conseguir una mesa".

- **Incentivo Sutil:** Encuentra maneras sutiles de construir un deseo en ellos. Puede ser que tengas un menú del nuevo restaurante para mirar. Señalar algunas fotos y platos que te gustaría probar. Podrías incluso comenzar con una noche italiana para ver si puedes imitar la verdadera comida italiana. Esto les ayudará a ver lo sabrosa que puede ser la comida italiana.

Podrías también hacer que todo lo demás suene más atractivo. Habla de las experiencias pasadas en los restaurantes italianos, de los recuerdos agradables de la cultura italiana y de cómo debería saber la "verdadera" comida italiana.

- **Agregue Señales No Verbales:** Unos días antes, empiece añadiendo algunas imágenes visuales sobre la cultura italiana. Podría pasar por el restaurante de camino a casa para plantar la idea de ir allí. "No parece tan concurrido como pensé que sería". Llévelos a dar un paseo por la zona donde huela un poco a esos aromas mientras flotan en el aire.

- **Toma el Punto de Vista Opuesto a la Elección que Deseas:** Una vez que te des cuenta de que has captado su interés, no te rindas demasiado rápido, más bien sé un poco argumentativo. Esto los obligará a que presionen más por lo que quieren. Esto funciona mucho mejor que la capitulación inmediata. Cuando una persona tiene la tendencia natural de resistirse, le da un sentido pelear por las opciones, creando una victoria para ellos.

Cuando el evento llega, lo más probable es que ya hayan tomado su decisión. Introduce el tema de nuevo diciendo algo como, "¿Qué quieres hacer? Podemos ir al restaurante italiano o podemos ir al japonés". Si todavía se resisten al italiano, puedes añadir algo como, "Comemos japonés todo el tiempo para que no sea nada diferente, ¿pero cuántas veces comemos realmente italiano?".

Termina con "¿qué opinas?" "No puedo decidir así que depende de ti".

- **Cerrando:** Finalmente, quieres resistir por el tiempo suficiente para que la otra persona se vea obligada a decidir. Mientras que tu objetivo es conseguir lo que quieres, la otra persona debe pensar cuál es su decisión. Después de que digas tus últimas preguntas, espera a que te respondan. Puedes crear un poco de incomodidad pero resiste la urgencia de llenar el silencio. Tu objetivo también siente la presión, así que espera hasta que tome la decisión. Si es una persona naturalmente difícil, entonces en la mayoría de los casos, tomará la decisión que tú quieres que tome.

Cuándo usar la Psicología Inversa: La psicología inversa no funciona con todos. Algunas personas son más propensas a responder a una petición directa mientras que otras serán más contrarias. Por eso es tan importante que entiendas la personalidad de las personas a las que te diriges. Su comportamiento dictará cuál estrategia persuasiva deberías utilizar. Esta estrategia funciona mejor con personas que son naturalmente obstinadas y tercas. Aquí hay algunas preguntas que podrías querer hacer antes de decidir.

- ¿Suelen seguir la corriente?
- ¿Son pensadores independientes?

Si son naturalmente fluidos y complacientes, el uso de la psicología inversa probablemente resulte contraproducente para ti. Pero si son pensadores más independientes y no suelen estar conformes con la situación, es más probable que sean los mejores sujetos para la psicología inversa.

Hazlo Ligero: Esto funciona bien cuando se utiliza la psicología inversa en los niños. Mantén el tema ligero y divertido para que crean que en realidad son más inteligentes que tú. Los niños aman eso.

Por ejemplo, si estás tratando que tu hijo limpie su cuarto sin tener que pedirle que lo haga, empieza estableciendo algunas reglas. "No empieces a limpiar tu habitación hasta que yo haya terminado de limpiar la mía". Esta frase puede empezar a sonar como si fuera todo lo que necesita como excusa para "no" limpiar su habitación. Él estará feliz. Pero luego agregará algo como: "Sé que eres demasiado joven para hacerlo bien, así que entraré y te ayudaré".

Entonces deja la habitación y ocúpate de tus asuntos. En aproximadamente una hora, vuelve a la habitación "para ayuda", y lo más probable es que encuentres que ya ha terminado o está en camino para demostrar que no es demasiado joven y que puede hacerlo por sí solo.

Usar esta misma táctica con un adulto puede ser similar. Su meta es permitir que se sienta fuerte como si estuviera afirmando su propia independencia en la situación. Podrías estar tratando de elegir entre dos shows de televisión diferentes; uno podría ser una película seria de drama y la otra podría ser una comedia ligera. Tu preferencia la de drama, así que podrías decir algo como, "No estoy seguro de si tengo la resistencia emocional para un drama realmente serio esta noche". Si tu pareja es una persona naturalmente resistente, puede que quiera convencerte de que tienes la fortaleza emocional para ello. Puede que incluso llegue tan lejos como pueda para demostrarlo. Al permitirle aplicar un poco de resistencia por un tiempo lo más probable es que termines obteniendo exactamente lo que quieres.

Piensa en lo que la Otra Persona Necesita: Siempre que elijas usar la psicología inversa, debes considerar lo que la otra persona necesita o quiere en esa situación. En algunos casos, es posible que tengas que hacer un poco de balanceo y de titubeo antes de lograr que se rinda en sus objetivos. Tu estrategia no es sólo aplicar el punto de vista opuesto, sino evaluar si tu deseo de lo que quiere es lo suficientemente fuerte como para superar su necesidad de resistir. Si no has pensado en este proceso a través de tus esfuerzos, podría fácilmente resultar contraproducente para ti.

Tu amigo puede estar interesado en visitar o conducir por una parte con mala pinta de la ciudad que sabes que es peligrosa. Si su deseo es extremadamente fuerte, tus esfuerzos en la psicología inversa quizás no funcionen. Sin embargo, al analizar la situación primero, podrías encontrar otras maneras de evadir el desafío.

A medida que consideres las posibilidades, comienza por pensar en todos los posibles argumentos con los que podrías encontrarte en la situación. Luego piensa en el resultado final que quieres lograr. Tu objetivo es ayudarle a ver los riesgos que implica su decisión, no necesariamente para demostrar que tienes la razón o eres más inteligente. A veces la psicología inversa funcionará y a veces no. Cosas posibles podrías decir.

"No puedo decirte lo que debes hacer, y no puedo obligarte a hacer nada que no quieras hacer. Estoy bastante seguro de que la zona es peligrosa pero sólo tú puedes decidir cuánto riesgo estás dispuesto a correr para llegar a donde quieres ir".

Tu objetivo ha sido logrado. Deja la decisión en sus manos. Si has aplicado la cantidad correcta de presión, entonces hay una buena posibilidad de que decida no ir.

Ten en cuenta que no ganará todos los argumentos de esta manera. La psicología inversa funciona bien sólo en aquellas personalidades que naturalmente se resisten a ir con la corriente. Las estrategias no siempre resultan de la forma en que esperas. Ocasionalmente la situación puede escalar hasta convertirse en una discusión, y en el calor del momento podrías perder de vista tus objetivos. Trata de evitar esto y sigue recordándote a ti mismo lo que estás tratando de lograr, y te encontrarás teniendo más éxito en esta estrategia que si no.

Recuerda, esta estrategia sólo funciona en ciertas situaciones y debe ser utilizada sutilmente y ocasionalmente. Es fácil luego de lograr el éxito algunas veces querer usarla como un retroceso, pero esto podría meterte en problemas y podría empezar a crear experiencias negativas en tus relaciones. Una vez que los demás se dan cuenta de que esta es tu posición de repliegue podría causar resentimiento. Tienes que aprender a dejar que la otra persona se salga con la suya a veces, o puede que se canse de que siempre tengas el poder de ella.

Trata de usar este tipo de táctica en situaciones en las que no hay mucho que perder. No la uses en algo que pueda perjudicar tu relación con el tiempo. Por ejemplo, úsala cuando decidas qué comer o qué hacer durante una tarde en casa. No la uses cuando decidas qué auto o casa deben comprar.

Nunca pierdas la calma: Es importante mantener la calma cuando se utiliza la psicología inversa. Podría escalar fácilmente a discusiones donde puedes terminar frustrado o con los sentimientos heridos. Esto es especialmente cierto cuando se trata de gente joven. Sé paciente, puede que pase un tiempo hasta que empiecen a ver las cosas desde tu punto de vista.

Los arrebatos emocionales son naturales, así que asegúrate de que puedes manejarlos tú mismo antes de empezar. Si la otra persona los pierde, debes mantener la calma. Todos ellos para terminar su arrebato antes de que continúes con tu discusión.

Lo más importante de todo, es asegurarse de que esto no se haga en situaciones extremadamente serias. No sólo podría resultar contraproducente sino que podría causar daños irreparables como resultado. Un buen ejemplo de esto, es alguien con una condición médica seria que se niega a ir al médico. La resistencia de su pareja podría ser más fuerte que su deseo de obtener ayuda, y tú podrías terminar apoyando sus miedos en lugar de hacer que haga lo que seriamente necesita hacer.

Capítulo Seis: Un Maestro en Cada Escenario

La manipulación puede ser un tema bastante delicado hoy en día. Nunca antes en la historia habíamos visto a tanta gente tratando de manipular a otros para su beneficio. Las personas están constantemente alertas de los vendedores, bloggers, gurús de las redes sociales, expertos en marketing y otros. Donde quiera que mires parece que hay alguien que está tratando de dominar a los demás para su propio beneficio.

Sin embargo, para convertirse en un maestro de la manipulación, tienes que ir más allá de todo eso y encontrar formas de poner a las personas de tu lado. Puede ser bastante inquietante cuando terminas siendo víctima de algún tipo de tácticas sucias de negociación, especialmente cuando te va a hacer perder meses o incluso años de tu tiempo y dinero ganado con mucho esfuerzo.

Ten la seguridad de que, si no estás manipulando, hay una gran posibilidad de que te estén manipulando a ti. Está en el centro de toda negociación, ya sea que se trate de hacer que tu hijo de dos años use el baño o que tu jefe te dé un aumento. En este capítulo, vamos a enseñarte a usar estrategias de manipulación en cualquier tipo de situación de negociación. De esta manera, podrás reconocer a los manipuladores cuando estén tratando de persuadirte y podrás perfeccionar tus habilidades de manera que la mesa de negociaciones se convierta en una ventaja para ti.

Cómo Manipular a Tu Jefe en Secreto

Si tienes un jefe bastante difícil, te puede generar mucho estrés. Los jefes difíciles son conocidos por ser narcisistas empedernidos, por tener favoritismos y a veces incluso por hacer una o dos rabietas. Este tipo de personas te dejan sintiéndote inseguro y ansioso y terminas pasando gran parte de tu valioso tiempo quejándote en lugar de trabajar para lograr tus propias metas.

Es hora de cambiar eso. Primero, debes aceptar lo obvio. Tu jefe no va a cambiar, no importa cuánto le grites o lo mucho que te esfuerces por complacerlo. Él simplemente no quiere cambiar. Sus tonterías infantiles le han funcionado hasta ahora, así que en lugar de desperdiciar tu energía trabajando para que él tenga otro estado de ánimo, necesitas cambiar tus propias estrategias.

No importa a quién quieras manipular, es importante que entiendas de dónde vienen. Tienes que averiguar lo que está alimentando su comportamiento difícil y desafiante. ¿A qué le teme y qué es lo que quiere? Esto se remonta a la construcción de tu propia inteligencia emocional. Puede que tengas que pasar algún tiempo observándolo en su hábitat natural para comprender plenamente lo que quiere.

Cuáles son sus miedos y/o deseos secretos: En casi todos los casos donde un jefe es un tirano, esas emociones negativas surgen de un miedo subyacente. De hecho, los deseos y los miedos son las dos emociones más fuertes de enfrentar. Si pones atención, todos están corriendo o escondiéndose de algún miedo secreto que está enterrado en lo profundo de su psique o están corriendo hacia algo que desean en secreto. Esto es lo que impulsa nuestro comportamiento. Una vez que entiendes cuáles son estos dos elementos en la vida de tus jefes, estarás en una posición de poder. Necesitas lo que él quiere evitar para saber lo que quiere lograr. Ahora puedes predecir su reacción a cualquier número de situaciones para poder desarrollar una estrategia que cambie las cosas a tu favor.

Echemos un breve vistazo a algunos tipos diferentes de jefes para ver cómo funciona esto:

- El Que Señala: este jefe pasa su tiempo culpando a los que trabajan bajo su mando porque tiene miedo, no tiene suficientes habilidades propias para tener éxito.
- ElEgólatra: normalmente cree que es perfecto en todos los sentidos. Sin embargo, si observas su trabajo con atención, notarás que es alguien que deja atrás muchos proyectos que se iniciaron, pero nunca se terminaron. Esta persona tiene un fuerte deseo de ser amada y admirada, pero en secreto siente que no merece nada de eso. Siente que si pierde el control todo se desmoronará. Cree que simplemente es una persona normal que intenta hacerse pasar por alguien especial.

Conviértete en su aliado: Una vez que conozcas los miedos y deseos de tu jefe, debes usarlo para convertirte en su aliado. Puedes hacerlo alimentando su deseo o protegiéndolo de sus miedos. Al convertirte en un aliado, en realidad estás recuperando el poder que él está tratando de robarte. Esto te dará una ventaja y te pondrá en posición de exigir más y probablemente conseguir lo que quieres y necesitas.

Para el jefe que pasa su tiempo culpando a sus empleados, tienes que aprender a controlar tus propias emociones y a no discutir cuando está enfadado. Las personas que culpan y gritan están tratando de inculcar miedo en los demás. Cuando no reaccionas con miedo, él comienza a darse cuenta de que no puede dominarte de esa manera y se calmará.

Cuando esté calmado, puedes presentarte como su ayudante personal en la resolución de problemas. Toma la iniciativa y ofrécete a "arreglar" el problema. Cuando el problema esté resuelto, él se sentirá exitoso y tú ganarás su confianza en el proceso. Después de varios intentos, te habrás convertido en uno de sus activos más importantes y en una herramienta que necesitará para alcanzar su propio nivel de éxito.

Aprende a ser influyente

Con el ególatra necesitarás mucha más fuerza y fortaleza para soportar la presión. Intenta seguir la corriente para que puedas alimentar su necesidad de tener empleados que sean leales a él. Este tipo de jefe necesita sentir que tiene el control el 100% del tiempo. Si sigues sus indicaciones puedes convertir un mundo de caos en paz y orden. Si eres lo suficientemente bueno, puedes posicionarte como el compañero de confianza del que no querrá prescindir. Con el tiempo, cuando él ascienda, hay una mayor posibilidad de que tú asciendas al mismo tiempo.

Ten en cuenta que tu objetivo no es destruir a tu jefe y hazle saber que no te está manipulando. Eso sería contraproducente para tus metas. Estás tratando de usar sus miedos y deseos de una manera que te ayude a alcanzar tus objetivos. En consecuencia, creas una situación beneficiosa para todos en los que ambos puedan ganar. Esto liberará mucho estrés en el trabajo y te dará un nivel de satisfacción más alto.

Hazte Cargo de las Reuniones: A veces tu jefe intenta avergonzarte en una reunión o simplemente se niega a escuchar tu punto de vista. En ese caso, tendrás que preparar una estrategia antes de la próxima reunión para poder transmitir tu punto de vista.

Comienza asegurándote de que tienes un grupo de consenso antes de que empiece la reunión. En otras palabras, encuentra amigos y aliados entre los que van a asistir. Si no crees que tienes suficientes personas de tu lado, convence a tu jefe para que amplíe el alcance e invite a más personas, asegúrate de que tus aliados estén en esa lista.

Prepara a tu gente y anímalos a apoyar tus ideas. Cuando comience la reunión, ofrécete como voluntario para ser el que tome las riendas. De esa manera podrás elaborar el seguimiento para que apoyen tus ideas. Después de la reunión, envía un correo electrónico detallando los acontecimientos de la reunión y asegúrate de que esté escrito para mostrar que se llegó a un consenso a tu favor.

No importa lo que realmente sucedió en la reunión. Según el principio de que la mayoría de la gente seguirá la corriente; las personas normalmente van a reestructurar su memoria para que coincida con lo que está escrito en tus actas. Sin embargo, es importante asegurarse de que cuando presentes tus actas, hayas dado al menos algún reconocimiento a los puntos de vista de los demás presentes en la reunión.

Tienes que estar preparado si alguien te acusa de cambiar el curso de la reunión. En tus actas, respáldate usando frases como "el sentido general de la reunión fue...". O "se presentaron varias sugerencias alternativas incluyendo...", "hubo una diferencia de opinión sobre..." "Sin embargo, no hubo grandes objeciones al concepto de que..." Esto demostrará que se consideraron otras ideas y sugerencias.

Si crees que es una estrategia inescrupulosa, entonces piénsalo de nuevo. Piensa en todas las reuniones que se planificaron para discutir un tema y al final, el tema principal de discusión fue una cosa pero, al final, la mayoría de la gente terminó discutiendo algo completamente diferente. Es una práctica común en las reuniones de negocios y probablemente pensaste que no debía suceder. La única diferencia es que ahora sabes que fue una estrategia planificada.

Entierra Información: Otra estrategia clásica de manipulación es encontrar formas de ocultar información crucial para crear una base de "negación convincente". Cuando exista información que pueda parecerte perjudicial a ti o a un caso en el que estés trabajando es, en la mayoría de los casos, esencial que informes a tu jefe. Sin embargo, hay maneras de hacerlo sin que tú o tu jefe se metan en problemas.

Aprende a ser influyente

Si tu jefe es como la mayoría de las personas, constantemente está apurado. Si le das un montón de papeles, es probable que no tenga el tiempo o el deseo de leerlos todos antes de firmarlos. Si escondes la información que tienes que reportar en unas cuantas páginas antes del final del documento, es bastante probable que no lo lea. También puedes tener éxito si agregas el documento a otro informe como un archivo adjunto.

Si tu jefe sí se toma el tiempo de leerlo, es probable que sólo le dé un vistazo superficial y luego pase a otra cosa. Una vez que haya tomado su decisión, de acuerdo a la información que le hayas manifestado o que se entere de la información negativa más tarde, puedes informarle honestamente que le proporcionaste los datos en dicho informe y asumiste que él ya lo había leído y no tuvo preguntas al respecto.

Esta forma de manipulación también puede parecer un poco deshonesta, pero es una práctica común en las oficinas corporativas. ¿Cómo crees que muchas de estas corporaciones se están saliendo con la suya con millones, si no es que miles de millones de dólares de contratos legales que impiden que el cliente promedio se entere? Una compañía de telecomunicaciones tiene un contrato que le dan a sus clientes por un simple servicio telefónico mensual de sesenta páginas. No pienses que eres el primero en intentar esto y no esperes que otros dejen escapar oportunidades por no hacer lo mismo.

Crea una Ilusión de Elección: Cuando quieras estar seguro de que tu jefe tomará una decisión a tu favor, puedes crear una ilusión que le haga pensar que puede elegir.

Comienza por preparar tres métodos posibles para tratar una situación específica. Sin embargo, querrás estar seguro de que en dos de las opciones que le des sólo parezcan posibilidades, pero si realmente se ponen en práctica resultarán no ser posibilidades. Puedes ofrecer una opción que ponga en peligro su bonificación, o puedes presentar una opción a la que todos los miembros del equipo se opondrían. La tercera opción sería la que realmente quieres que haga. Tu jefe normalmente considerará las tres opciones y luego tomará su decisión.

Aunque este es un enfoque muy efectivo, tu jefe probablemente apreciará tu gran trabajo por hacer una investigación tan exhaustiva para ayudarlo. Tienes que llevar a cabio esta estrategia con precaución. No puedes permitir que sea demasiado obvio lo que está haciendo. Si tus dos opciones adicionales no son creíbles o están dentro del ámbito de las posibilidades, tu jefe se dará cuenta de lo que estás haciendo y podría terminar causándote más daño que bien.

Usar las palabras es clave en este escenario. Al expresar las dos opciones que no son viables con palabras como "valiente" o "atrevido" le dará la idea de que crees que él es lo suficientemente fuerte para manejar una decisión tan atrevida, pero hará que se sienta más cauteloso en su enfoque. El truco del éxito está en crear malas decisiones cuidadosamente que aparenten ser viables y que parezcan iguales en naturaleza a la que quieres que tome.

Demasiado Trabajo: Esta funciona bien cuando no quieres hacer tareas que realmente no te gustan. Empieza por ajustar tu apariencia. Cuando estés en la oficina, haz el esfuerzo de caminar con un gran montón de papeles en tus brazos. Como hábito, camina rápido y da la apariencia de que siempre te estás dirigiendo a hacer algo, incluso si es sólo una ida al baño.

Si te pregunta cómo estás, responde con un giro de ojos y una respuesta rápida. "Estoy agotado", "No sé cómo hago para reunir suficiente energía para hacer esto o aquello". "Estoy tratando de hacer esto". Si tu oficina tiene que hacerse cargo de otras reuniones, trata de asistir a todas las que puedas para poder decir honestamente que estás demasiado ocupado. Tu objetivo es dar la impresión de que estás demasiado ocupado para hacer cualquier otro trabajo.

Lo que suele suceder es que te harás una reputación de que siempre trabajas duro y te ganarás el voto de simpatía. Tu jefe lo notará y, a medida que escuche comentarios de otros sobre tu diligencia en el trabajo, se negará a añadir más a tu carga de trabajo y le dará ese trabajo adicional a otra persona de la oficina.

Esta es una estrategia muy efectiva pero sólo funcionará con el tipo de jefe que valora el trabajo duro por encima de los resultados cuantificables. Si tienes el tipo de jefe que quiere informes reales y una prueba sólida de lo que estás haciendo, este no va a ser el mejor enfoque.

Lugar equivocado en el momento equivocado: Esta es una estrategia intencional que te pone en el lugar equivocado en el momento equivocado. Tu objetivo es hacer que sea inconveniente para tu jefe responder como lo haría normalmente a tus sugerencias. Puedes darle una idea en un momento en el que esté en una reunión con un cliente o hablando por teléfono bajo el pretexto de ser útil.

Justo antes de que empiece la reunión, dale una gran cantidad de información para desestabilizarlo. También podrías hacer una expresión justo antes de que esté listo para dar su discurso. A medida que le proporciones la información, añade una frase como: "Me enteré de que a él no le gustó la última presentación que alguien le hizo, así que depende de usted hacerlo bien ahí dentro. Pensé que esta información ayudaría".

Estas son dos cosas que son importantes que ocurran en el momento adecuado. Primero, el momento tiene que ser exactamente el correcto. Si es demasiado pronto le darás la oportunidad de recuperarse, si es demasiado tarde puedes perder tu oportunidad. Segundo, tu mensaje tiene que ser lo suficientemente vago como para que él no tenga ninguna manera de verificarlo.

Aparte de eso, tienes que asegurarte de que entienda que no estás tratando de afectar su trabajo, sino que sólo quieres ser útil.

Estrategias de Negociación Infalibles para Manipular Tu Camino al Éxito

El arte de la negociación es un área de negocios donde la manipulación puede resultar muy poderosa. De hecho, es el único lugar donde la manipulación no sólo es efectiva sino también necesaria. Bien sea que estés comprando un auto nuevo o estés cerrando un acuerdo multimillonario importante en un inmueble de bienes raíces de primera calidad, conocer la psicología detrás de la manipulación y los métodos de negociación puede ahorrarte una enorme cantidad de dinero, tiempo y energía.

Decepción: Dejar que la otra persona vea decepción en ti puede ser muy efectivo. Estudios han demostrado que sólo demostrar decepción es lo que hace falta para incrementar el tamaño de las concesiones hechas a tu favor. Si estás considerando comprar un auto nuevo, por ejemplo, puedes notar que el vendedor no parece estar complacido con tu oferta. Puede que tenga un propósito. Puede estar muy contento con tu oferta, pero actuar como si estuviera decepcionado te hace sentir culpable y te obliga a ofrecer más o le abres la puerta para que pida más. Esto también disminuye la posibilidad de que cambies de opinión y te arrepientas de haber bajado tu oferta.

Cuando esto se hace en la primera oferta, te pone en posición de poder en el proceso de negociación. En vista de que las personas con poder rara vez aceptan la primera oferta que se les hace, la dirección en la que se mueven las ofertas estarán basadas en la forma en que respondas. La falsa decepción te permite decidir en qué dirección irá la siguiente oferta.

El Destructor Anti-Negociación: Cuando la otra parte use la carta de la decepción contigo, la forma en que respondas podría devolver la dirección a tu favor. Respondiendo con una afirmación como: "Lo siento, no tengo autoridad para responder a una oferta tan buena, tendré que postergarlo a mis superiores". Por lo general, responderán con un número que quieran y tendrás el control nuevamente.

"Puedes hacerlo mejor que eso": El silencio es una gran herramienta para cualquier negociador. Estamos psicológicamente preparados para llenar los espacios en blanco cuando hay demasiados silencios en las conversaciones. Es por eso que, cuando los cobradores llaman, normalmente dicen algo como "no hemos recibido su pago de este mes", y luego se quedan callados.

No presionan ni preguntan qué pasó y casi siempre sentirás la presión del silencio y dirás algo. Es entonces cuando empiezas a dar excusas o a explicar por qué no has pagado tu factura.

Esta misma táctica funciona con las negociaciones. Cuando les dices que tienen que hacerlo mejor y esperas, la mayoría de las veces, harán las concesiones. El silencio te hace un maestro de las negociaciones.

La Estrategia de Estar a La Defensiva: Esta estrategia utiliza la psicología inversa como fundamento. Los manipuladores la utilizan cuando están tratando con una persona, cuando no han sido capaces de ganar su confianza o cuando no han funcionado todavía otras formas de manipulación.

Aprende a ser influyente

Al decirles que están "a la defensiva" y luego decir una broma a sus expensas inmediatamente después, le quita mucho estrés a la situación. Piensa en cómo reaccionarías tú a una afirmación como esta en medio de una negociación.

"Dios mío, no esté tan a la defensiva. Relájese un poco, simplemente estamos discutiendo algo que es beneficioso para usted. Si lo acepta, nos llevará a la bancarrota a menos que podamos lograr que baje sus muros defensivos y nosotros podamos sacar algo de ello también".

La afirmación está diseñada para hacer que la otra persona baje la guardia y tal vez hasta se ría un poco. También le hace pensar que las negociaciones ya van a su favor y que puede perder el negocio si no empieza a hacer más concesiones.

Si alguien utiliza esta táctica contigo, ¿cómo responderías? En la mayoría de los casos, uno podría verse obligado a bajar la guardia en un esfuerzo por demostrar que la otra persona está equivocada. No caigas en este truco. La mejor respuesta sería decir algo como: "La forma en que estás impulsando este acuerdo es lo que está haciendo que me ponga a la defensiva. Si quieres que lleve esto más allá, es por esto que…"

Este tipo de defensa te devuelve el control y estás a cargo de las negociaciones una vez más. También podrías hacer una broma. "No te lo tomes tan en serio. Todos somos amigos aquí, si las cosas no salen como quieres, siempre puedes venir a mi casa. Tú cocinas, ¿verdad?"

Ser la máxima autoridad: En la mayoría de los casos, cuando una persona dice que tiene cierta libertad para decidir un precio, puedes apostar que no tendrá la última palabra en nada. De hecho, significa que no tienen mucho poder en absoluto. Tienes que encontrar a la persona que realmente está a cargo de lo que sucede en las negociaciones. Normalmente se trata de alguien que se hace pasar por una persona insignificante.

Puede ser el silencioso de la mesa que está fingiendo no tener ningún control sobre la situación. Hacen esto para poder usar la estrategia de "mosca en la pared" para descubrir información y jugar todo tipo de juegos contigo.

Si te presentas como una máxima autoridad falsa, puedes tener éxito en:

- Retrasar las negociaciones hasta el momento en que estés mejor preparado.
- Tomar una postura más fuerte sin parecer el villano.
- Ofrecer una concesión de último minuto si es necesario.

Hay muchas maneras de responder cuando alguien utiliza esta estrategia de negociación contigo:

- Sigue la corriente, pero haz una nota mental del juego que está jugando. Podrías responder diciendo: "No vas a jugar el juego del policía bueno/policía malo conmigo, ¿verdad?"
- Puedes estar de acuerdo y luego decirles, "cuando te reúnas con tu jefe hazle saber que me gustaría conocerlo".
- O podrías llamarlo como tal y decirle que sabes que él es el jefe.

Aprobación de Último Minuto: En casi todas las ocasiones en que alguien está presionando para tener una concesión de último minuto, sabes que estás tratando con un maestro manipulador. Hay muchas maneras, pueden mostrar su mano. Puede que estén de acuerdo con la transacción y luego informarte que necesitan una aprobación adicional de otra persona. Darán la apariencia de que el acuerdo está hecho, pero luego se detendrán para finalizar todo. Más adelante, volverán y te dirán que su jefe está siendo muy difícil.

Si esto te sucede, cuando regresen, diles que también tienes una autoridad superior y que necesitas remitirlo a ellos para tomar una decisión final. Cuando regreses, pide tu propia concesión. Si ellos necesitan el trato más que tú, esto podría convertirse en un enfrentamiento final. Podrías ponerte en una posición en la que podrías sorprenderlos fácilmente con un poco de presión.

Por ejemplo, "He considerado esto seriamente y realmente quiero mantener mi posición en esto. No me gusta ir en contra de mi palabra, pero creo que necesito pedir un 10% más". Después podrías sentirte culpable por ello y luego hacer una pequeña concesión. "Como les coticé un precio diferente antes, puedo darles un 5% de descuento, pero necesito una respuesta pronto. ¿Puede volver a contactarme antes del fin de semana?"

Policía Bueno/Policía Malo: Esta es una expresión que todos conocemos y que solemos asociar con autoridades legales, pero funciona si también tienes un socio en la mesa de negociaciones. En cada caso, el policía malo es el que está firme en su posición y no quiere ceder. Cuando hay demasiada demanda sobre la mesa, el policía malo finge ira y sale furioso de la habitación dejando al policía bueno para que sea el chico bueno. El policía bueno entonces juega la carta de la autoridad superior y difiere la decisión final al policía malo.

Si alguien juega este juego contigo, no tengas miedo de ser tu propio policía malo. Si eso no funciona, finge que te estás rindiendo y usa lo siguiente que hagan para tu ventaja. Por ejemplo, si el policía bueno te presenta una oferta, entonces sabrás lo que ellos consideran un buen acuerdo y lo que quieren, pero también sabrás lo que no aceptarás.

Fraccionamiento: La Herramienta de Seducción de los Grandes Manipuladores

¿Alguna vez te has preguntado por qué "ese tipo" era el que siempre conseguía a la chica? ¿Por qué él o ella parecía tener siempre a alguien colgando de su brazo, pero tú nunca podías pasar de la primera base con nadie? No importa quién seas o de dónde vengas, siempre hay alguien que es capaz de hacer lo que sentías que estaba cerca de ser imposible cuando se trata de relaciones.

Para tener una relación cercana con alguien, tienes que poder atraer a las personas hacia ti. La creencia común era que atraer a la gente era una cuestión de apariencia, gestos y atractivo sexual. Sin embargo, ahora según los estudios de la psicología moderna, la atracción parece estar al alcance de cualquiera a través del desarrollo de la habilidad manipuladora del fraccionamiento.

El nombre se deriva de su definición científica básica: *un proceso de separación en el que una mezcla se divide en múltiples partes de menor tamaño*. Este parece un término inusual cuando se trata de atraer al sexo opuesto, lo cual la mayoría de nosotros estaríamos de acuerdo en que requiere cierto nivel de habilidad en el arte de la seducción, pero si te quedas conmigo acá, verás cómo funciona.

Cuando se trata de relaciones, el fraccionamiento combina varias teorías en una sola. Con el uso cuidadoso de la psicología, la persuasión y el misterioso arte de la hipnosis, puedes atraer a casi cualquier persona hacia ti. Básicamente, cuando lo reduces a lo básico, es simplemente el lado manipulador de la seducción. Debido a su poder de atracción, muchos se preguntarán si está bien o no usarlo. Sin embargo, la decisión de si lo usas o cómo lo usas depende enteramente de ti. Muchos afirman que puedes atraer a otra persona en tan sólo 15 minutos.

Con todas las expectativas que rodean al fraccionamiento, casi suena atemorizante y místico como si fuera parte de las artes oscuras. En realidad, sin embargo, podría describirse tan fácilmente como una técnica de conversación diseñada con el único propósito de sacar a relucir emociones fuertes en la otra persona. Emociones tan fuertes que automáticamente las conectará contigo.

La Preparación: Si atraer a alguien del sexo opuesto fuera tan fácil como acercarse y hablarle, entonces todos tendrían a alguien a su lado. Para poder usar esta estrategia de manera efectiva, tienes que dedicar algo de tiempo a la preparación. Antes de comenzar, hay ciertas habilidades en las que debes trabajar para desarrollar:

- Habilidades de liderazgo: Especialmente si eres hombre, la mayoría de las mujeres no están interesadas en un seguidor. Si eres mujer, la mayoría de los hombres están interesados en una mujer independiente pero no en una mujer dominante. Aprende a ser más equilibrado y flexible.
- Tu autenticidad: No quieres lucir como alguien que viene de un molde. Necesitas un interés que asegure que te destacas entre la multitud.
- Habilidades sociales: Aumenta tu confianza al hablar con el sexo opuesto mientras estás en una multitud. Practica hablar tanto con hombres como con mujeres en diferentes ambientes hasta que puedas desarrollar una conversación casual cómodamente sin importar dónde estés.
- Conoce el campo de juego: Aprende acerca de todos los lugares de interés donde le gusta reunirse a las personas en las que estás interesado. Familiarízate con diversas opciones para que cuando estos lugares aparezcan en la discusión, puedas

participar fácilmente. Esto también te da unos cuantos lugares estupendos para recomendar si quieres invitar a alguien a salir.

Todas estas cualidades sólo se pueden lograr si abordas cada encuentro con confianza. Ten en cuenta que la palabra utilizada es confianza, no arrogancia. Las estadísticas muestran que la confianza es la cualidad más atractiva para las personas. Si realmente quieres atraer a alguien a tu vida, deshazte de tu extraña timidez y permítete presentarte a ti mismo en una luz más positiva.

Tu objetivo con este tipo de preparación es posicionarte de manera que luzcas deseable a los ojos de la otra persona. Ten en cuenta que todas estas cosas deben hacerse antes de abrir la boca y decir tu primera palabra.

Acostúmbrate a verte bien siempre cada vez que salgas por la puerta de tu casa. Enriquece tu guardarropa de manera que tengas algo moderno y atractivo. Aunque la apariencia no lo explica todo cuando se trata de atraer al sexo opuesto, sí importa. Nadie quiere a un descuidado y desarreglado a su lado. Esto no significa que tengas que llevar la ropa más cara o el último grito de la moda, pero como mínimo, asegúrate de que la ropa que llevas es o ha sido elegante en la última década y está limpia.

Tus Emociones: El arte del fraccionamiento es muy similar al estilo de escritura utilizado en esas telenovelas adictivas que se ven todos los días. Pregúntate, ¿por qué la gente se pega al televisor para ver cobrar vida una historia ficticia? Es porque es fácil, los personajes son aquellos con los que se pueden relacionar y la línea de la historia se basa en sus **emociones**. Esto funciona porque la emoción siempre está en el centro de la seducción. No puede haber seducción si no hay emociones involucradas. Esto significa que más que decir palabras bonitas, estás evocando una forma de control mental así que tendrás que sacar todas las armas de tu arsenal, incluyendo el uso de tu

Aprende a ser influyente

lenguaje corporal, controlar tu tono de voz, e incluso algunas formas sutiles de hipnosis.

Cuando escojas tu objetivo, no dejes que tus propias inseguridades se interpongan en el camino. Nunca minimices el valor de lo que tienes para ofrecer en una relación. Eso significa que la idea general de "ella está fuera de mi alcance" no debería ser parte de tus pensamientos. En lugar de eso, quieres que piensen que ellos no están en tu campo, pero quieres que se sientan lo suficientemente seguros de que pueden estarlo. Esto crea un área de desafío que les hará pensar que eres digno de persecución.

Cuando hayas elegido tu objetivo cuidadosamente, estás listo para emplear tus habilidades en el fraccionamiento. Comienza con tu estilo de conversación. Aquí es donde aplicarás tus excelentes habilidades de conversación. Recuerda, la conversación es más que sólo pronunciar las palabras correctas, sino que también debes aprender a hablar con tu cuerpo. Tu objetivo no es crear una atracción física sino establecer una relación. Tu nueva relación debe basarse en la confianza, la cual será vital si esperas que la relación dure más que unos pocos días. Esto requerirá tener que hacer muchas preguntas para que ella se involucre en la conversación, pero ten cuidado. No se trata de una entrevista de trabajo, sino de suficientes preguntas para demostrar que estás interesado, pero no lo suficiente como para hacerla sentir que eres un entrometido, chismoso o un fisgón.

La conversación debe ser convincente y emocionalmente diversa. Lo que quiero decir con esto es que nunca debes mostrar una emoción, debes despertar una serie de sentimientos. Tu objetivo es construir el tipo de conversación de la que ellos querrían formar parte. Elije temas que tengan altibajos emocionales y úsalos como un ancla para mantenerlos allí. A partir de ahí puedes girar en cualquier dirección que desees y ellos te seguirán.

Aprende a ser influyente

Comenzar es la parte complicada. Empieza haciendo preguntas de sondeo pero no invasivas para iniciar la conversación. Puedes pedirles que te cuenten algo que les haga felices. O podrías preguntarle sobre algo relacionado con otra emoción poderosa. Después de hacer esto hábilmente, te seguirán con mucho gusto a lo largo de toda una serie de temas de conversación. Al aprovechar tanto las emociones positivas como las negativas, una tras otra, y al emplear tus otras habilidades de conversación como las inflexiones de la voz, el tono y el lenguaje corporal, los habrás enganchado.

Entonces, ¿cómo escoger un tema que va a ser el giro inicial y luego seguir avanzando con el mismo? Piensa en la polaridad o concéntrate en alternar una secuencia de emociones opuestas. Placer/dolor/placer/dolor y así sucesivamente. Cuanto más tiempo puedas mantener este hilo en marcha, más fuerte será el vínculo que vas a construir.

Por ejemplo, "¿Alguna vez has sido muy cercano a alguien? ¿Tan cercano que sentías que eras dos lados de la misma persona y de repente se fue? ¿Simplemente murió?" Esta frase comienza con algo lleno de alegría y felicidad y luego termina con un descenso emocional de pérdida y tristeza.

Otro ejemplo: "¿Alguna vez has conocido a alguien y estabas seguro de que era la persona indicada para ti? ¿Que los dos estaban destinados a estar juntos? ¿Y que de repente se fue? ¿Pasó algo que los separó?"

Como puedes ver en los ejemplos anteriores, tus preguntas deben tener cierto nivel de profundidad. No te conformes con las expresiones superficiales que se escuchan comúnmente. Busca maneras de agregar temas que sean intrigantes y haz que expresen sus sentimientos más profundos.

Aprende a ser influyente

No siempre es fácil encontrar maneras de entrelazar este tipo de preguntas en una conversación regular y requiere práctica. Sin embargo, una vez que lo hagas, habrás comenzado una nueva relación con alguien que puedes empezar a construir con el tiempo. El fraccionamiento puede ser un desafío, pero eventualmente podrás dominarlo y como resultado, hacerte más atractivo e interesante para los demás.

La idea detrás del fraccionamiento es crear un aura de suspenso. Piensa en las telenovelas. No empieces de inmediato con afirmaciones como que te gustan de verdad. Estas funcionan en raras ocasiones porque no puedes estar interesado en alguien de quien no sabes nada. Eso sólo les dice que quieres llevarlos a la cama. La gente quiere un desafío por el que puedan trabajar, así que no hagas que sea demasiado fácil ganarse tu interés. Si se sienten demasiado cómodos, perderán el interés rápidamente y pasarán a otra persona.

La confusión también puede ser muy efectiva para atraer a otros. Si estás muy interesado en un momento y despreocupado en el siguiente, esto crea una pregunta en sus mentes. Querrán conocerte mejor para saber qué hay realmente debajo de la superficie.

Qué evitar: Esto es sólo el comienzo de una relación. A medida que pase el tiempo, tendrás que seguir buscando nuevas formas de mantener el interés. A medida que construyes sobre los cimientos que has establecido, trata de evitar lo siguiente:

- Tener malos modales: vivimos en un mundo en el que los modales han sido arrojados por la ventana, pero eso no debe ser una excusa. Siempre recurre a la cortesía y al respeto.

- Hablar de tus relaciones previas: no importa cuánto te hayan herido o decepcionado en el pasado, eso nunca debe ser parte de una conversación con una nueva relación.
- Despreciar sus emociones: a una persona enojada nunca le gusta que le digan que se calme. Aunque no estés de acuerdo con cómo se sienten, sus emociones son reales y válidas para ellos.
- Publicar fotografías con otras mujeres u hombres.

Ya lo entendiste. Recuerda, estás tratando de atraerlos a ti. Los hombres que se quejan de la menstruación de las mujeres o de sus cambios de humor sólo van a estropear tu arduo trabajo. Del mismo modo, las mujeres que desafían su masculinidad rara vez serán la base de una relación a largo plazo.

No hay duda de que empezar una nueva relación es difícil. La combinación de nervios y emociones puede ser difícil de sobrellevar. Sin embargo, si sientes que estás listo para embarcarte en esta aventura, no es imposible. Aumenta su confianza y da lo mejor de ti. Si una vez que has comenzado no te sientes cómodo en la nueva relación, no tengas miedo de alejarte. Es mucho mejor que arrastrar una mala relación para evitar lastimar sus sentimientos. Sólo dolerá más después.

11 Técnicas de Manipulación Menos Conocidas para Seducir

Yendo sólo un paso más allá, después de atraer a la persona, tu siguiente objetivo es mantenerla allí hasta que esté tan comprometida contigo como lo estás tú. Esto no siempre es fácil, pero si has mantenido tu inteligencia emocional elevada, puede ser más fácil de lo que crees.

Aprende a ser influyente

Hay muchas maneras de mantener a alguien a tu lado, pero si quieres emplear herramientas que hagan que la persona **quiera** estar a tu lado, entonces debes prestar mucha atención a los patrones de su comportamiento. Observa lo que hacen cuando están siendo ellos mismos y usa esto como una señal de lo que puedes hacer para mantenerlos interesados. Dependiendo de tus observaciones, puedes usar una o una combinación de las siguientes técnicas de manipulación para dar el siguiente paso en tu relación.

Adulación: La adulación es diferente de dar un cumplido regular o genuino a alguien. En realidad, es dar cumplidos que no son necesarios. Ten cuidado cuando adules a alguien; puede tener repercusiones peligrosas. Al adular a alguien para alimentar sus propias inseguridades, puede que se sienta atraído por ti o puede empezar a verte de manera sospechosa. Un buen ejemplo de esto es que, si halagas a un hombre que no está muy confiado en su propio sentido de la masculinidad, puede disfrutar escuchando tus palabras de alabanza, pero puede sospechar de la sinceridad de tus palabras. Preferiblemente, querrás descubrir qué lo hace sentirse inseguro y le darás el apoyo suficiente para reforzar su confianza, pero sin exagerar.

Ej: "Eres un chico tan duro que intimidas a todos los que te rodean". Esto halagará a un hombre que se siente inseguro de su masculinidad.

Ej: "Eres mi muñequita". Esto halagará a una mujer que pueda sentirse insegura con respecto a su peso.

El Caballo de Troya: Algunos podrían describir esta táctica como un soborno. Si los sigues dotando de regalos, sin importar lo pequeños que sean, se sentirán obligados a quedarse contigo. Esto se puede hacer muy sutilmente como en el caso de comprar una comida. Esto los hará sentirse obligados a tener una conversación regular contigo, pero algunos han llegado a extremos. Por ejemplo, algunos han pagado para mantener todo el estilo de vida del otro, dándoles casas, autos, etcétera. En tales casos, el grado de sensación de deuda crece. En esos casos, pueden sentirse como si fueran dueños de la otra persona, lo cual conlleva su propio conjunto de riesgos.

El Tratamiento Silencioso: La ausencia de comunicación puede tener efectos devastadores cuando se han acostumbrado a una conversación regular. Este tipo de manipulación fácilmente puede poner nerviosa a una persona y hacerla sentir que ha hecho algo malo y se esforzará por arreglarlo por ti.

El Espejo: Las personas también han hecho como si nada con el fin de mantener a alguien con ellos. Pueden fingir que comparten los mismos valores o demostrar que les gustan las mismas cosas. Incluso se ha sabido que los manipuladores fabrican una línea de historia completamente nueva para atraer a otros. El único propósito del espejo es dar a la otra persona exactamente lo que necesita escuchar para aumentar su estabilidad emocional.

Tomar la Decisión por Ellos: Los hombres suelen ser los que toman esta táctica. En un esfuerzo por afirmar su masculinidad, pueden tomar decisiones por la otra persona. Al decidir qué comerán, adónde irán o qué harán, la otra persona, con el paso del tiempo, se hará dependiente de ellos y no querrá irse.

La Gran Pregunta: Esto implica pedirles algo que es mucho más de lo que sabes que pueden permitirse dar. Sabes que se verán forzados a negarse pero, en un intento de compromiso, se conformarán con lo que tú quieres de ellos en primer lugar. Por ejemplo, puedes pedirles que se muden contigo, lo cual sabes que es demasiado pronto en la relación para eso. Luego puedes pedir algo que sea menos arriesgado, como salir y pasar un fin de semana juntos.

Aprende a ser influyente

La Falacia Lógica: Plantar la idea en su mente de que, si no hacen lo que quieres, entonces no sienten nada por ti o no te quieren. Los adolescentes a menudo usan esta táctica de manipulación de manera bastante efectiva. "Si me amaras harías esto o aquello".

Lo Esperado: Puedes intentar mantenerlos a tu lado diciéndoles que es normal que hagas esto o aquello. "Hemos estado juntos durante seis meses. Es lógico que empecemos a vivir juntos".

El Sentimiento de Culpa: A menudo hay intentos de hacer que la otra persona se sienta avergonzada por no continuar con la relación. Al hacerles sentir que se han aprovechado de ti, se sentirán culpables de su propio comportamiento y se quedarán contigo. Esta táctica sólo funciona cuando conoces bien a la otra persona y sabes exactamente qué teclas presionar, pero cuando se usa adecuadamente, puede ser muy efectiva.

El Control a Distancia: Cada vez que la otra persona empieza a hablar de dejarte, cambia el tema a algo que sabes que le interesa mucho. No podrá resistirse a cambiar el tema y la conversación predestinada se pospondrá para otro día.

El Juego de Mesa: Cuando te piden que hagas algo que no quieres hacer, también puedes avergonzarlos cuestionando sus motivos. "¿Eso es lo que realmente quieres?" Si se hace de la manera correcta, puede hacer que la otra persona sienta que no estaba siendo razonable ni siquiera por sacar el tema.

Ten en cuenta que estas tácticas sólo funcionarán temporalmente. Hay pocas estrategias de manipulación que mantendrán a la otra persona conectada indefinidamente si no hay una unión genuina y compatible. Así que, aunque la manipulación puede funcionar en una nueva relación, con el tiempo, eventualmente tendrán que trabajar en la construcción de esa relación sobre la base de una conversación honesta y una conexión emocional real entre ustedes dos.

Bombardeo de amor: El arte del "bombardeo de amor" no necesariamente se aplica exclusivamente a las relaciones. De hecho, su origen comenzó en una iglesia donde los líderes religiosos lo desarrollaron para atraer a nuevos feligreses a sus asientos. Literalmente los "bombardearon" con mucha atención y afecto. Con el tiempo, los padres comenzaron a utilizarlo como una forma innovadora de educar a sus hijos a través de la amabilidad y el cuidado. Con el tiempo, otros crecieron al ver que podía ser una herramienta poderosa que puede ser usada para controlar a las personas en todo tipo de ambientes. Ya sea a través del uso de palabras amables, la calidez de un abrazo tierno, o a través de las acciones emotivas, el éxito fue impresionante, ya que más y más personas comenzaron a sentirse atraídas por personas a las que nunca antes habían volteado a mirar.

La base del bombardeo de amor es mostrar tu objetivo con mucho afecto y atención en un esfuerzo por mostrar que eres la pareja de sus sueños. Una vez que se convenzan de que eres un romántico irremediable y tu objetivo esté convencido de que eres la pareja ideal, estarán listos para entrar en lo que esperan que sea una relación ideal.

Para que esta estrategia funcione, debe hacerse en varias etapas. En la etapa inicial, todo debe ser impecable en todos los sentidos. Esto implicaría llevar a cabo actos diseñados específicamente para ganar su confianza, dándoles palabras de aliento para fortalecerlos emocionalmente, y dándoles el apoyo y la paciencia necesaria cuando sea necesario.

Con el tiempo, estos actos pueden acercar a una persona a ti hasta el punto en que podrás dominarla emocionalmente. Los manipuladores malvados comenzarán a extender ese control lentamente y a mantenerlos atados a ellos a través de un bombardeo de mensajes de texto y llamadas telefónicas cuando no estén juntos. Para cuando esto comience a suceder, la otra persona estará tan desesperadamente dedicada que, incluso si detectan que algo no está bien, sus propias inseguridades serán tan poderosas que les resultará difícil romper con ello. Se han hecho adictos a esas grandes dosis de alabanzas y amabilidad. Ese es el punto en el que un manipulador puede empezar a aprovecharse de la situación.

Esta es una forma extrema de manipulación y los que la practican son generalmente aquellos que tienen una autoestima muy baja. Sólo utilizan el bombardeo de amor porque no creen que puedan seducir a una persona por sí mismos. Creen que la única manera de tener una relación es mediante el engaño, las mentiras y el control mental. Reconocen que si tienen un dominio completo sobre la otra persona no hay forma de que sean abandonados.

El ciclo de bombardeo de amor es difícil de pasar por alto. Puede ser fácilmente identificado si sabes lo que estás buscando. La relación resultante no se basa en ninguna forma de conexión verdadera, sino que se fundamenta principalmente en la idea de una relación romántica. El concepto de "almas gemelas" está en el corazón y la persona comienza a creer que todo es tan perfecto que debe haber sido el destino lo que los unió. Una vez que el objetivo acepta esta creencia, la relación puede volverse tóxica rápidamente.

Al principio, todo parece un sueño hecho realidad para la víctima, ya que el manipulador la deslumbra con un despliegue caótico de atención y afecto. El ataque de palabras y frases románticas es tan frecuente y constante que la víctima puede llegar a creerlo con tanta fuerza que se ciega a muchos de los errores, incluso cuando ocurren delante de sus ojos. Una vez que llega a este punto, es casi imposible que la víctima se libere del control que el manipulador tiene sobre ella.

Hay varias fases de bombardeo amoroso:

Devaluación: Esta etapa sucede después de la fase inicial de cumplidos, afecto y mucha atención. En la fase de devaluación, el manipulador convierte esa atención en desaprobación y rabia. Esto puede escalar a amenazas fácilmente, lo cual es una gran parte del condicional psicológico que le permite convertirse en un dictador del comportamiento de la otra persona.

Estos dos primeros ciclos pueden repetirse una y otra vez hasta que se alcanza un clímax importante.

Dejar ir: Después de que la relación ha escalado hasta el abuso, las víctimas comienzan a ignorar sus propias necesidades sólo para poder permanecer apegadas al manipulador. Si se les da el tiempo suficiente, se separarán de la familia y de los amigos, y dejarán todas las cosas que una vez amaron sólo para evitar o romper los conflictos que puedan surgir.

A veces puede hacer falta una intervención para ayudar a la víctima a separarse de la relación. Si la persona tiene algún nivel de fuerza emocional, puede encontrar la manera de romperla por sí misma. Puede que se canse de ser controlada o puede que sólo sienta la presión de los demás por ayudarlo a que se libere.

Si realmente estás buscando una relación duradera, debes evitar probar la estrategia del bombardeo de amor. Aunque puede atraer a una persona hacia ti, nunca será por las razones que tú quieres. Si sospechas que alguien te está bombardeando de amor, usa tus sentidos. Es posible que te llenen de cumplidos y regalos aunque no los conozcas muy bien. Pueden decirte una oración clásica como "Sé que estamos hechos el uno para el otro".

También saben cómo identificar a alguien que será susceptible a sus encantos ingeniosos. Pueden hablar abiertamente sobre una relación

Aprende a ser influyente

pasada en la primera cita. Podrán lamentarse de que la otra persona no los apreció o lo incomprendidos que se sintieron, detallando todos los elementos de su ruptura. Cuando eso suceda, ten cuidado. Están tratando de atraerte y jugar la carta de la simpatía. Sus palabras son cuidadosamente escogidas para que tú las escuches y sientas su dolor. Una vez que puedan convencerte de sus "sentimientos" es sólo cuestión de tiempo antes de que empiecen a controlarte.

Separarse de un bombardero de amor es difícil pero se puede hacer. Sin embargo, ellos continuarán dándote afecto en un esfuerzo por recuperarte. Si quieres mantenerte separado de ellos, sólo hay una manera de hacerlo. Debes romper todos los lazos con ellos y evitar cualquier tipo de contacto. También necesitas conseguir apoyo y reunir a aquellos en quienes confías para que te ayuden a resistir la tentación de volver. Y no importa lo que hagas, no te culpes por haber caído en este truco tan efectivo. Sólo sé feliz de haber sido capaz de liberarte y sigue adelante después de eso.

Aprende a ser influyente
Capítulo Siete: Tácticas de Manipulación Avanzadas

La manipulación psicológica puede ser muy sutil y puede ser bastante obtusa. Dependiendo de tu objetivo, decidirás qué tácticas funcionarán mejor para conseguir lo que necesitas. Hasta este punto, las estrategias de manipulación que hemos discutido han sido bastante simples y básicas. Muchas de estas cosas se pueden captar fácilmente por ti mismo simplemente observando las interacciones del mundo que te rodea. Sin embargo, cuando estos otros métodos más básicos no funcionan, hay varios métodos avanzados que puedes intentar.

El Poder Manipulador del Afianzamiento

Un elemento clave de la manipulación es el arte del afianzamiento. Es una forma de psicología del comportamiento que permite al usuario ayudar a moldear el comportamiento futuro de su objetivo dándole alguna forma de afianzamiento. Si aplicas esta estrategia, puedes ganar una medida de control sobre tu sujeto y por ende moldear su conducta en formas que quieras ver.

Hay dos tipos de afianzamiento que se pueden aplicar. El afianzamiento positivo es el tipo de estímulo que los alentará a continuar conduciéndose de una manera que apruebes. El afianzamiento negativo daría un estímulo que ha sido elegido para cambiar su comportamiento por algo distinto.

Aprende a ser influyente

Por supuesto, hay muchos grados diferentes para el tipo de estímulo que puedes proporcionar dependiendo del tipo de resultados que estés buscando. Si quieres que realicen el comportamiento con más frecuencia o que continúen con el comportamiento por un período de tiempo más largo, entonces debes usar el afianzamiento positivo. Si estás buscando que cambien su comportamiento o que disminuyan la frecuencia del comportamiento, debes usar un afianzamiento negativo. Dependiendo del tipo de afianzamiento que uses, puedes obtener un amplio rango de resultados.

Estímulos Gratificantes: Los estímulos que utilices como afianzamiento deben ser escogidos con mucho cuidado. Si esperas que sea efectivo, debes entender lo que tu sujeto quiere y lo que le gusta. La gratificación tiene que aprovechar sus necesidades básicas de deseo y placer o su uso no será efectivo. Todos tenemos necesidades básicas que nos impulsan a hacer las cosas que hacemos, así que cuando tu gratificación se aprovecha de esa necesidad interna, es más probable que fomente el comportamiento que deseas. En esencia, el afianzamiento sólo ocurre si el sujeto ve los estímulos como una recompensa o, en el caso del refuerzo negativo, como una pérdida.

Los padres son muy eficaces en el uso del refuerzo para que sus hijos hagan sus tareas. Pueden ofrecer un subsidio por hacer el trabajo de la casa o pueden ofrecer un fin de semana en un parque de diversiones por un comportamiento excepcionalmente bueno. Pero cuando miras a tu alrededor, vemos que el arte del afianzamiento se utiliza en todos los campos. Pocos de nosotros vamos a trabajar sólo porque disfrutamos del trabajo y nos hace sentir bien. Vamos por el sueldo/la recompensa. Pocos de nosotros estamos en relaciones en las que no estamos obteniendo alguna forma de satisfacción. Y rara vez pasamos nuestro tiempo libre haciendo cosas que odiamos. Cuando tenemos un momento libre para nosotros mismos, naturalmente buscamos las cosas que sentimos que son más gratificantes para nosotros. Obtener un aumento o un ascenso en el trabajo es un incentivo poderoso para que trabajes más duro en tu trabajo. Del mismo modo, perder el trabajo por un comportamiento indeseable también puede ser un fuerte afianzamiento negativo.

En la mayoría de las situaciones, el uso de afianzamientos se relaciona con el comportamiento, pero también puede relacionarse con la memoria. Un buen ejemplo de esto es algo llamado "refuerzo post-entrenamiento" donde la recompensa se da después de que el sujeto ha aprendido algo nuevo. Un manipulador puede usar el refuerzo para ayudar a mejorar su memoria de la envergadura, la duración y los detalles específicos de la lección hasta que esté firmemente plantado en su mente. En esos casos, la recompensa debe ser algo que toque al sujeto emocionalmente. De esta manera, conectan la lección con sus sentimientos personales.

Todos hemos experimentado este tipo de recompensa antes. Si eres de la generación mayor, puedes recordar sin mucha duda dónde estabas cuando explotó el Challenger o cuando ocurrió la tragedia del 11 de septiembre. Estos han sido descritos como "recuerdos flashes" porque ambos fueron eventos que nos dan emociones intensas. Si piensas en tu vida personal, esos recuerdos que son los más profundos en tu mente son los que te han tocado emocionalmente. Esto puede ser una herramienta emocional extremadamente poderosa cuando se usa de la manera correcta.

Aprende a ser influyente

Para poder utilizar el afianzamiento de manera exitosa, tendrás que comprender plenamente la vulnerabilidad de tu objetivo. Esta información te ayudará a decidir qué tipo de recompensa le darás para moldear su comportamiento. Una vez decidido, debes tener cuidado de no excederte al dar la recompensa. Cuando es demasiado obvio, es muy probable que el sujeto entienda lo que está pasando y aplaste tus esfuerzos casi de inmediato. Sin embargo, al jugar un papel sutil y más pasivo, puedes llevarlos suavemente en la dirección que quieras que vayan.

Aplicar el Afianzamiento Positivo: Una de las formas más fáciles de afianzamiento es cuando alientas a seguir practicando un comportamiento deseado. Tu recompensa será dada como un medio para alentar al sujeto a continuar o intensificar un determinado acto. Algunos ejemplos de afianzamiento positivo:

- Puedes decir palabras de aliento para alentarlos a continuar.
- Dinero
- Aprobación
- Regalos
- Atención personal
- Reconocimiento público

El afianzamiento positivo no tiene por qué costarte nada. Los niños pequeños, por ejemplo, son felices con sólo una sonrisa de aprobación de sus padres. No te hagas el hábito de pensar que el afianzamiento positivo tiene que tener un valor monetario. Busca lo que esa persona necesita y úsalo para alentarlo. Incluso los adultos no siempre están contentos con el valor monetario. Las personas ven valor en todo tipo de cosas.

Aprende a ser influyente

Aplicar el Afianzamiento Negativo: Cuando quieres que tu sujeto reduzca o disminuya un determinado comportamiento, entonces debes aplicar el afianzamiento negativo. En ese caso, debes eliminar una recompensa o impedir que alcancen la recompensa que buscan. El afianzamiento negativo también podría incluir darles algo que no les parezca deseable; algo que les haga sentir incómodos o que les resulte poco placentero. Es menos probable que ese afianzamiento los mantenga continuando con el mismo comportamiento por cualquier período de tiempo prolongado.

- Regañar
- Intimidar
- Gritar
- Maldecir
- Sentimiento de culpa
- Ley del hielo
- Mala cara

Notarás que todos los comportamientos mencionados arriba pueden hacer que tu sujeto se sienta extremadamente incómodo. Juegan con sus emociones y erosionan su autoestima personal causando que cese su comportamiento. Evalúa lo que sucede cuando un padre regaña a su hijo por no hacer las tareas de la casa. Si cada vez que el niño entra en la habitación, el padre o la madre lo regaña, le grita, lo avergüenza o lo amenaza, eventualmente comenzará a hacer sus tareas. La recompensa sucede cuando los quehaceres se terminan y el padre o la madre deja de regañarlos.

Otro ejemplo, un empleador tiene la política de que todo el trabajo debe estar terminado para el fin de semana o no pueden tener el fin de semana libre. Este es un afianzamiento negativo poderoso y da a muchos trabajadores un incentivo para aumentar su productividad durante la semana para que todo se haga a tiempo.

Extinción: El afianzamiento también puede tomar una posición neutral. Los afianzamientos positivos se utilizan para fomentar el comportamiento que deseas, los afianzamientos negativos están diseñados para desalentar ciertos comportamientos. Los afianzamientos de extinción, sin embargo, ocurren cuando no reconoces el comportamiento en absoluto.

Por ejemplo, un niño que se niega a reconocer que es un agresor en la escuela. Sin una reacción positiva o negativa, no hay combustible para que el agresor trabaje y perderá el interés en su objetivo rápidamente. También se puede ver cuando los empleadores no reconocen el trabajo que un empleado está haciendo. Con el tiempo, el empleado perderá el interés en su trabajo y dejará de intentarlo.

Ten en cuenta que el afianzamiento no es lo mismo que un castigo. El castigo está diseñado para corregir ciertas conductas y el afianzamiento está diseñado para alentar conductas. Puedes verlos como los lados opuestos de la misma moneda.

Aprende a ser influyente
Hábitos Encantadores para Manipular a Cualquiera

El carisma puede ser una excelente herramienta para manipular a cualquiera. Cuando puedes ser encantador también eres simpático con los demás y se sentirán atraídos por ti. Sin embargo, hay una gran diferencia entre ser encantador y actuar con encanto. Algunas personas tienen una forma natural de atraer a la gente mientras que otras pueden tener que trabajar en ello. No es tan fácil como lo hacen parecer.

Cuando puedes usar el encanto, es fácil cegar a alguien de tus verdaderas intenciones. Por naturaleza, la gente tiende a escuchar sólo las cosas que quiere escuchar. A menudo toman decisiones que saben que van en contra de sus intereses, pero lo hacen de todos modos sin pensarlo dos veces.

Hay quienes ya saben cómo usar su encanto para atraernos, dándonos un fuerte sentido de confianza. Otros usan su encanto para que bajes la guardia y creas todo lo que te dicen. Y otros usan su encanto para hacerte sentir como si fueran amigos desde hace años, incluso cuando acaban de conocerse. Todas estas personas son muy hábiles para encenderlo y apagarlo a voluntad, lo que hace muy difícil reconocerlo cuando está siendo usado. Si no eres una de estas personas tendrás que desarrollar estas habilidades que son clásicas para los maestros manipuladores.

Reflejo: Reflejar o copiar el lenguaje corporal de la otra persona les envía una señal que les hace saber que estás muy interesado en ellos.

Aprende a ser influyente

Esto construye un vínculo de confianza que puedes usar más tarde cuando quieras obtener algo de ellos o hacer que hagan algo por ti.

En un entorno normal, las personas harán esto automáticamente sin siquiera darse cuenta. Sin embargo, puede ser una de las maneras más efectivas de ganarse a alguien cuando lo estás usando para conectarte con la otra persona. Piensa en cuántas veces has sonreído cuando has visto a alguien reflejándote. Tal vez ambos buscaron el mismo libro al mismo tiempo. Sus manos se tocan y no puedes evitar sonreír cuando te das cuenta de lo que está pasando. En un nivel subconsciente, le estás haciendo saber a la persona que tienen más en común de lo que han notado.

Mirar a Los Ojos: Todos sabemos lo importante que es hacer contacto visual cuando se trata de comunicarse. Es una de las mejores maneras de hacer que las personas sientan que son importantes para ti. Al usar esta técnica cuando estás tratando de persuadir a alguien puedes fijar tus ojos con los suyos con una mirada intensa que puede parecer casi hipnótica. Para obtener el mejor efecto, es importante que sea en un buen momento.

Por ejemplo, fijas la mirada en ellos inmediatamente después de decir algo que pueda hacer que se sientan incómodos puede atenuar el tipo de respuesta que te dan. Esto los saca de su juego y los desorienta por un minuto. Eso te dará tiempo para asimilar tus pensamientos iniciales.

Aprende a ser influyente

Romper las Reglas: Hay una razón por la que el chico malo siempre consigue a la chica. Hay una cierta cualidad de encanto que todos parecen tener. Puede que estén rompiendo las reglas pero lo están haciendo de una manera juguetona. Pero no están rompiendo las reglas solamente por romperlas; eso tiene un motivo. Pueden intentar algunos movimientos íntimos contigo en la primera cita. Tocarte de una manera que normalmente no permitirías.

Este tipo de comportamiento es realmente una excursión de pesca. Están empujando los límites para poder ver dónde estás parado. Qué tan comprometido estás con tus decisiones. La forma en que respondas a estas pruebas determinará el método de manipulación a utilizar en el futuro. Si permites el contacto íntimo en la primera cita, puedes esperar que la intimidad aumente en el futuro.

Como regla general, los manipuladores usarán estas cualidades encantadoras para invadir tu espacio, llamar tu atención y mostrar su poder sobre su objetivo. Piensa en ello como si estuvieras jugando una partida de ajedrez en la que están haciendo una jugada para controlar la mente y el corazón del sujeto.

Confesiones: Algo que la gente encantadora sabe hacer es hablar. Son oradores muy elocuentes y saben cómo arrastrarte a una conversación y mantener tu atención hasta que han dejado claro su punto de vista. Son ávidos buscadores de atención y para ello necesitan saber cómo contar una historia que te mantendrá atento a cada palabra.

Aprende a ser influyente

Los manipuladores harán lo mismo a un nivel más personal. En lugar de contar una buena historia, te contarán asuntos confidenciales para que vuelvas. Te hacen sentir como si confiaran tanto en ti, que compartirán sus secretos más íntimos contigo. Esto es generalmente la primera parte de una estrategia de manipulación. Empiezan por hacer que te conectes con ellos confesándote todos sus actos pasados. Seguirán hasta que estés tan involucrado que tengas que buscarlos para que te diga más. Entonces se detienen, literalmente tirando de la alfombra justo debajo de tus pies, negándose incluso a volver a hablar de esas cosas. Esto te deja con la sensación de que has hecho algo malo y harás cualquier cosa para volver al mismo nivel de comunicación que tenían antes.

Usar Nombres de Mascotas: En la superficie, llamar a tu pareja por sus nombres de mascota parece entrañable y cariñoso, pero en realidad, está devaluando tu papel en la relación. Llamar a alguien bebé, o cariño, o querida muestra que no te están viendo como un igual en la relación. Te hace sentir menos de lo que realmente eres.

Si continúan con este hábito durante mucho tiempo y luego lo dejan, comienzas a sentirte como si estuvieras equivocado y te preguntas qué hacer al respecto. En ese punto, te han maniobrado hasta una posición en la que ahora tienen control sobre ti y te convertirás en su marioneta y harás exactamente lo que ellos quieren sólo para escuchar esas palabras entrañables de nuevo.

Elogios excesivos: A veces los cumplidos en exceso son verdaderamente sinceros, pero esta herramienta en manos de un maestro manipulador puede estar encubriendo motivos cuestionables.

Esta forma de manipulación es usualmente utilizada por aquellos que están más abajo en el escalafón que otros dentro de la infraestructura. Los niños les hacen esto a sus padres, los empleados a sus jefes, y los estudiantes a los maestros.

Sé cauteloso al usar esta técnica, la mayoría de las personas en posiciones de poder estarán atentos, por lo que tendrás que ejercer un poco de autocontrol y usarlo gradualmente durante un período de tiempo más largo. Si puedes hacer esto de manera efectiva y sutil, entonces tendrás más posibilidades de conseguir que una persona más difícil de ablandar sea mucho más fácil que si vas empuñando un arma por todas partes.

Validar Emociones Negativas: Ayudar a la gente a justificar las emociones negativas es un arma poderosa en manos de un manipulador. Si se sienten deprimidos por un error o algo que sienten que hicieron mal, en lugar de animarte a cambiar, un manipulador validará esos sentimientos para que te quedes en un estado mental negativo. Entonces, cuando te tengan totalmente comprometido con ellos, serán tu redentor y te rescatarán.

Este tipo de manipulador no está interesado en hacerte sentir mejor, sino que quiere que creas que ellos son la solución a todos tus problemas. Quieren que creas que no puedes resolver el problema por ti mismo, así que tratarán de mantenerte atrapado en ese estado emocional negativo para poder rescatarte.

Aprende a ser influyente

Puede tomar un poco de tiempo desarrollar estas habilidades hasta un grado en el que puedas encenderlas y apagarlas sin mucho esfuerzo, sin embargo, una vez que lo hagas, tendrás todo el encanto y gracia en la que ves a tantos enganchados.

Cómo Convertir a Alguien en Su Propio Enemigo

Nuestros recuerdos son algo complicado. A menudo nos preguntamos si recordamos los eventos con precisión, de manera que puede ser relativamente fácil para un manipulador jugar con esa tendencia natural de poner los propios recuerdos de alguien en su contra. Este método de persuasión se llama "tortura" y se utiliza para conseguir que alguien confíe en ti más que en sí mismo.

Puedes ver la tortura ocurriendo a tu alrededor. Es usado por abogados, compañeros de relaciones, líderes religiosos y otros con el único propósito de hacer creer a la otra persona que sus memorias o recuerdos de eventos son falibles. Cuando puedes convencer a alguien de que está mal la forma en que los recuerdos erosionan su confianza en ellos mismos, podrás implantar en ellos tu propio guion para que lo lleven a cabo.

Adicción: Una cosa es llamar loca a una persona y otra muy distinta es convencerla de que es así. No es probable que te crean sólo porque tú lo has dicho, tendrás que empezar a hacer cosas para convencerlos de tu verdad. Antes de poder hacerlo, tienes que conseguir que confíen en ti.

Esto empieza por activar el cerebro para que libere endorfinas y dopamina. Cuando una persona se emociona, se inicia una reacción química en el cerebro que libera esas hormonas. Estas son las mismas hormonas que se liberan cuando las personas consumen drogas. Al hacer cosas para desencadenar la misma liberación química, puedes hacer que una persona se vuelva adicta a ti. El primer paso para crear un adicto es proporcionarle la suficiente excitación para que se adhiera a ti, para que pueda continuar drogándose con la liberación de químicos en su cerebro.

Trabaja en Tu Propia Memoria: Ahora tienes que trabajar en ti mismo. Es un hecho que todos cometemos errores, pero eso no significa que los recordemos todos. Un manipulador efectivo es muy meticuloso y recordará cada vez que el sujeto cometa un error y cualquier mala interpretación o malentendido que pueda haber desarrollado. Necesitas esto para poder usar esto como evidencia de que sus recuerdos no son legítimos y no se puede confiar en ellos.

Al señalar frecuentemente estos defectos normales, tu sujeto eventualmente comenzará a ver con qué frecuencia está equivocado y comenzará a confiar en tu memoria y en tus soluciones cuando surjan problemas.

Actúa Confundido: Cuando tu sujeto presenta una objeción a tu representación de los hechos, puedes actuar confundido y fingir una falta de comprensión. O puedes desestimar su relato como exagerado, ilógico o completamente falso. Después puedes presentar tu propia respuesta como un simple pero lógico relato de los hechos. Después de hacer esto varias veces, el sujeto comenzará a pedirte ayuda cada vez más a medida que pierda su propia confianza en sus habilidades.

Olvida: Cuando te digan que hicieron esto o aquello, simplemente diles que no lo recuerdas. Usa frases como: "No recuerdo eso", o "No te vi allí". Sé persistente hasta en el más mínimo detalle. Cuanto más insistente seas, es menos probable que se resistan a tu influencia.

Aprende a ser influyente

También podrías hacer lo contrario y convencer a alguien de que realmente hizo algo que tú sabes que no hizo. Esto los confundirá aún más porque se esforzarán por recordar eventos que nunca ocurrieron. De nuevo, si proyectas confianza y persistencia en tu creencia ellos comenzarán a dudar de su propia memoria y eventualmente se alinearán con tu pensamiento.

Minimiza Sus Preocupaciones: Con el tiempo, la tortura agotará a tus sujetos hasta el punto de la frustración y la depresión. Esto sacará a relucir muchas emociones negativas que pueden ser completamente agotadoras. Una vez que esto suceda, comenzarán a hablar de sus preocupaciones y se dirigirán a ti porque 1) ahora son adictos a ti. 2) no tienen confianza en su propia memoria, y 3) te has posicionado como un aliado de confianza. Cuando acudan a ti con sus preocupaciones, deséchalos diciéndoles que se están "tomando las cosas demasiado en serio", "estás exagerando o te estás volviendo demasiado emocional".

Esto puede resultar ser una de las herramientas de manipulación más efectivas que puedes tener en tu armamento. La mejor y más eficiente manera de usarla es lentamente durante un período de tiempo prolongado. Puede que no seas capaz de dominarlo correctamente la primera vez, pero después de varios intentos, serás capaz de convertir la mente de alguien en su propio enemigo. En ese momento los tendrás en posición de hacer lo que quieras con ellos.

Capítulo Ocho: Reafirmando el Dominio

Es relativamente fácil ver el tipo de personas que se sienten atraídas por nosotros. Tendemos a gravitar hacia aquellos que son similares a nosotros en comportamiento y pensamiento. Hay mucha verdad en el viejo dicho "los pájaros de una pluma se juntan". Nos rodeamos de gente que se va a relacionar con nosotros, nos va a entender y nos va a apoyar. Esto nos ahorra tener que vivir constantemente con una postura defensiva sobre todas nuestras decisiones.

Sin embargo, como manipulador, querrás tener a tu alrededor a alguien que se comporte de cierta manera, para tener que ejercer cierto nivel de control. Tendrás que reafirmar tu dominio desde el principio para que sigan todas tus instrucciones sin cuestionarlas. No sólo quieres ser capaz de dirigir su comportamiento, sino que también quieres que lo acepten. Para esto tienes que desarrollar algunas habilidades muy fuertes.

Lenguaje Corporal que Reafirma el Dominio

Tu cuerpo es tu mayor forma de comunicación. La forma en que te mueves o posiciones hará que los demás reaccionen sin dudarlo. Una de las razones para ejercer el dominio con tu cuerpo es porque es sutil, casi invisible, por lo que es poco probable que la otra persona se dé cuenta de lo que estás haciendo. Reaccionamos al lenguaje corporal instintivamente, sin pensarlo, así que una vez que te respondan, sus pensamientos se alinearán naturalmente.

Aprende a ser influyente

Uso del Espacio: Cuando las personas son descritas como "más grandes que la vida" no se refiere a su tamaño físico, sino a la cantidad de espacio que están usando. Si quieres ejercer dominio, asegúrate de que estás usando tanto espacio como sea posible. Cuando estés de pie, coloca tus manos en las caderas con los codos apuntando hacia afuera para que ocupe más espacio. Cuando te sientes, estira las piernas lo más posible. Cuando te inclines, camines o estés en cualquier otra posición, asegúrate de que tu cuerpo esté ocupando el mayor espacio posible.

Las mujeres, sin embargo, deben tener cuidado con la postura del cuerpo. En la mayoría de los casos, se les etiquetará como que están asumiendo un papel menos femenino y/o una posición menos respetable con un lenguaje corporal abierto. Entonces ella querrá tomar una postura más cerrada pero aun así ejercer su dominio usando su cuerpo de otras maneras.

También depende del objetivo del manipulador. Si es en un ambiente de negocios, ella necesitaría evaluar a su audiencia. Si está en un grupo con muchos hombres y pocas mujeres, una postura cerrada puede interpretarse como defensiva y querría evitarla a toda costa. Por otro lado, si está en un ambiente más social con un grupo equilibrado a su alrededor, su lenguaje corporal cerrado podría hacerla parecer más abierta a una nueva relación.

Tocar: Ha habido varios estudios que han demostrado que tocar a los demás durante la conversación se muestra como algo más dominante. El acto en sí mismo indica que te sientes cómodo con ellos y no te sientes intimidado o preocupado por invadir el espacio de otra persona. Por supuesto, todo esto es cultural y cada ambiente debe ser tomado en consideración. Así que asegúrate de que entiendes la dinámica cultural de las personas con las que interactúas antes de acercarte a tocar a alguien.

Para las mujeres, tocar a los hombres de cualquier manera podría ser percibido de manera equivocada. Si estás en un ambiente de negocios, evita hasta el más mínimo tacto debajo de la cintura. Es una manera poderosa de estimular la excitación. Una vez más, las mujeres no pueden usar el poder del tacto tanto como los hombres sin enviar las vibraciones equivocadas. Y ella debe evitar tocar a los extraños en absoluto a menos que el tacto sea considerado aceptable en su cultura.

Mantenerte firme: Cuando estás en un espacio pequeño o lleno de gente, es normal dar un poco para permitir que los demás naveguen. Para reafirmar tu dominio, trata de moverte lo menos posible. En entornos sociales, quién se mueve por quién te permite saber exactamente quién es el alfa.

- Si te encuentras con un viejo amigo y se acerca a ti, estás en el lado del poder: intenta no moverte.
- Si estás en un grupo que necesita algo y otros lo recuperan, ellos están del lado del poder: muévete para acomodarlos.
- Si estás en una reunión en tu oficina, tú eres el alfa: no te muevas.

Aprende a ser influyente

Esta misma regla se puede aplicar en todo tipo de ambientes. Ya sea en entornos empresariales o sociales, estas pautas se basan en la forma en que las personas se mueven naturalmente cuando interactúan entre sí. Todos sabemos instintivamente que debemos movernos por el jefe, pero hay que estar atentos cuando se está en grupos donde no hay un rango asignado a cada persona. Aquí es donde puedes reafirmar tu dominio. Las personas se moverán automáticamente por la persona que actúa más dominante o por la persona más grande.

Contacto Visual: Tus ojos también pueden hacer saber a la gente que eres el superior de la habitación. Cuanto más tiempo sea capaz de mantener el contacto visual es, por lo general, una indicación de tu posición en el ambiente. Esto se debe a que las figuras de mayor autoridad se sienten bastante cómodas manteniendo el contacto visual con las personas que están debajo de ellas. Si quieres reafirmar tu dominio en un entorno o grupo particular, no bajes la mirada.

Si siente la necesidad de romper el contacto visual, asegúrate de hacerlo de la manera correcta. Si tus ojos se mueven hacia arriba, se lee como una señal de desestimación. Si se mueven hacia un lado se considera neutral y los dos están en igualdad de condiciones. Sin embargo, si se dirigen hacia abajo siempre se considera como sumiso, así que nunca bajes la mirada.

Sin embargo, si eres una mujer y buscas seducir, entonces mirar hacia abajo y luego hacia arriba de nuevo es una clara señal de que lo quieres. Así que, si ese es tu objetivo, entonces, por supuesto, ve por ello.

Comodidad: Cuanto más cómodo parezcas, más confianza proyectas. El nerviosismo envía un mensaje de miedo y ansiedad. Trate de adoptar un estilo más tranquilo y lento para irradiar más confianza.

Es cierto que las personas que se mueven rápido y parecen exudar energía pueden enviar un mensaje de miedo, la persona que se mueve lentamente no refleja ningún tipo de ansiedad y parece estar mucho más enraizada y bajo control. El mensaje que envían es que los demás pueden sentirse seguros y relajados a su alrededor.

También existe el concepto de "fijar", en el que se utiliza la posición más cómoda que se pueda en el ambiente. Esto puede significar apoyarse en una barra o barandilla, sentarse en un taburete o apoyarse en un escritorio o en una pared.

Lenguaje Corporal Abierto: Reafirmar tu dominio a través de un lenguaje corporal abierto le dice a los demás que eres poderoso. Cuando tu cuerpo está cerrado (hombros encorvados, brazos cruzados y piernas juntas) refleja una imagen de miedo, ansiedad o de poca accesibilidad. Sin embargo, cuando muestras un cuerpo más abierto (brazos hacia afuera, piernas separadas, hombros hacia atrás) parecemos dominantes pero accesibles. Hacemos saber a las personas que tenemos confianza y control.

Lenguaje Corporal Relajado: También, un cuerpo que está relajado envía un mensaje de autoridad. Cuando muestras signos de comodidad pareces más relajado. Evita enviar señales de desplazamiento como rascarse, tocarse la cara o la nuca, retorcerse las manos o desabrocharse el cuello de la camisa. Todas estas señales muestran signos de nerviosismo y ansiedad.

Mantener una Buena Postura: La buena postura no sólo es buena para tu salud, sino que también es buena para tu imagen. Tu nivel de confianza se refleja fácilmente en la forma en que sostienes tu cuerpo. Cuando te paras erguido ejerces una posición dominante y confiada, pero si te paras con los hombros redondeados, con la cabeza inclinada hacia adelante (casi como en una reverencia permanente) estás tomando una posición sumisa.

Si has tenido este hábito en el pasado, tienes que empezar a mejorar esta postura lo antes posible. Sin embargo, debes ser cauteloso y evitar corregir demasiado. Extender la columna vertebral demasiado hacia atrás puede darte una postura de balanceo. Si sacas demasiado el pecho, eso te dará un aspecto divertido. Intenta hacer el ajuste en el espejo hasta que encuentres el equilibrio adecuado.

Haz la Caminata del Poder: Hay un poco de desacuerdo sobre si una caminata de poder es rápida o lenta. Una caminata lenta exuda más confianza siempre y cuando represente tu estilo natural de caminar. Sin embargo, si te mueves lentamente en un ambiente de trabajo ocupado puede enviar el mensaje de que eres perezoso o no estás motivado. De la misma manera, una caminata rápida también puede exudar confianza si se hace correctamente. Aun así, puede ser malinterpretada como nerviosa o ansiosa, dependiendo de tu entorno.

En consecuencia, aunque la velocidad de tu caminata puede enviar un mensaje fuerte, es mejor enfocarse en cómo caminas. Asegúrate de que tus hombres se mueven contigo al caminar. Un balanceo de hombros hace que se vean más amplios ocupando más espacio. Usa tus brazos con un movimiento suave hacia adelante y atrás manteniéndolos ligeramente alejados de tu cuerpo. Cuando los brazos están demasiado cerca es una señal de miedo.

Mantén las piernas ligeramente separadas permitiendo suficiente espacio para que el aire circule y evita que los muslos se rocen entre sí.

Siempre párate erguido con los pies apuntando ligeramente hacia afuera. No querrás hacerlo demasiado porque le dará un aire de desprecio a los que le rodean.

Mantén la mirada fija al frente y enfocada para que te dé la apariencia de que tu caminata tiene un propósito.

La Inclinación Hacia Arriba: Acostúmbrate a asentir con la barbilla hacia arriba en lugar de hacia abajo. Esto te da una apariencia más áspera pero sólo úsala cuando sea necesario porque en algunas multitudes puede parecer conflictivo, lo que podría causar más problemas.

Cómo Hablar Como un Líder

Tu posición física le dice a los demás que estás seguro y listo para enfrentar cualquier cosa que se te presente. A menudo las personas cederán ante ti cuando muestres estos lenguajes corporales físicos, incluso si no entienden por qué. Pero una vez que se acercan a ti, es importante que tu conversación coincida con el mensaje que tu cuerpo está enviando. La forma en que te expreses solidificará aún más tu dominio en cualquier dinámica social.

Dirija la conversación: Cuando hables, debes pensar en algo más que en las palabras que eliges para expresar tu punto de vista. Hay varias variables que son importantes para regular tu conversación. Al reafirmar tu dominio, debes tener cuidado con el tono, el ritmo, el tema y quién habla más tiempo.

Esto es aún más importante cuando estás hablando uno a uno con alguien. En una dinámica de grupo, siempre habrá una variedad de personajes con las que interactuar, sin embargo, cuando es una conversación más privada en la que sólo hay dos participantes, la forma en que respondas a las preguntas y lo que hagas pesará mucho sobre quién tendrá más dominio.

Aprende a ser influyente

- **Ritmo:** Para ejercer el dominio es necesario controlar la velocidad de la conversación. Quieres hablar lo suficientemente rápido para no perder tiempo, pero lo suficientemente lento para que tu mensaje sea entendido claramente. Esto significa no sólo manejar y regular lo que dices, sino que tu voz también fijará el ritmo para la otra persona. En un ambiente grupal, es tu responsabilidad asegurarte de que todos se comprometan con el mismo tema y vayan al mismo ritmo. También tienes que asegurarte de incluirlos a todos en el grupo. Si notas que alguien se hace cargo de la conversación, intervén y corta la conversación con confianza.

En otras palabras, te designas a sí mismo como el director de la conversación. Toma el control e interrumpe con gracia cuando las cosas empiecen a ir mal. Puedes intervenir de varias maneras.

Cuando una persona es interrumpida por otra: "Espera un segundo". Luego dirígete a la persona que fue interrumpida, "por favor, continúa y termina lo que querías decir". O "Escuchemos lo que Janet tiene que decir".

Cuando una persona habla demasiado rápido: "Más despacio, estás hablando muy rápido".

Al tomar la iniciativa de dirigir la conversación, te colocas en una posición dominante poderosa y pronto todos en el grupo estarán buscando tu dirección incluso después de que la conversación haya concluido y se hayan ido por caminos separados.

- **Establecer el Marco:** Por la misma razón, dirigir la conversación también significa decidir qué es lo correcto para discutir. Tú decides lo que es justo, lo que es aceptable y lo que se considera una conversación normal y apropiada. Cuanto más poder exudas en esta etapa, más personas te respetarán y querrán seguirte.

- **Hacer las Preguntas Correctas:** La forma en que haces las preguntas también juega un papel importante en la reafirmación del dominio. Cuando participes en una conversación, siempre haz muchas preguntas. En cualquier dinámica de conversación, la persona que pregunta suele dominar la conversación y la persona que responde es el subordinado.

- **No Tener Miedo a Las Correcciones de Otros:** Cuando corriges a alguien, estás haciendo que tu poder se mueva. En esencia, estás afirmando tu derecho a dictar las reglas del juego. Cuantas más correcciones ofrezcas, más alta será tu posición de autoridad a los ojos de ellos. Sólo los subordinados evitan corregir a los demás o temen que se les vea como si estuvieran en contra de la autoridad.

También es una demostración de tu intelecto superior, que es clave en cualquier dinámica de citas. La forma en que ofreces una corrección también puede hacer la diferencia. Por ejemplo, si lo haces de una manera que avergüence a la otra persona, puede que te vean como una autoridad pero perderán el respeto por ti. Por otro lado, si lo ofreces con sinceridad y con el sentimiento de que realmente quieres ayudar, te ganarás el respeto que quieres.

Contradicciones: Las mismas reglas se aplican cuando contradices a otra persona. Cuando vas a decir algo que es exactamente lo contrario de lo que la otra persona cree, estás tirando tu guante de dominio. Es un movimiento extremadamente poderoso que si no se hace correctamente podría romper toda la relación.

Aunque que esto puede ser aceptable en algunos ambientes, aquellos que tienen un alto nivel de inteligencia emocional social entienden lo riesgoso que es este movimiento. En cambio, pueden reconocer el punto de vista de la otra persona y luego redirigir la conversación sutilmente trayendo la respuesta correcta sin señalar su error. Esto le permite a la otra persona guardar las apariencias y obtener mucho más honor y respeto que hacer una contradicción directa.

- **La Conclusión:** Al final de la conversación un líder hará un rápido resumen de lo que se ha discutido. Si tú no eres el líder pero estás tratando de reafirmar tu dominio, este sería el momento perfecto para dar un paso adelante y ofrecerte como voluntario para este papel. La gente comenzará a verte como alguien que puede dar un paso adelante y ser un buen líder.

Asertividad: Es importante que hables de forma asertiva. Esto significa que no querrás renunciar o renunciar a tu derecho a la palabra, sino que debes asegurarte de que todos no sólo te escuchen, sino que también lo entiendan. Hay varios pasos para aceptar este rol.

- **Asegúrate de que Todos Entiendan:** Como líder, tu responsabilidad no es sólo difundir información, sino asegurarte de que todos tus subordinados tengan claro qué es lo que se espera. Puedes verificar esto haciendo preguntas como: "¿Estamos claros?" "¿Entienden?" o "¿Lo entendieron?" En algunas situaciones, podrías pedirles que repitan tus instrucciones para que sepas que ellos captan tus expectativas por completo.

- **Siempre Espera una Respuesta:** En algunas situaciones, las personas se negarán a responder a una pregunta o preocupación que hayas planteado. Pueden cambiar de tema o pueden fingir que ni siquiera escucharon la pregunta. En algunos casos, incluso pueden descartarla por no ser importante para la conversación. Nunca aceptes esto. Si encuentras a alguien que se muestre reacio o se niegue a responder a tu pregunta, repite la pregunta con un tono más fuerte que le haga saber que esperas una respuesta o vuelve a llevar la conversación al punto de partida. De cualquier manera, nunca aceptes una falta de respuesta a una pregunta directa.

- **Repite Cuando Sea Necesario:** si estás hablando en un grupo que a veces puede ser muy ruidoso, la tentación es levantar la voz para asegurarte de que te escuchen. Aunque esto puede funcionar, corres el riesgo de ser visto como demasiado agresivo en lugar de firme. Sin embargo, si simplemente haces una pausa cuando el nivel de ruido es demasiado alto y luego repites tu mensaje cuando el nivel de ruido vuelve a bajar, ganarás más respeto.

También puedes recordarles tu posición de autoridad oficial y hacerles saber que no hay otra fuente para obtener la información que deseas compartir con ellos. Asegúrate de que tienes un tono firme y que la inflexión refleja el tipo de posición que afirmas tener.

- **Evita Ser Verbalmente Agresivo:** La agresión verbal ocurre desenfrenadamente por todo el frente político y de negocios. Sin embargo, esto no significa que tú tengas que tomar ese camino. Hay una diferencia entre reafirmar tu dominio y el uso de la agresión verbal. Una persona que es verbalmente agresiva hablará sobre las personas y a veces les robará literalmente su derecho a hablar. Interrumpirá a las personas o las obligará a estar a la defensiva en sus comentarios. Estas son tácticas fuertes donde estás literalmente maltratando a la otra persona y forzándola a la sumisión. Aunque esto te ayudará a ser visto como una autoridad, estás inculcando miedo e intimidación para obtener lo que quieres, a menudo incluso avergonzándolos para que acepten tu posición.

Si eres atacado de esta manera, no entres en el modo defensivo. En vez de eso, lanza tu propio contraataque replanteando el tema en cuestión o refutando sus declaraciones con tu propia evidencia. En cuanto te pongas a la defensiva, les cederás automáticamente tu poder. En vez de eso, detén su ataque al principio de la conversación. Iguala su propia maldad rechazando con igual agresión o negando cualquier acusación que puedan haber hecho.

Lanza tu propio contraataque, señalando su hipocresía o cualquier error en su argumento. Recuerde, el poder que ganan de este encuentro es tan fuerte como sus acusaciones en tu contra. Tu objetivo no es defender tu argumento sino robarles su poder. No adoptes una posición sobre ninguna posición que sea difícil de defender o demostrar. Trabaja en mostrar un lado que tu oponente no quiere ver y oblígalo a volver a decir la verdad lo antes posible.

Aprende a ser influyente

Ganar un debate acalorado como ese te dará muchos puntos que tendrás que trabajar aún más duro para conseguir.

- **Ignorar a las personas:** Ignorando a las personas muestras mucho dominio. Esta es una habilidad importante que es de alta calidad y que puede resultar muy valiosa. Puedes demostrar tu dominio ignorando los errores de las personas o cuando hacen algo que no apruebas. En lugar de señalar descaradamente sus errores, ignorarlos es una forma silenciosa de mostrar desaprobación.

- **Decir mucho con pocas palabras:** Las personas más poderosas del mundo no siempre están llenas de mucha retórica. No les importa que la gente los note, así que no les preocupa el escrutinio social. Cuando hablan, suelen expresarse lentamente y no dudan en hacer una pausa para dejar que el silencio los haga comprender su punto de vista.

Cuando le respondes a otra persona, la regla general es esperar dos segundos antes de hablar. No tengas miedo del silencio, éste añade presión a la otra persona y ésta se ve obligada a llenar el vacío.

- **Usa Palabras de Poder:** Debes hacer buen uso de las palabras de poder en tu discurso.

    o **Escucha**
    o **No lo entiendo**
    o **Puedes repetir eso**
    o **Sí, es correcto**
    o **No. No está bien en absoluto**
    o **¡Está mal!**
    o **Estás equivocado**
    o **¿Y estás de acuerdo con eso?**

Aprende a ser influyente

- **Antes de que continuemos, necesito que respondas mi pregunta.**
- **No quiero hablar sobre eso ahora.**
- **Dime algo más interesante.**
- **¡Tranquilo! ¡Silencio!**
- **Los números hablan por sí solos.**

Ya sea que hables con una sola persona o en una multitud, la reafirmación del dominio se trata de proyectar la actitud correcta. Es una línea muy tenue que existe entre ser agresivo y ser firme, pero si puedes dominar estos elementos al reafirmar tu dominio, no sólo tendrás mucha gente siguiéndote, sino que también te habrás ganado su respeto.

Comportamiento Dominante para Mostrar Quién Manda

Mostrar dominio a través del comportamiento puede ser muy similar a usar el lenguaje corporal. De hecho, algunos de los métodos aquí utilizados se superponen a los de la forma en que te presentas físicamente. Pasa algún tiempo observando a las personas que tienen poder y comenzarás a ver cómo es realmente el dominio social.

Toma la Delantera: Claramente, tomar la delantera en cualquier situación puede ayudarte a reafirmar tu dominio social. Analiza la impresión que dejas en los demás cuando estás:

- Caminando. Si vas con un grupo, notarás que las personas más sumisas comenzarán a buscar a alguien que tome el liderazgo. Como líder, no esperas, sólo empiezas a caminar. Inténtalo y ve cuántas personas comenzarán a seguirte.

Si eres nuevo en un grupo, no te adelantes. Espera y ve si ya tienen un líder establecido y si nadie da un paso adelante, entonces puedes reafirmar tu posición.

- Busca maneras de proteger a los que están a su alrededor. Este es un clásico papel dominante que emana poder y merece respeto. Proteger y cuidar a los demás podría ser un simple gesto como ofrecer una mano a alguien cuando está tratando de levantarse de su asiento para defender su decisión sobre un proyecto de negocios. Esta estrategia no tiene ningún inconveniente. Un líder fuerte que ejerce el cuidado de los que están a su cargo es una forma saludable de iniciar cualquier tipo de relación.

- Espera que las personas te sigan. Si las personas no están seguras de que eres el líder, les será difícil seguirte, pero hay unos simples gestos pueden ayudarlos. Por ejemplo, estrechar la mano de alguien y colocar la otro sobre su espalda ayuda a dirigirlos para que se muevan en la dirección que quieres que vayan.

- Conviértete en un buen guía: Toma la iniciativa e invita a otros a que se unan a ti cuando sea posible. No sólo es una manera poderosa de reafirmar el dominio, sino que la gente te verá automáticamente como un líder.

Aprende a ser influyente

- Toma la delantera en las cosas pequeñas. Si todo el grupo se sienta, no te sientes por lo menos diez segundos antes de acompañarlos. Si te invitan a entrar, demora la entrada. Puede decirles que se tomen un segundo para disfrutar de la vista o para contestar una llamada telefónica. Si estás en una posición que te dicta que debes seguir, hazlo de manera indiferente y evita hacer cualquier contacto visual con ellos.

- Asigna tareas: Siempre que sea posible, asigna tareas a otros. Delegar es un signo de autoridad. Notarás que algunas personas asignan tareas, aunque no tengan ninguna autoridad formal. Si te asignan una tarea, cuestiona el comando. Esto hará que la persona que lo asignó tenga que defender su posición. Cuanto más desafíes a los que tienen autoridad, más poder tendrás para ti. Sin embargo, habrá ocasiones en las que alguien tenga la autoridad para darte una tarea. Si este es el caso, acepta la asignación con gracia, pero continúa desafiando las tareas dadas por aquellos que no están en una posición de autoridad para hacerlo.

Ejercer Presión Social: Crear tensión dentro de un ambiente social presiona a otros a que cumplan. A veces se puede crear tensión incluso sin una razón para ello, sólo para reafirmar tu dominio. Usa la intimidación con un lenguaje corporal frontal completo o tonos fuertes y agresivos en tu voz para lograr que los individuos menos importantes se acobarden y se sometan.

Usar Menos Palabras: Hablar demasiado puede ser una señal de que estás nervioso o que tienes falta de confianza. En lugar de expresar cada pensamiento en tu mente, deja que tus expresiones faciales y tu lenguaje corporal se comuniquen por ti.

Aprende a ser influyente

Tocar: También puedes mostrar dominio a través del tacto. De hecho, sólo el acto de tocar puede ponerte en una posición más dominante. Los estudios han demostrado a menudo que aquellos que tocan a otros son automáticamente vistos como más dominantes. Sin embargo, existe el tipo correcto de caricias y el tipo incorrecto.

- **El Tacto Parental:** Los tactos parentales no necesariamente significan que son exclusivos de los padres con sus hijos. Un jefe puede usar un tacto parental y automáticamente empujar sus cargos a un papel más sumiso.
    o Darles una palmada en la cabeza
    o Pellizcando su mejilla
    o Tocando su rostro

Todos estos tactos indican quién es el padre y quién es el hijo. También indican que están listos para cuidar de su sujeto y que están listos para estar a cargo.

Sigue el Patrón: Hay un patrón distinto de eventos que puede llevarte de ser el sumiso hasta el rol más dominante en cualquier tipo de relación. Puedes comenzar en el peldaño más bajo de la escalera, y luego pasar a la afirmación, que gradualmente te llevará a un papel dominante. El papel más efectivo que puedes tomar es seguir el curso natural de estos patrones. Los mejores para tomar un papel firme son aquellos que son muy buenos manejando a los agresivos.

Aprende a ser influyente

Parte de ese viaje, sin embargo, es aprender cuándo mostrar agresión, castigar o intimidar. Las personas que recurren a estos hábitos oscuros cuando no son necesarios suelen ganarse el título de líder, pero no el respeto que se les debe. Pero hay un lugar para ellos en una serie de interacciones. Estas son algunas pautas que tienes que seguir.

- Bofetadas: No tiene que ser un tipo de bofetada dura que deje las mejillas de la víctima ardiendo. De hecho, una bofetada ligera pero amenazante puede ser incluso más intimidante que la fuerza bruta directa.
- Confiscar bienes: Quitar o tomar la propiedad de otra persona es una forma muy intimidante de reafirmar el dominio. En esencia, les estás diciendo que no sólo su propiedad te pertenece a ti, sino que ellos también lo hacen. Para combatir este enfoque, puedes rehusarte a dejar que te quiten tu propiedad o puedes tomar la de ellos poniéndolos a ambos en igualdad de condiciones.
- Territorial: Todos se sienten territoriales por algo, pero la gente sumisa no defiende lo que sabe que es suyo. Para reafirmar tu dominio, defenderás la propiedad que es tuya con un fuerte sentido de confianza.

Llamar la Atención: Ejercer un sentido de confianza tranquilo siempre llama la atención. No hay necesidad de ser llamativo o atrevido para que la gente te siga. Si bien es cierto que puedes tomar esa ruta, el simple hecho de seguir el curso natural de la naturaleza hará que la gente vaya hacia ti con facilidad. Considera la posibilidad de ser útil a los que te rodean. Al ofrecerte a solucionar problemas, atender necesidades y proteger a los que quieres que te sigan, te convertirás en un líder natural sin demasiado esfuerzo.

Aprende a ser influyente

Reafirmar tu dominio puede no ser fácil al principio, especialmente si estás acostumbrado a estar en una posición más sumisa. Pero, si continúas practicando estas técnicas sencillas, te sorprenderá lo rápido que puedes ascender en tu rol de convertirte en un maestro de la manipulación.

Conclusión

Convertirse en un maestro de la manipulación no es tan difícil como parece. Requiere práctica y compromiso y no lo dominarás de la noche a la mañana. Nada que hagas bien en la vida es fácil, pero si te aferras a ello hasta el final, obtendrás resultados positivos inevitablemente.

Sin duda, has escuchado muchas cosas sobre la manipulación. Es malvada, peligrosa y degradante, pero hay buenas y malas maneras de mirarlo. Vivimos en un mundo de manipuladores sin importar dónde se mire. La realidad dicta que si no estás manipulando entonces hay una muy buena posibilidad de que estés siendo manipulado, así que vas a estar en un lado de la moneda estés de acuerdo con ello o no.

La pregunta que realmente deberías hacerte es qué tipo de manipulador vas a ser. Los padres manipulan a sus hijos mientras los moldean para que se conviertan en adultos maduros. Los maestros manipulan a sus estudiantes para prepararlos para el futuro, y los empleadores manipulan sus cargos para aumentar la productividad. Todos nosotros hemos sido manipulados de una manera u otra y todos hemos usado nuestra magia con otros. Si tu brújula moral es provocada por este pensamiento, entonces date cuenta de que es una cuestión de elección.

Convertirse en un maestro de la manipulación implica entender cómo trabajan en conjunto nuestros pensamientos y emociones. A medida que tu inteligencia emocional crezca, también lo hará el entendimiento en estas áreas. Hemos discutido como construir nuestra inteligencia emocional y aprender cómo usarla para identificar nuestras propias emociones y las de otros. Esto puede convertirse en una herramienta poderosa en nuestro armamento. Cada maestro de la manipulación necesita una buena inteligencia emocional. Sin ella, siempre lucharemos para que la gente nos reconozca y nos dé lo que queremos.

También aprendiste a elegir tu objetivo y las cualidades que atraen a la gente hacia ti. No todo el mundo es un objetivo principal para la manipulación y algunos pueden ser mucho más difíciles de convencer que otros. Especialmente al principio, quieres usar los ganchos enumerados en el capítulo tres para elegir a los que serán más fáciles de convencer. A medida que vayas adquiriendo más experiencia, podrás probar tus habilidades en aquellos objetivos más difíciles y desafiantes.

En el capítulo cuatro hablamos mucho sobre el lenguaje corporal. Aprender a leer señales sutiles puede decir mucho sobre una persona y lo que está pensando. Desarrollar esta habilidad casi puede darte el poder de leer la mente. Aprender sobre las micro expresiones y la forma en que la gente camina te dirá mucho sobre lo que puedes esperar y lo que puedes pedir a todos a tu alrededor.

Luego aprendimos a usar varias herramientas de manipulación para ayudarte a conseguir lo que quieres. Empezamos simplemente con algunas tácticas básicas que todas las personas usan y que pueden ser fácilmente reconocidas. Aplicar las Seis Leyes de Persuasión puede ser muy efectivo si estás bien informado sobre lo que realmente son. La manipulación es un juego psicológico y es clave saber dónde posicionarse para reafirmar el dominio sobre los demás. Estas herramientas son la forma de participar en este juego.

Así que, ya sea que estés buscando manipular secretamente a tu jefe para que haga lo que tú quieres o estés tratando de seducir a alguien para tener una relación, las reglas del juego son las mismas, sólo que estás usando diferentes herramientas para lograr tus metas. El éxito sólo puede venir de reafirmar tu dominio y mantener el rumbo.

Aprende a ser influyente

A lo largo de las páginas de este libro, has aprendido mucho sobre la manipulación. Sin duda, tendrás que leer algunas secciones varias veces para tener una idea completa de ellas. Pero a medida que lo hagas, asegúrate de ponerlas en práctica lo antes posible. Esto te ayudará a progresar más rápidamente. Habrá momentos en los que fracasarás miserablemente en tus intentos de persuadir a otros para que hagan lo que quieres, pero no te desanimes; eso es sólo parte del proceso. Si persistes, es cuestión de tiempo antes de que puedas decir honestamente que eres verdaderamente un maestro de la manipulación.

Descubre lo mejor de ti con afirmaciones positivas diarias

Potencia tu autoestima, ama tu vida y haz de cada día especial con afirmaciones diarias motivacionales y reconfortantes

Tabla De Contenido

INTRODUCCIÓN 173

CAPÍTULO UNO AFIRMACIONES POSITIVAS DIARIAS PARA COMENZAR EL DÍA 175

CAPÍTULO DOS AFIRMACIONES POSITIVAS PARA EL AMOR 186

CAPÍTULO TRES AFIRMACIONES POSITIVAS PARA LA SALUD 196

CAPÍTULO CUATRO AFIRMACIONES POSITIVAS PARA LAS FINANZAS 205

CAPÍTULO CINCO AFIRMACIONES POSITIVAS PARA LOS NEGOCIOS 213

CAPITULO SEIS AFIRMACIONES POSITIVAS PARA TENER CONFIANZA 223

CAPÍTULO SIETE AFIRMACIONES POSITIVAS PARA LA PAZ MENTAL 232

CAPÍTULO OCHO AFIRMACIONES POSITIVAS PARA LA ESPIRITUALIDAD 241

CAPÍTULO NUEVE AFIRMACIONES POSITIVAS PARA PROFESIONALES 251

CAPÍTULO DIEZ AFIRMACIONES POSITIVAS PARA LA CREATIVIDAD 263

CAPÍTULO ONCE AFIRMACIONES POSITIVAS PARA MUJERES 271

CAPÍTULO DOCE AFIRMACIONES POSITIVAS PARA HOMBRES 281

CAPÍTULO TRECE AFIRMACIONES POSITIVAS PARA ADOLESCENTES 291

CAPÍTULO CATORCE AFIRMACIONES POSITIVAS PARA EL EMBARAZO 300

CAPÍTULO QUINCE AFIRMACIONES POSITIVAS PARA MOMENTOS DIFÍCILES 311

CAPÍTULO DIECISÉIS AFIRMACIONES POSITIVAS PARA PERDER PESO 320

CAPÍTULO DIECISIETE AFIRMACIONES POSITIVAS PARA MANIFESTAR DESEOS 331

CAPÍTULO DIECIOCHO AFIRMACIONES POSITIVAS PARA REFLEXIONAR 340

CAPÍTULO DIECINUEVE AFIRMACIONES POSITIVAS PARA CUMPLEAÑOS 349

CAPÍTULO VEINTE AFIRMACIONES POSITIVAS PARA VIAJEROS 358

CAPÍTULO VEINTIUNO AFIRMACIONES POSITIVAS SOBRE LAS EMOCIONES 364

INTRODUCCIÓN

Hay un dicho general en la vida; eres lo que comes. Si la vida me ha enseñado algo, es el humilde conocimiento de que somos una suma total de nuestras experiencias y nuestras experiencias están determinadas por las palabras que decimos. Para muchas será difícil aceptar esta simple verdad y esto es porque la mayoría de las personas caen dentro de dos espectros; aquellos que se han resignado a las determinaciones del destino y aquellos que luchan diariamente por controlar su destino.

El primer grupo de personas creen que el Universo es totalmente responsable por cualquier cosa por la que pasamos en la vida y si cuestionas su lógica, tienen esta creencia de que el Universo es un ser de poder y fortaleza con poca o ninguna preocupación por la humanidad. Este ser solo hace lo que lo complace a él o a ella y actúa impulsivamente para satisfacer su capricho. Es por esta razón que una persona que nace en una vida de sufrimiento, se esforzará para llegar a la cima y justo en el momento en el que esté a punto de cosechar las recompensas de su trabajo, su vida se ve interrumpida por un hecho fortuito como una roca cayendo del cielo o una enfermedad inesperada. Del mismo modo, tienes una persona que ha nacido con un estilo de vida completamente lujoso y no tiene que esforzarse ni un solo día por el resto de su vida. Los contrastes entre estas dos personalidades y la injusticia de todo esto es lo que el primer grupo de personas utiliza para referirse a un ser sobrenatural que a veces es llamado Universo.

El segundo grupo de personas tiene un control firme de su destino y se niegan a ceder el control a cualquier persona o cosa… humana o sobrenatural. Sus vidas son un orden consecutivo de eventos manejados hasta el punto de obsesionarse con el tiempo. La vida pasa para ellos, pero van a hacer todo lo que esté en su poder para asegurar que la vida suceda de la manera en que ellos quieren. A veces las cosas no salen exactamente de acuerdo a su plan. Esto puede ser extremadamente frustrante para ellos y, si no se toman las precauciones necesarias, puede causar un profundo colapso psicológico. Cuando eso no sucede, se encierran y atacan la vida con el mismo vigor tenaz que caracteriza todo lo que hacen. El problema con ellos es que todo lo que no encaja en su plan es desechado rápidamente o puesto a un lado. Sus experiencias se limitan a sus planes.

Se supone que la vida es para vivirla con posibilidades ilimitadas. No puedes controlar lo que te sucede, pero sí puedes controlar cómo percibes las experiencias que has tenido. De hecho, puedes ir un poco más allá para redefinir cómo marcarán tu vida esas experiencias. La mejor parte de esto es que no tienes que apelar a ningún ser supremo ni pedirle permiso a nadie para vivir tu vida al máximo. Al pronunciar palabras positivas, atraes experiencias positivas a tu vida e incluso cuando ocurre una tragedia (porque así es la vida) tus palabras pueden moldear exactamente la forma en que esa tragedia te afectará. Puede moldearte o romperte. Esta es una elección subconsciente que debes hacer todos los días y sin darnos cuenta, tomamos esta decisión con las palabras que decimos. En este libro encontrarás palabras positivas de afirmaciones que pueden ser adaptadas para cada situación.

En cada momento de tu vida, en cada estación del año, llena tu boca con palabras que te eleven y te entreguen experiencias que hacen que valga la pena vivir la vida.

¡Inspírate para vivir mejor cada día!

CAPÍTULO UNO

AFIRMACIONES POSITIVAS DIARIAS PARA COMENZAR EL DÍA

1. Hoy va a ser un día maravilloso.
2. Abro mi corazón, mi mente y mi cuerpo a experiencias increíbles.
3. El día de hoy es mejor que ayer.
4. Estoy mejorando cada día y en todos los sentidos.
5. Hoy estoy abundantemente alegre y feliz.
6. Estoy lleno de gratitud por mi vida esta mañana.
7. Encuentro belleza y alegría en todas las cosas que hago hoy.
8. Estoy despejado, intacto e ileso por todas las experiencias negativas de ayer.
9. Mi vida es una alegría hoy. Me relajo fácilmente y me abro a sorpresas encantadoras.
10. Me permito vivir una vida alegre y llena de amor, diversión y amistad.
11. Ahora mismo elijo el amor, la alegría y la libertad.
12. Abro mi corazón y permito que los regalos maravillosos de la vida fluyan en mí.
13. Todo en mi vida es exactamente como debería ser.
14. Como la gloria florece en la mañana, mi vida está floreciendo a la perfección.
15. Hoy irradio bondad amorosa y la vida me lo devuelve.
16. Como el sol de la mañana, estoy lleno de energía vital positiva.
17. Experimento una libertad plena de las cargas de mi pasado.

Afirmaciones positivas diarias

18. Me niego a vivir este hermoso día como una víctima.
19. Las experiencias de ayer han perdido su control sobre mí.
20. Hoy vivo en la consciencia de quién soy en este momento.
21. Me perdono por los errores de ayer y me libero de la culpa.
22. Estoy abundantemente bendecido con tesoros y regalos que reconfortan mi corazón.
23. Uso mis dones y bendiciones con amor cuando tengo influencia sobre otros.
24. Lleno mi corazón de pensamientos positivos que amplifican mi entusiasmo por la vida.
25. Hoy abrazo la sabiduría, el conocimiento y la comprensión.
26. Soy un ser poderoso y disfruto saber quien soy.
27. Resisto y excluyo cualquier fuerza negativa que busque disminuir mi luz.
28. Así como el mundo despierta con el brillo del sol, acuden las personas a mi ascenso.
29. Las relaciones que necesito para prosperar me van a encontrar hoy.
30. Acepto el amor y el romance en mi vida.
31. Siento mi centro con luz y amor.
32. Mi vida está abierta a personas que reflejen el mismo grado de luz y amor.
33. Estoy rodeado de relaciones amorosas y de apoyo.
34. Merezco amor y lo recibo en abundancia.
35. Soy amado, cariñoso y amable.
36. Estoy construyendo y nutriendo relaciones saludables con mi familia y amigos.
37. Estoy bendecido con una familia increíble y amigos maravillosos.
38. Doy amor y regresa a mí multiplicado.
39. Hoy van a suceder cosas buenas.
40. No importa lo que pase hoy, el resultado final será la alegría.
41. Estoy lleno de amor, esperanza y confianza sobre mi futuro.

Afirmaciones positivas diarias

42. Saludo cada segundo del día de hoy con entusiasmo y esperanza.
43. Estoy atento a las oportunidades que se presenten en este día.
44. Si desfallezco, tengo recordatorios positivos de que mi vida está llena de alegría y amor.
45. No vivo con el miedo de cometer errores.
46. Hay un elemento mágico para mí y mi vida está llena de hallazgos fortuitos.
47. Mis pensamientos y sentimientos son nutritivos positivamente.
48. Estoy presente y consciente de cada momento hermoso.
49. Veo belleza en cada persona que conozco.
50. Las personas me tratan con amabilidad y respeto, y yo los trato de la misma manera.
51. Estoy rodeado de personas pacíficas.
52. Les daré paz a las personas que se encuentren conmigo hoy.
53. Mi ambiente es tranquilo y reconfortante.
54. Soy el arquitecto de mi vida. Soy el creador de mi realidad.
55. Hoy me envuelvo en la autoaceptación.
56. Escojo creer que soy apoyado y amado por el Universo.
57. Estoy rodeado de abundancia.
58. Estoy sano, enérgico y optimista.
59. Estoy rebosante de felicidad, alegría y satisfacción.
60. Trasciendo toda forma de negatividad.
61. Proclamo que puedo y que alcanzaré la grandeza el día de hoy.
62. Sé que todo sucede por una razón; todo conduce a algo positivo.
63. Dejo ir cualquier rencor que guardo contra mí mismo u otra persona.
64. Estoy perdonando. Mi compasión reemplaza la ira con amor.
65. Estoy en paz con mi pasado.
66. Tomo la decisión de reflejar amor, felicidad, gracia y positividad.

Afirmaciones positivas diarias

67. Soy paciente, diplomático y tolerante.
68. Estoy agradecido por los milagros en mi vida.
69. Sin emportar lo que pase, el universo me apoya de todas las maneras posibles.
70. Las experiencias de mi vida hoy me ayudan a crecer.
71. Hoy siento las bases para un futuro maravilloso.
72. Estoy sembrando semillas con dividendos fructíferos.
73. Estoy a salvo y protegido por la divinidad en todos mis imprevistos.
74. El peligro y el daño no aparecen en mi día.
75. Todos los recursos que necesito para prosperar están a mi disposición.
76. Todo lo que busco se puede ecnontrar en mi interior.
77. Me libero de la ansiedad y los miedos del futuro.
78. Soy importante. Contribuyo al avance de la humanidad.
79. Mis huellas en las arenas del tiempo están más profundas el día de hoy.
80. Este día no me traerá más que alegría, realización y felicidad absolutas.
81. Tengo todo lo que hace falta para que este día sea relevante y memorable.
82. Enfrento cualquier dificultad en este día con coraje y resistencia.
83. Estoy emocionado por ser testigo de los mejores años de mi vida.
84. Estoy entusiasmado por los viajes increíbles que voy a hacer hoy.
85. Estoy preparado mental y emocionalmente para los desafíos del día.
86. Hoy me lleno de energía positiva.
87. Estoy tranquilo y paciente frente a cualquier crisis de hoy.
88. Estoy lleno de confianza y positividad ante la idea de afrontar el día de hoy.
89. Las bendiciones de este nuevo día me dan energía.

Afirmaciones positivas diarias

90. La mañana de hoy tomo la decisión consciente de ser feliz.
91. El potencial en mi día no está perdido para mí.
92. Hoy es una bendición y un regalo que no desperdiciaré.
93. Confío en mi sabiduría interior para que me guíe a lo largo del día.
94. Hoy evito la inseguridad en mí al no compararme con los demás.
95. Estoy lleno de potencial y hoy lo reconozco.
96. Recibo a las personas que conozca hoy con un corazón abierto y una mente abierta.
97. No me compararé con los demás.
98. Hoy me siento saludable y fuerte, física, emocional y mentalmente.
99. Hoy lograré cosas más grandes que ayer.
100. Hoy triunfo en mis negocios.

AFIRMACIONES FACTIBLES PARA TU DÍA

1. La felicidad es mi derecho de nacimiento. Esta mañana estoy usando la felicidad como mi ajuste predeterminado.
2. Me libero de la avaricia y elijo sentir alegría y satisfacción en este preciso momento.
3. No estoy triste ni deprimido, sino que me siento feliz y entusiasmado con la vida.
4. Hoy puedo aprovechar una fuente de felicidad interna y seré optimista.
5. Inspiro a otros a ser felices también permitiéndome ser feliz.
6. Me divierto con todos mis esfuerzos, incluso la actividad más mundana me trae alegría.
7. Miro al mundo a mi alrededor y no puedo evitar sonreír y sentir alegría.
8. Encuentro alegría y placer en las cosas más simples de la vida.

Afirmaciones positivas diarias

9. Mi sentido del humor es active y me encanta compartirlo para hacer reír a los demás.
10. Mi corazón está rebosante de alegría, nada amenaza mi alegría hoy.
11. La vida está sucediendo en este momento y elijo vivir en la consciencia de esto.
12. Hoy no desfalleceré porque confío en mí mismo y sé que mi sabiduría interior es mi mejor guía.
13. Mi nombre tiene valor porque tengo integridad. Soy totalmente confiable. Hago lo que digo.
14. Hoy dejo a un lado todos los pensamientos irracionales. Actúo desde la seguridad personal.
15. Hoy no me conformaré con menos porque me acepto plenamente y sé que soy digno de grandes cosas en la vida.
16. No me sumiré en una mala opinión de mí mismo. Audazmente elijo estar orgulloso de mí mismo.
17. No tengo miedo de lo que trae el día de hoy porque estoy dispuesto a aceptar y a abrazar todas las experiencias, incluso las desagradables.
18. Elimino cualquier nube oscura que cuelgue sobre mí y lleno mi mente con pensamientos positivos y nutritivos.
19. Al final de día de hoy descansaré feliz cuando me vaya a dormir, sabiendo con todo mi ser que todo está bien en mi mundo.
20. Elijo utilizar mejor mi tiempo evaluándome a mí mismo y mis acciones en lugar de juzgar los hechos o fechorías u otras personas en mi vida.
21. Hoy voy a tomar decisiones valientes sin sentir miedo. Decisiones que reflejan la belleza y la luz que reside dentro de mí.
22. Esta mañana aprovecho la oportunidad de ser mejor de lo que fui ayer. Hoy estoy tomando sólo las mejores decisiones para mi vida.

Afirmaciones positivas diarias

23. Escojo mantener una actitud positiva hoy a pesar de cualquier obstáculo que se me presente en el camino porque sé que tengo lo necesario para tener éxito.
24. En este momento estoy exactamente donde necesito estar en la vida. Le doy la bienvenida a los desafíos y las oportunidades a los que me enfrento hoy, y elijo aprender y crecer.
25. Para cosechar un mejor mañana, hoy sólo siembro semillas positivas en el mundo. No pierdo ni un momento precioso en ira, odio o envidia.
26. No estoy viviendo mi vida pasivamente sin ningún propósito. Estoy en la tierra por una razón, y estoy comprometido a vivir una vida positiva y ser una influencia positiva para los demás.
27. Hoy elijo tomar la responsabilidad de mi propia felicidad. No permito que nadie más tenga el poder sobre cómo me siento porque yo tengo el control.
28. Veo mi verdadera naturaleza. Soy hermoso y me veo y me siento radiante por dentro y por fuera.
29. Reconozco el talento que tengo y, sabiendo que tengo tanto que ofrecer al mundo, me niego a ser mediocre.
30. Hoy me niego a desperdiciar mi talento. Soy una persona de excelencia, por lo tanto, doy mi 100% en todo lo que hago.
31. Mantengo la energía revitalizante hoy en día, por lo tanto, no me involucraré en actividades que me agoten emocionalmente como los chismes, el acoso, etcétera.
32. Tengo una mentalidad ganadora, así que aunque falle en algo hoy, elijo no ser definido por ello.
33. Mi camino a la vida que deseo es manifestado y no tengo que herir o dañar a nadie para llegar a mi destino.
34. Mi visión para mi vida hoy es tan clara como el sol, hoy no voy a tropezar en la oscuridad para lograr mis metas.
35. Confío en las disposiciones disponibles del universo, por lo tanto, no vivo con miedo por la seguridad de mi vida, de mi familia y de mis propiedades.

Afirmaciones positivas diarias

36. Hoy tomo decisiones iluminadas sobre mi vida y ya no temo por las consecuencias de mis acciones porque estoy sembrando las semillas correctas.
37. Las palabras que digo hoy están llenas de gracia y son agradables de escuchar, de modo que incluso en la ira, mis palabras permanecen agradables y enriquecedoras.
38. Tan claros como las nubes en un día soleado, así son mis pensamientos. No estoy confundido ni tengo una doble opinión sobre las decisiones que tomo.
39. Esta luz encendida brillantemente en mi interior no será escondida para el mundo. Elijo brillar para que el mundo lo vea.
40. Me amo a mí mismo y me gusto a mí mismo. Elijo centrarme en mis cualidades positivas y en cómo puedo usarlas para mejorarme a mí mismo y al mundo.
41. Estoy viviendo mi propia versión de felicidad hoy. Mi alegría viene de dentro y no tiene nada que ver con nadie más. Me alegro por todos los que están contentos y otras personas están contentas por mí.
42. Acepto que no soy perfecto. Y si hago algo mal, regresaré y encontraré otro camino. Creare un nuevo curso de acción. No me detendré.
43. Hoy estoy listo para comprometerme con la vida con la que sueño, y el mundo trabaja conmigo para ayudarme a alcanzar mi visión.
44. Hoy doy el primero de muchos pasos hacia el logro de mis objetivos y el resto viene naturalmente.
45. Hoy elijo usar el tiempo que tengo de una manera que esté en línea con mis valores y metas en lugar de quejarme por no tener suficiente tiempo.
46. Me niego a estar inactivo en este maravilloso día. Estoy haciendo un esfuerzo para sacar lo major de cada momento que reciba el día de hoy.

47. Confío en mi propia sabiduría e intuición para que me guíe en mis esfuerzos productivos. Sé lo que es mejor para mí y me rodeo de personas que quieren lo mejor para mí.
48. En este día de bendiciones y abundancia, me niego a creer que mis opciones son limitadas. Las oportunidades que se me presentan son ilimitadas.
49. Hoy estoy listo para crear más éxito en mi vida y me niego a dar excusas que me retrasen. Soy productivo y estoy enfocado en lograr resultados.
50. Hoy estoy elevado a alturas mayores.

AFIRMACIONES PARA TENER ÉXITO EN EL DÍA

51. Hoy estoy preparando mi mente para la grandeza.
52. La luz del sol toca cada área de mi vida que ha estado experimentando oscuridad.
53. Siento el pulso del universo mientras me expongo al día de hoy.
54. Vibro con energía positiva para la grandeza.
55. Hoy no tengo una mentalidad de fracaso. Tengo bendiciones y lecciones.
56. Hoy los vientos y la atmósfera son favorables para mí.
57. Estoy vivo a la bondad de este día.
58. Me conecto con la fuente de felicidad para superar este día.
59. No me veré obstaculizado por los fracasos de los demás.
60. Doy la bienvenida a las bendiciones en lugares inesperados.
61. Estoy revitalizado desde adentro para el día siguiente.
62. Mi camino ha sido creado para mí, así que navego a través del día sin esfuerzo.
63. Soy ingenioso.
64. Soy determinado.
65. Lo estoy logrando sin ninguna restricción.
66. Estoy rompiendo techos de cristal sin miedo ni vacilación.

Afirmaciones positivas diarias

67. Hoy estoy logrando algo grande.
68. He consagrado esta mañana como el punto de nacimiento de mi gloria.
69. La vida es mucho más fácil para mí hoy.
70. Hoy me niego a ser invisible. Mis sentimientos y esfuerzos son reconocidos.
71. Hoy es el día en que seré celebrado por mis compañeros.
72. Hoy hay una restauración de relaciones rotas hoy.
73. Sé decir y hacer lo correcto en cualquier momento.
74. Hoy me entrego a una experiencia alegre que me eleva.
75. Las semillas que traen la permanencia de la felicidad en mi vida serán plantan hoy.
76. Así como la noche se transforma en día, yo me transformo radicalmente en grandeza.
77. Me niego a pensar en las cosas que me faltan o que no tengo.
78. Hoy mi alegría no tiene límites.
79. Mientras digo estas palabras de afirmación, siento la luz irradiando a través de todo mi ser.
80. Estoy realmente encantado con los cambios que se avecinan hoy.
81. Declaro orden y organización en este día.
82. No habrá caos en este día e incluso cuando el caos se presente, pondré orden en él.
83. Hoy voy a alcanzar grandes logros.
84. No tengo palabras para describir lo asombroso que el regalo de este día significa para mí.
85. El ambiente en el que vivo y conduzco todos mis asuntos es lo suficientemente propicio para que pueda prosperar.
86. Hoy me levanto de las cenizas del pasado.
87. Me hago cargo de mi día desde un lugar de bienestar y sabiduría.
88. Soy capaz de manejar todo lo que se me presente el día de hoy.
89. No vacilo bajo el peso de los acontecimientos del día de hoy.

Afirmaciones positivas diarias

90. Recuerdo la grandeza constantemente en diferentes puntos a lo largo del día de hoy.
91. Hoy experimento la libertad de crear mi realidad ideal para el futuro que deseo. Tengo una opción en cada situación que enfrento. No hay nada que pueda interponerse entre la major version de mí y yo.

CAPÍTULO DOS

AFIRMACIONES POSITIVAS PARA EL AMOR

1. Siento amor puro dentro de mí – y alrededor de mí.
2. Abrazo las bendiciones de amor y romance en mi vida.
3. La relación en la que estoy es amorosa y de apoyo.
4. Estoy hecho de amor y lo obtengo en abundancia.
5. Soy verdaderamente amado, muy amoroso y 100% querible.
6. He sido bendecido con una increíble familia y maravillosos amigos.
7. Doy amor genuino y el universo me lo devuelve multiplicado en muchas formas.
8. Estoy irradiando amor constantemente y otra persona refleja ese amor hacia mí.
9. Me amo a mí mismo lo suficiente para reconocer amor sano cuando lo recibo.
10. Mi relación romántica es sana, duradera y llena de amor.
11. Mi pareja es amable, compasiva y comprensiva en nuestra relación.
12. Mi pareja está física, emocional y sexual y espiritualmente atraída hacia mí.
13. Estoy con mi pareja ideal y compartimos una vida llena de amor.
14. Mi vida está llena de amor y lo encuentro a donde sea que voy.

Afirmaciones positivas diarias

15. Mi relación tiene raíces de amor, y mi pareja y yo somos perfectamente afines.
16. Hay un profundo entendimiento entre mi pareja y yo.
17. El perdón y la compasión son la base de mi relación romántica.
18. Mis palabras hacia otros son siempre amables y amorosas, y a cambio, escucho amabilidad y amor de los demás.
19. Cada día de mi vida está lleno con amor genuino.
20. Todas las formas de comunicación entre mi pareja y yo son establecidas en amor.
21. Sé que soy increíble, y digno de amor verdadero.
22. Mi personalidad atrae a la persona indicada para mí.
23. Sé que enfrento cada día con el apoyo y amor de mi pareja y las personas que me aman.
24. Todas mis relaciones son nutritivas y saludables porque están basadas en amor y compasión.
25. Atraigo amor y luz a mi vida porque soy un modelo de amor y compasión.
26. Tengo una personalidad vibrante, y todos ven cuanta alegría y amor tengo por la vida.
27. Experimento positividad en todas mis relaciones, pues están llenas de amor y compasión.
28. Veo lo bueno en otras personas y reconozco sus esfuerzos para ser los mejores.
29. Siempre encuentro oportunidades para ser amable y atento en cada chance.
30. Estoy genuinamente enamorado de mí mismo y me siento genial conmigo.
31. Me acepto a mí mismo y el amor que tengo por mí es incondicional.
32. Mi corazón siempre está abierto a forjar nuevas relaciones. Soy amable con cada persona que conozco.
33. Me rodeo a mí mismo de amor, así que atraigo a personas amables.

Afirmaciones positivas diarias

34. Amo a las personas incondicionalmente y lo hago sin dudarlo.
35. Yo habito en el amor. Hago buenas acciones y mis esfuerzos son apreciados por los que me rodean.
36. El amor me acompaña a donde sea que voy.
37. El amor, el perdón y la comprensión son la verdadera base de mis relaciones.
38. Tengo la capacidad de dar y recibir amor por igual.
39. Acepto a mi pareja de manera íntegra e incondicionalmente.
40. Me atesoran por lo que realmente soy en mis relaciones.
41. Mi matrimonio/relación se hace más fuerte, más profunda y más amorosa cada día.
42. Mis amistades son significativas, de apoyo y gratificantes para mí y las personas implicadas.
43. Mis amigos me conocen y me aman por lo que soy.
44. Acepto a los demás y esto me ayuda a establecer amistades duraderas.
45. Atraigo a personas positivas con quienes forjo lazos de por vida rápidamente.
46. Me rodeo de amigos que se preocupan genuinamente por mi bienestar y me tratan bien.
47. Mi pareja y yo compartimos un amor profundo y poderoso el uno por el otro que nos mantiene conectados.
48. Confío, respeto y admiro completamente a mi pareja y veo lo mejor en él/ella.
49. Amo a mi pareja exactamente como es y disfruto sus cualidades únicas sin condiciones.
50. Mi pareja y yo compartimos intimidad emocional diariamente a través de actividades que ambos disfrutamos.
51. Tengo límites saludables con mi pareja, y estos son respetados.
52. Mi pareja y yo nos divertimos juntos y encontramos nuevas formas de disfrutar nuestro tiempo juntos.
53. Mi pareja y yo nos comunicamos abiertamente y resolvemos los conflictos en paz y respetuosamente.

Afirmaciones positivas diarias

54. Soy la versión más auténtica de mí mismo en mi relación amorosa.
55. Soy capaz comunicar mis deseos y necesidades claramente y compartirlas con mi pareja.
56. Quiero lo mejor para mi pareja y mis acciones reflejan mi deseo por mi pareja.
57. Fácilmente encuentro la forma de apoyar a mi pareja para que logre sus objetivos.
58. Estoy basado en amor y empatía.
59. Soy digno de amor y confianza en mis relaciones y amistades.
60. Nutro activamente relaciones saludables con las personas que amo.
61. Traigo alegría a quienes me rodean.
62. Estoy agradecido por todos los que me aman y les importo.
63. Mis amistades son importantes para mí.
64. Mi amor y mi lealtad no son cuestionados en ningún momento.
65. Sé lo importante que es simplemente escuchar a los demás.
66. Mis amigos me aman y respetan.
67. Mis relaciones me dan alegría.
68. Tengo una fuente de amor interior que uso continuamente.
69. Mi tanque de amor es constantemente recargado.
70. El amor no es un concepto extraño para mí.
71. He aprendido a hablar el lenguaje del amor de mi pareja fluidamente.
72. No estoy desconcertado por acciones o inacciones de otros en mi relación.
73. El amor que doy no depende de ninguna fuente externa.
74. Tengo la habilidad de reconocer el amor genuino.
75. No amo a las personas hasta el punto de obsesionarme.
76. Mi pareja no se siente enjaulada por el amor que le muestro.
77. El amor que doy es fuerte y saludable.
78. Soy capaz de amar a las personas más allá de sus defectos y sus errores.

Afirmaciones positivas diarias

79. Las experiencias amorosas negativas de mi pasado no definen mis relaciones presentes.
80. Mi corazón es lo suficientemente grande para abrazar a la gente de mi círculo y más allá.
81. Soy compasivo y generoso en la forma en que amo.
82. Reconozco el valor de las personas en mi amor.
83. Me abro a mí mismo para comunicarme eficazmente en mis relaciones.
84. No excluyo a mi pareja o a las personas a quienes genuinamente les importo.
85. Aprecio el amor que recibo, y muestro mi aprecio apropiadamente.
86. El amor que tengo no es una moneda de cambio en ninguna de mis relaciones.
87. Tengo una visión única de las necesidades de mi pareja.
88. No traiciono a mi pareja en ningún punto de nuestra relación.
89. No espero perfección por parte de mi pareja, pero la amo perfectamente.
90. El amor que doy tiene sus raíces en las cosas correctas.
91. Estoy seguro del amor de mi pareja y viceversa.
92. Me enamoro de mí mismo cada día que pasa.
93. Mi expresión de amor no está limitada por mis experiencias.
94. No tengo ninguna intención de validar el amor que siento con nadie más que conmigo.
95. Me amo lo suficiente como para dejar relaciones tóxicas.
96. Acepto las diferencias entre mi pareja y yo.
97. Mi amor por mi pareja es constantemente renovado en las relaciones de compromiso.
98. Estoy listo para poner a prueba lo que se necesita para mantener mis relaciones vivas.
99. No hablo palabras que destruyan a las personas.
100. Puedo nutrir y mi amor hace que la gente florezca.
101. Soy paciente, amable y comprensivo.

Afirmaciones positivas diarias

102. No hago afirmaciones de personas sin verificar la autenticidad de esa declaración.
103. Doy de mí mismo libremente sin condiciones ni expectativas.
104. Mi amor no depende de las circunstancias que me rodean.
105. Soy capaz de amar a las personas en mi vida en los buenos y malos momentos.
106. Mi relación se construye en principios compartidos que proveen una base sólida.
107. He compartido una profunda intimidad con mi pareja.
108. No guardo rencor ni cargo pecados pasados contra mi pareja.
109. Mi expectativa de amor se basa en principios tangibles.
110. Valoro la lealtad y por lo tanto, soy un amigo leal.
111. Tengo el valor de disculparme cuando he estado equivocado ante personas que me importan.
112. Perdono completamente a las personas que se han equivocado.
113. Soy discreto sobre los detalles personales que las personas me confían.
114. No traiciono la confianza de mi amigo, pareja o familia.
115. Cada día que pasa, se me presenta la oportunidad de crecer en mi relación.
116. El amor que comparto con mi pareja en el matrimonio es divino.
117. No soy solitario, tengo la habilidad de hacer buenos amigos.
118. Soy una persona apreciativa.
119. Hay suficiente espacio en mi corazón para el amor.
120. Soy desinteresado, pero eso no significa que me amo menos a mí mismo.
121. Me hago responsable a mí mismo de las relaciones que tengo.
122. En tiempos de desacuerdo, me comunico sin humillar.
123. Mi pareja y yo crecemos juntos. No nos separamos.

Afirmaciones positivas diarias

124. Hay espacio para crecimiento positivo en todas mis relaciones.
125. En mi matrimonio, mi pareja y yo aspiramos a cosas alcanzables.
126. Estoy muy contento en esta relación.
127. Mis relaciones se caracterizan por amor, felicidad y afecto genuino.
128. Me conmueve el dolor de mi pareja y trato activamente de detener el sufrimiento.
129. No soy vindicativo en ninguna de mis relaciones.
130. No hay secretos peligrosos entre mi pareja y yo.
131. El ambiente en mi matrimonio hace que sea fácil hablar sobre todo.
132. La felicidad de mi pareja es independiente de mí y viceversa.
133. Mi matrimonio está diseñado para el largo tiempo.
134. Mi relación es un paraíso para mí, y encuentro paz en ella.
135. Soy mental y emocionalmente fuerte para resistir las mareas y las estaciones de mi matrimonio.
136. Mi pareja es mental y emocionalmente fuerte para sobrellevar los tiempos y las estaciones de este matrimonio.
137. Me distancio de las personas tóxicas y de las relaciones tóxicas.
138. Soy confiable y progresivo en todas mis relaciones.
139. Mi amor no se limita a algunos sino que da la bienvenida a todos.
140. Mi pareja y yo envejecemos con gracia, pero nuestro amor se mantiene nuevo.
141. Mi matrimonio es todo lo que mi pareja y yo visualizábamos para nosotros mismos.
142. Soy elocuente sin ser hiriente en mi comunicación con mi pareja.
143. Mi pareja y yo estamos en la misma página emocional, financiera y espiritualmente.

Afirmaciones positivas diarias

144. Mi hogar es un refugio del mundo exterior lleno de paz, amor y armonía.
145. Estoy cómodo en mi relación.
146. Estoy profundamente conectado con mi pareja en las formas que importan.
147. El amor no es un concepto elusivo para mí.
148. Soy inquebrantable en la confianza que tengo sobre mi pareja.
149. Mi pareja no me da razones para cuestionar la confianza que tengo en ella.
150. Estoy completamente abierto a mi pareja. No escondo partes de mí mismo a ella.
151. Hay orden en mi relación.
152. El arrepentimiento es un concepto extraño en todas mis relaciones.
153. Trato con la pérdida de una manera saludable.
154. Si experimento una pérdida no me escondo del dolor, pero no me sobrepasa.
155. Esta unión es una unión exitosa y progresiva.
156. Me enamoro de mi pareja cada día.
157. Soy ferviente y coherente en mis afirmaciones de amor.
158. Nunca pierdo la oportunidad de decirle a mi pareja cuánto la amo.
159. Nunca pierdo la oportunidad de declarar mi afecto por las personas que amo.
160. Pertenezco completamente a mi amor como mi amor es mío.
161. Priorizo las relaciones que tengo.
162. No doy por seguras a las personas que me importa.
163. No me siento y observo a otro ser humano sufrir.
164. Muestran empatía y compasión cuando éstas son necesarias.
165. Soy confiable y en las relaciones
166. Me conmueve mostrar actos de bondad diariamente.
167. No soy discriminatorio en mis relaciones.

Afirmaciones positivas diarias

168. A mis amigos les resulta muy fácil confiar en mí porque saben que soy discreto.
169. Tengo respeto y amor genuino por las personas en mi vida.
170. No me siento amargado o celoso por los éxitos de mis amigos.
171. Estoy dejando ir los malos hábitos que influyen negativamente en mi amor.
172. Estoy adoptando buenos hábitos que nutren y hacen crecer mi amor.
173. Soy una bendición para las personas en mi mundo.
174. No intento impresionar a las personas con mi amor. Simplemente lo expreso.
175. Trabajo en la conciencia del amor divino que tengo en mi interior.
176. Sé instintivamente cómo amar a las personas con las que estoy en contacto.
177. Lo que hay en mi corazón para mi pareja no es algo por lo que tenga que trabajar dolorosamente.
178. El amor viene a mi vida sin esfuerzo.
179. Mi amor es como las estrellas en la noche. Incluso brilla a través de la oscuridad de la vida.
180. No soy irrazonable en el amor. Mi cabeza y mi corazón están involucrados.
181. Mi amor no discrimina, pero tampoco es ciego.
182. Todo lo bueno que se ha dicho sobre el amor es una experiencia diaria para mí.
183. Conquisto todo estereotipo negativo sobre el amor y trasciendo cualquier expectativa que no sea sana concerniente al amor.
184. Mi juego de amor propio es de primera clase. Me amo a mí mismo de las maneras más hermosas.
185. Me rodeo con el buen tipo de amor, pero siempre puedo mirar hacia adentro y encontrar el amor que necesito.
186. El tamaño de mi billetera no determina el grado de mi amor.

Afirmaciones positivas diarias

187. Siempre encuentro maneras creativas y positivas de expresar mi amor.
188. Siempre me sentiré amado sin importar qué.
189. Hago mi parte en hacer del mundo un lugar más amoroso y compasivo.
190. El amor que tengo por los humanos se extiende por el mundo como un todo.
191. Me importan y amo a las plantas y los animales que he sido bendecido en conocer y nutrir.
192. No soy cruel con la gente sin importar su posición o estatus.
193. Me rodeo de personas que amo, y que me importan, pero también me tomo el tiempo para nutrir mi relación conmigo mismo.

CAPÍTULO TRES

AFIRMACIONES POSITIVAS PARA LA SALUD

1. Merezco ser saludable y sentirme bien sobre mí mismo.
2. Estoy lleno de energía y vitalidad y mi mente está calmada y en paz.
3. Cada día, me vuelvo más saludable y fuerte.
4. Honro mi cuerpo al tratarme a mí mismo con comidas saludables.
5. Atiendo las necesidades de mi cuerpo; confiando en las señales que éste me envía.
6. Manifiesto perfecta salud al tomar decisiones inteligentes.
7. Me comprometo a estimulación saludable durante el día.
8. Como saludable y nutritivo durante el almuerzo y mi cuerpo está agradecido, dándome energía y buena salud a cambio.
9. Irradio éxito y salud.
10. Desarrollo hábitos saludables que apoyan mi viaje de salud.
11. Me despierto con buena salud todos los días.
12. Estoy agradecido por la eficacia y eficiencia con la que funciona mi cuerpo.
13. Acepto la forma de mi cuerpo y lo encuentro hermoso y atractivo.
14. Sólo tomo decisiones alimentarias saludables y nutritivas.
15. Cuido mi cuerpo y lo ejercito todos los días.
16. Mi cuerpo está sano y lleno de energía.
17. Mi cuerpo es una maravilla constante para mí.
18. Mi cuerpo se llena de energía curativa cada vez que inhalo.

Afirmaciones positivas diarias

19. Estoy impresionado por las cosas que puedo lograr con mi cuerpo.
20. Estoy muy agradecido y contento de pesar ___ (rellenar con el peso deseado).
21. Mis antojos son de alimentos saludables y nutritivos.
22. Estoy rodeado de personas motivan de forma positiva mis elecciones de salud.
23. Amo el sabor de las frutas y los vegetales.
24. Estoy enamorado de cada curva de mi cuerpo.
25. Cada órgano de mi cuerpo funciona de la forma en que fue diseñado para trabajar.
26. Estoy agradecido por la fuerza y la energía vital que recorre mi cuerpo.
27. Todo lo que pienso, digo y hago me hace más saludable.
28. Me siento seguro y cómodo en mi cuerpo.
29. No hay comida fuera de los límites para mí. Sin embargo, como con moderación.
30. Todo lo que hago es divertido, saludable y emocionante.
31. Anhelo experiencias nuevas pero saludables.
32. Como las comidas que deseo pero practico el control de las porciones.
33. Cada día me vuelvo más saludable.
34. Estoy lleno de vitalidad.
35. Cada comida que tomo es conscientemente preparada con las necesidades de mi cuerpo en mente.
36. Cuido mi cuerpo y como una dieta saludable y balanceada.
37. Mi cuerpo es un templo sagrado. Lo mantengo limpio y mantengo su funcionalidad.
38. Me ejercito regularmente y fortalezco mi cuerpo.
39. Cada célula de mi cuerpo vibra con energía y salud.
40. Observo mis emociones sin verme físicamente afectado por ellas.
41. Nutro mi cuerpo con comida saludable.
42. Todos los sistemas de mi cuerpo funcionan perfectamente.

Afirmaciones positivas diarias

43. Cada célula de mi cuerpo funciona para lo que fue diseñada.
44. Mi cuerpo está sanando y me siento cada día mejor.
45. Disfruto ejercitar mi cuerpo y fortalecer mis músculos.
46. Cada vez que exhalo, libero estrés fuera de mi cuerpo.
47. Me entrego a prácticas que promueven mi curación.
48. Envío amor y curación a cada órgano de mi cuerpo.
49. Respiro profundamente, me ejercito regularmente y alimento mi cuerpo con comida nutritiva
50. Presto atención y escucho lo que mi cuerpo necesita para su salud y vitalidad.
51. Duermo profundamente y en paz y me despierto sintiéndome descansado y energético.
52. Estoy rodeado de personas que alientan y apoyan mis decisiones saludables.
53. Me apruebo y me amo a mí mismo profunda y completamente.
54. Mi confianza, autoestima y sabiduría interior aumentan cada día.
55. Tengo buenos profesores de salud a mí alrededor.
56. Tengo paz mental con respecto a mi salud.
57. Mi cuerpo puede no cumplir con el estándar mundial de belleza, pero soy hermoso.
58. No me involucro en ejercicios o actividades que pongan en riesgo mi salud.
59. Mi cuerpo disfruta constantemente de los beneficios diarios para la salud.
60. Tengo los recursos que necesito para mantenerme sano y en buena forma.
61. Tengo el tipo correcto tipo de información de salud para mantenerme en el máximo desempeño.
62. El envejecimiento de mi cuerpo ocurre lentamente de modo que luzco más joven que mi edad real.
63. A pesar de mi historia genética, soy un ejemplo de salud perfecta.

Afirmaciones positivas diarias

64. No estoy plagado por la historia médica de aquellos que vinieron antes de mí.
65. No estaré avergonzado de tomar decisiones que no reflejen mis decisiones de salud.
66. Estoy constantemente alerta de mi cuerpo y escucho sus necesidades.
67. No tomo atajos para lograr el estilo de vida saludable que deseo.
68. Soy una visión de la salud en movimiento.
69. Estoy seguro de que siempre estoy en un estado de buena salud.
70. Disfruto de los beneficios diarios de ser saludable.
71. No estoy preocupado mi salud ya que el universo trabaja para asegurar que estoy bien.
72. Me deleito por las actividades centradas en la salud.
73. No hay falta de información vital de salud para mí.
74. Conozco intuitivamente las cosas que son buenas para mi cuerpo y tomo los pasos para seguir estas cosas.
75. Mis ojos están abiertos a los beneficios diarios que me rodean.
76. Estoy agradecido y aprecio la buena salud que tengo.
77. Estoy programado para participar en actividades que son beneficiosas para mi salud.
78. No caigo en los trucos de falsos expertos en salud.
79. Me mantengo satisfactoriamente en el camino correcto con todos mis objetivos de salud.
80. Mi vitalidad no se debilita cada día.
81. Mi corazón es lo suficientemente fuerte para apoyar las necesidades de mi cuerpo.
82. Mis pulmones toman la cantidad de aire necesario para reponer mi cuerpo.
83. Estoy revitalizado de adentro hacia afuera.
84. Cuando se trata de mi salud no sólo vivo, prospero.
85. Mi salud solo mejora y mejora.

Afirmaciones positivas diarias

86. Mi familia no recibiría ninguna noticia negativa sobre mi salud.
87. Soy un ejemplo de salud perfecta.
88. Mis huesos son lo suficientemente fuertes para soportar el peso de mi cuerpo.
89. Me reúso a procrastinar las necesidades de salud de mi cuerpo.
90. Evito a las personas o situaciones que comprometen mi salud en general.
91. El estado de mi salud trasciende de lo físico.
92. Estoy emocional y mentalmente sano también.
93. Tengo maneras saludables de lidiar con el estrés.
94. No me como mis sentimientos, en cambio, descubro salidas más sanas para ellos.
95. Conozco los factores detonantes de salud y tomo medidas conscientes para evitarlos.
96. No vivo a la sombra de cualquier condición médica que me aflige.
97. Soy proactivo sobre las decisiones que tomo.
98. Creo metas de salud que son críticas pero alcanzables.
99. Tengo el correcto tipo de apoyo necesario para mantenerme en el camino de mis metas de salud.
100. No me desconciertan los prospectos del mañana. Las cosas están bien.
101. Todos los órganos y sistemas de mi cuerpo trabajan al unísono para mejorar mi cuerpo.
102. No me faltan ideas sobre cómo mantenerme saludable.
103. Tomo mi salud y su cuidado con seriedad.
104. Mis proveedores de salud son enviados del cielo y van más allá de su deber para mantenerme en buena forma.
105. La ciencia necesaria para mantenerme sano ha sido inventada.
106. En caso de fragilidad, el proceso de curación de mi cuerpo va más rápido.

Afirmaciones positivas diarias

107. No hay limitaciones en lo que puedo lograr con mi cuerpo.
108. Lo que debía ser una discapacidad para mí se canaliza hacia el establecimiento de los cimientos de mi fuerza.
109. Soy un ser de multipropósitos. Todos mis sentidos están comprometidos, por lo tanto, el apagado de una parte no significa que pierda esa función por completo.
110. Los accidentes ocurren, pero tengo el control total de lo que sucede después.
111. Espero buenas noticias sobre mi salud hoy.
112. Cualquier crecimiento celular que sea contrario a la norma y que tenga el potencial de comprometer mi salud, lo detengo ahora mismo.
113. Todo en mi cuerpo es como debe ser.
114. Mis caminos nunca se cruzarán con los de alguien que busca sacar provecho a costa de mí de salud sin ofrecer soluciones reales.
115. Soy mentalmente competente para tomar decisiones con respecto a mi salud
116. Estoy físicamente en forma y mentalmente fuerte.
117. Soy proactivo en todo lo que tenga que ver con mi salud.
118. Mi salud es estable.
119. Encuentro formas divertidas e innovadoras de incluir una dieta balanceada y ejercicio en mi rutina diaria.
120. Estoy dominando el arte de vivir saludable todos los días.
121. Mi cocina y mi refrigerador son reflejo de las decisiones saludables que he decidido tomar.
122. Mi cuerpo está deshabitado de esas cosas dañinas que puedo antojar.
123. El estado de mi salud no está definido por mi edad.
124. Constantemente estoy haciendo lo mejor para mantenerme en forma, y lo hago sin esfuerzo.
125. Cualquier adicción que tenga que comprometa mi salud se detiene hoy.
126. Estoy mejor hoy de lo que estaba ayer.

Afirmaciones positivas diarias

127. El compromiso de mantenerme en buena salud se manifiesta en mis acciones.
128. Me hago responsable de mi salud y no espero a que otras personas me atiendan respecto a mis metas de salud.
129. Me rodeo deliberadamente de personas que comparten mis mismos objetivos.
130. No hay falta de nuevas y excitantes formas de tener una buena salud.
131. Estoy dispuesto a invertir en mi salud.
132. Las leyes de la tierra y las leyes del universo se alinean para trabajar a favor de mi bienestar.
133. Las políticas de salud que se están formulando están a mi favor.
134. Obtengo la ayuda que necesito exactamente cuando la necesito.
135. Estoy inspirado y motivado diariamente a ser saludable.
136. Mis pensamientos se centran en la salud.
137. Pienso en vitalidad cuando estoy despierto.
138. No acepto ninguna condición que no refleje buena salud.
139. El plan divino es tener buena salud y alinear mis pensamientos con esto.
140. Mis palabras, mis pensamientos y acciones son un reflejo del perfecto estado de mi salud.
141. Poseo y reclamo el poder curativo que mi cuerpo necesita para prosperar.
142. Mi cuerpo está condicionado para estar en buena salud.
143. Soy consciente de la vitalidad de mi cuerpo.
144. La buena salud es mi derecho de nacimiento y lo reclamo.
145. No hay límite para el abundante poder curativo que fluye por mi cuerpo.
146. No acepto ningún diagnóstico de enfermedad "incurable".
147. Hay una solución para lo que sea que mi cuerpo está pasando.
148. Estoy perfectamente íntegro y sano.

Afirmaciones positivas diarias

149. Mi resistencia física hoy se está haciendo más fuerte.
150. En las áreas donde mi cuerpo está enfermo, le hablo de curación a esas partes.
151. La sanación divina encuentra expresión en mi cuerpo.
152. No soy prisionero o rehén de ninguna enfermedad.
153. Mi cuerpo está conformado por las palabras que hablo sobre él.
154. Siempre hablo positivamente sobre mi salud.
155. Estoy completamente sano en cuerpo, mente y espíritu.
156. Dondequiera que haya una desconexión o mal funcionamiento de un órgano, célula o sistema de mi cuerpo, hablo de la restauración sobre él.
157. Mi cuerpo es fuerte. Mi cuerpo es ágil. Mi cuerpo es una casa de poder.
158. Desafío constantemente las expectativas médicas en el buen sentido.
159. Disfruto los placeres de la buena comida y la comida siempre ha sido buena para mi cuerpo.
160. Tengo una actitud positiva hacia mi cuerpo.
161. Mi cuerpo es positivamente excepcional.
162. No fuerzo mi cuerpo más allá de sus límites.
163. Como y disfruto todos los tipos de comida.
164. Cada intercambio de aliento restaura la vitalidad de mi cuerpo.
165. Las células en mi cuerpo trabajan juntas inteligentemente para revitalizar mi cuerpo.
166. Desarrollo las relaciones correctas que ayudan a promover mi salud.
167. Todo lo que pueda comprometer mi salud se encuentra alejado de mí.
168. Todo está funcionando en conjunto por mi bienestar.
169. La sanación es mi parte diaria en la vida.
170. La buena salud es una presencia constante en mi vida.

Afirmaciones positivas diarias

171. No me conmueve el diagnóstico de los doctores y médicos, sé que estoy saludable.
172. Soy una manifestación del poder de curación divino dentro de mí.
173. Mi intuición me guía en tomar las decisiones correctas pertinentes a mi salud.
174. Mi hogar es un centro de vitalidad y bondad.
175. Cuando cierro mis ojos para dormir, el sistema de auto-curación de mi cuerpo se reactiva.
176. Me despierto refrescado, revitalizado y completamente restaurado.
177. Las palabras que digo sobre mi cuerpo están llenas de vida.
178. El dolor y la enfermedad son una rareza para mí.
179. Siempre tengo buenas noticias sobre mi salud.
180. Soy inmune a cualquier virus transmitido por el aire, agua o alimentos que comprometan mi salud.
181. Mi sistema inmune está en excelentes condiciones.
182. No soy víctima de ninguna plaga o virus.
183. Mi salud es divina, y no está condicionada por lo que sucede a mí alrededor.
184. Tengo paz mental respecto a mi salud.
185. Estoy deshaciendo cualquier daño causado a mi cuerpo por años de malos hábitos.
186. Recibo retroalimentación positiva por los esfuerzos que hago en mantenerme sano.
187. Mi sistema inmune es muy fuerte y puede lidiar con cualquier tipo de bacteria, germen y virus.
188. Puedo superar cualquier enfermedad de la infancia o trastorno genético hereditario.
189. Hablo de orden al caos en cualquier parte de mi cuerpo.
190. Mi cuerpo es joven, y el tiempo no influencia este hecho.
191. Mi salud siempre se mantendrá estable.

CAPÍTULO CUATRO

AFIRMACIONES POSITIVAS PARA LAS FINANZAS

1. El dinero me llega fácil y sin esfuerzo.
2. Atraigo constantemente oportunidades que crean más dinero.
3. Soy digno de hacer más dinero.
4. Estoy abierto y receptivo a toda la fortuna que la vida me puede ofrecer.
5. Mis acciones crean constante prosperidad.
6. El dinero y mi espíritu co-existen armoniosamente en mi vida.
7. Atraigo dinero sin esfuerzo y fácil.
8. Descubro continuamente nuevas formas de ingreso.
9. Estoy abierto a toda la fortuna que la vida tiene para ofrecer.
10. Uso el dinero para mejorar la vida de otras personas.
11. Atraigo oportunidades lucrativas para crear dinero.
12. Veo abundancia en todos lados.
13. Me estoy convirtiendo más y más próspero cada día.
14. La vida se encarga de todas mis necesidades.
15. Mi vida está llena de prosperidad.
16. Merezco abundancia y prosperidad.
17. El dinero que gasto vuelve a mí multiplicado.
18. Tengo todo el poder que necesito para crear el éxito que deseo.
19. El universo provee oportunidades bondadosas para mi éxito.
20. Me niego a ser distraído de mis metas y mi visión.
21. Cada día está lleno de nuevas ideas y nuevas posibilidades.

Afirmaciones positivas diarias

22. Ser exitoso es fácil para mí.
23. Soy digno de estabilidad financiera.
24. Soy mente abierta y estoy dispuesto a explorar cualquier camino hacia el éxito.
25. Creencias limitantes no tienen poder sobre mí. Soy optimista y mente abierta.
26. Espero tener éxito en todos mis intentos. El éxito es mi estado natural.
27. Fácilmente encuentro soluciones a los desafíos y obstáculos y avanzo rápidamente.
28. Los errores y contratiempos son escaldones para mi éxito, porque aprendo de ellos.
29. Cada día en cada sentido, me vuelvo más y más exitoso.
30. Me siento exitoso en mi vida ahora, incluso mientras trabajo hacia el éxito del futuro.
31. Sé exactamente lo que necesito para alcanzar el éxito.
32. Veo el miedo como el combustible para mi éxito y tomo acciones audaces a pesar del miedo.
33. Me siento fuerte, capaz, confiado, energético, y en la cima del mundo.
34. Tengo la intención de éxito y sé que es una realidad esperando mi llegada.
35. Ahora he alcanzado mi meta y me siento emocionado por mis logros.
36. Estoy logrando mi meta financiera desde un lugar de satisfacción.
37. El dinero viene a mí sin esfuerzo.
38. Soy una poderosa casa de dinero.
39. No soy dueño de las personas, y siempre pago mis deudas.
40. Tengo todos los recursos que necesito para cumplir mis obligaciones financieras.
41. No trabajo por dinero. El dinero trabaja para mí.
42. Tengo los recursos intelectuales para crear una fortuna.

Afirmaciones positivas diarias

43. Tengo la sabiduría para tomar decisiones inteligentes sobre dinero.
44. Disfruto las riquezas que vienen a mí.
45. El dinero no es un problema para mí.
46. Soy un imán del dinero.
47. Se me ocurren ideas innovadoras que construyen riquezas.
48. Soy un creador de fortunas.
49. Mis acciones no son gobernadas por la avaricia.
50. Mientras me aplico en conseguir riqueza, lo hago legalmente.
51. Tengo las conexiones correctas para alcanzar mis metas financieras.
52. Controlo un conglomerado de riquezas.
53. Mi riqueza es inagotable.
54. Soy capaz de proveer por mi familia incluso hasta la quinta generación.
55. Rompo cada limitación sobre mis riquezas logradas.
56. Soy próspero en todos mis intentos.
57. Soy rico en cada moneda del mundo.
58. La pobreza está lejos de mí.
59. Mientras acumulo riquezas, soy generoso con las personas a mí alrededor.
60. Los trabajos de mis manos están bendecidos para producir frutos constantemente.
61. Como el fruto de mis labores.
62. Soy millonario.
63. Soy rico.
64. Estoy rodeado de abundancia a donde sea que voy.
65. No hay tal cosa como la falta de algo para mí.
66. Tengo la habilidad de comprar todo lo que quiero.
67. No soy un insensato en cuestiones de dinero.
68. Estoy conectado a la fuente de riquezas en el universo.
69. Todos los elementos que necesito para crear y sustanciar una fortuna están disponibles para mí.
70. El dinero es atraído a mis esfuerzos.

Afirmaciones positivas diarias

71. Mi cartera y cuenta del banco nunca están vacías.
72. Nunca me quedaré sin recursos financieros.
73. Tengo una actitud positiva en cuanto al dinero.
74. Respiro, como y duermo en riquezas.
75. He sobrepasado por mucho mis expectativas financieras este año.
76. No soy un extraño para las riquezas.
77. Rompo cualquier poder que tenga la pobreza sobre mi familia.
78. Desarrollo hábitos de dinero.
79. Hago dinero durante el día.
80. Hago dinero cuando estoy dormido y cuando estoy despierto.
81. Tengo la habilidad de anticipar potencialmente movimientos creadores de dinero.
82. Estoy bien versado en el arte de crear riquezas.
83. La riqueza que creo es sustentable.
84. Las puertas de oportunidades que llevan a la creación de riquezas están abiertas para mí.
85. El dinero para mí es tan abundante como el aire que respiro.
86. Jamás seré pobre en mi vida.
87. Jamás estaré quebrado en mi vida.
88. Rechazo las semillas de la pobreza en mi vida.
89. Me rodeo de creadores de fortunas.
90. Estoy relacionado con algunas de las mejores influencias financieras del mundo.
91. No heredo las deudas de mi padre ni del padre de él.
92. Estoy financiablemente equipado para conocer las necesidades de mi familia.
93. Estoy ajustando metas financieras inteligentes para este año.
94. El margen para el fracaso en mi vida es casi nulo.
95. Habito en riquezas y fortunas.
96. Soy la personificación del éxito y la fortuna financiera.
97. Disfruto mi fortuna.
98. No me perturba el clima económico de los tiempos actuales.

Afirmaciones positivas diarias

99. Mi fortuna es independiente de lo que ocurre en el mundo hoy.
100. Tomo sabias decisiones de inversiones.
101. Hago movimientos de dinero que traen grandes bonificaciones.
102. Soy partícipe en la divina riqueza del universo.
103. He sido programado para el éxito.
104. No existe tal cosa como la limitación cuando se trata de hacer dinero.
105. Hablo fluido el lenguaje de la creación de riqueza.
106. El dinero en mi cuenta es abundante.
107. En cualquier punto en el tiempo, tengo los recursos adecuados para hacer una transacción rentable.
108. Nunca seré pobre en mi vida.
109. Repugno la pobreza.
110. Tengo pensamientos ricos y millonarios.
111. Soy el éxito en movimiento.
112. Las cosas no me ocurren a mí en el mundo de las financias, yo ocurro en las cosas.
113. Soy el jefe del dinero, yo le digo al dinero qué hacer.
114. Constantemente estoy creando riquezas.
115. Soy terco en mi determinación de mantenerme rico.
116. No soy horrorizado por la riqueza.
117. Yo gobierno el dinero en mi vida.
118. El éxito no es la cita que cuelgo en la pared, es mi experiencia.
119. Camino diariamente con libertad financiera.
120. Hago transacciones financieras cada día.
121. Mi deseo por riquezas no está motivado por la avaricia.
122. No participo en ninguna actividad ilegal para construir mis riquezas.
123. Las riquezas que poseo nacieron de intenso trabajo duro.
124. Nunca trabajo en vano.
125. El éxito y las riquezas son recompensas por mis esfuerzos.

Afirmaciones positivas diarias

126. La riqueza es una compañera constante en mi vida.
127. Ser rico es mi derecho fundamental y herencia divina.
128. Estoy progresando constantemente.
129. Cada minute del día me trae riquezas.
130. Mi vida se caracteriza por abundancia financiera.
131. No estoy avergonzado de crear riquezas.
132. Cada programación religiosa que me avergüence por ser rico está desactivada.
133. Nací para reinar triunfantemente en esta vida.
134. Fui creado para ser rico.
135. No seré derrotado o definido por intentos fallidos.
136. Las lecciones que aprendo en la vida me dan poder para ser mejor.
137. Financieramente siempre gano.
138. Mis riquezas no son solo para mostrar. Las uso para transformar activamente a la comunidad de forma positiva.
139. Mis riquezas están protegidas de las langostas financieras.
140. Porque estoy conectado a las fuentes universales de las riquezas, nunca me quedaré seco.
141. Incluso en abundancia, sé cómo utilizar el dinero sabiamente.
142. Mi viaje al éxito y a las riquezas empieza hoy.
143. Mis expectativas financieras no son aisladas.
144. Estoy forjando lazos con las personas indicadas para traer la manifestación de mis metas financieras.
145. Tengo paz mental total en lo que concierne a riquezas.
146. Es muy poco lo que no puedo lograr financieramente.
147. Tengo aliados en los lugares correctos.
148. Las riquezas no son un concepto extraño para mí.
149. No estoy definido por mis riquezas, pero mi vida es caracterizada por ellas.
150. Mi mente está trabajando constantemente en formas innovadoras de crear riquezas.

Afirmaciones positivas diarias

151. Me muevo en mi propia línea de tiempo para actualizar mis riquezas.
152. No comparo mi viaje financiero con el de otros.
153. Llegaré a mi destino financiero a tiempo a pesar de las circunstancias.
154. Mi viaje a las riquezas está lleno de emoción y alegría.
155. Mientras trabajo hacia mis metas del éxito, me libero a mí mismo de las preocupaciones y desconcierto.
156. Tengo acceso a tesoros en lugares ocultos.
157. El conocimiento de las riquezas escondidas en este mundo es mío.
158. He obtenido la gracia divina al éxito en mis esfuerzos financieros.
159. La creación de riquezas es un proceso sin esfuerzo para mí.
160. Sobresalgo en todo lo que hago.
161. Mi riqueza es como las hojas en un árbol perenne; son renovadas con cada estación y nunca se seca.
162. Estoy divinamente dispuesto a ser un exitoso creador de riquezas.
163. Las políticas económicas del mundo están trabajando a mi favor.
164. Incluso cuando el mundo está en una temporada de pérdidas, estoy creando riquezas.
165. No hay nada que esté adecuadamente equipado para impedir que tenga éxito en la vida.
166. Ni siquiera yo puedo sabotear mis esfuerzos para ser exitoso.
167. Estoy nadando en océanos de riqueza.
168. Mis motivaciones financieras no están basadas en el miedo o la codicia.
169. Mi mayor fracaso en la vida no es suficiente para impedirme prosperar.
170. Al igual que el ave fénix, las cenizas de mi fracaso son una rampa de despegue para mi éxito.
171. Estoy elevado por encima de la pobreza.

172. Me estoy liberando a mí mismo de cualquier mentalidad de pobreza que me impida progresar en la vida.
173. Si estoy saboteando mi propio éxito con mis manos, estoy tomando la decisión ahora mismo de ponerle fin a eso.
174. El dinero tiene un nombre y me responde cuando lo llamo.
175. Mi riqueza me hace ser una bendición financiera para el mundo y para las personas en él.
176. Elevo a las personas con mi riqueza ya que no soy egoísta.
177. Me alimento a mí mismo de pensamientos que motivan y emocionan al creador de riqueza que hay en mí.
178. La riqueza que poseo no está limitada o restringida por ninguna barrera.
179. Estoy preparado para disfrutar la riqueza que he creado.
180. Tengo la mentalidad de un creador de riquezas.
181. Mi situación financiera nunca puede ser desesperanzada.
182. Mi mente es una riqueza de ideas de la que constantemente extraigo para obtener resultados productivos.
183. Es imposible que me quede sin dinero porque la fuente de mi riqueza está dentro de mí. Mientras viva, ganaré dinero.
184. Mi futuro financiero está constantemente en una tendencia al alza.
185. Experimento una progresión consistente en la riqueza que creo anualmente.
186. Nací para vivir una vida de éxito.
187. Cada día, subo de un nivel de éxito a otro.
188. No me interpongo en el camino de los éxitos de otras personas.
189. Tengo una visión clara de la vida que quiero.
190. Persigo mis metas financieras con renovado vigor cada día.
191. Hoy tengo éxito. Mañana tendré éxito. Todos los días soy exitoso.

CAPÍTULO CINCO

AFIRMACIONES POSITIVAS PARA LOS NEGOCIOS

1. Manejo uno de los más exitosos negocios en el mundo.
2. Logro fácilmente todas mis metas de negocios.
3. Solo deseo cosas que van en la misma línea que mis metas de negocios.
4. Manifiesto instantáneamente mis deseos.
5. El negocio que manejo no es solo hacer dinero. Es marcar la diferencia.
6. Puedo lograr lo que yo desee.
7. Puedo conquistar todos los desafíos que deba confrontar.
8. Me estoy volviendo más confiado y fuerte cada día con las decisiones que tomo.
9. Mi potencial para el éxito es infinito.
10. En este negocio, me estoy convirtiendo más conocedor y sabio cada día.
11. Soy creativo y estallo con brillantes ideas.
12. Soy valiente y venzo mis temores enfrentándome a ellos.
13. Los desafíos sacan lo mejor de mí.
14. Tengo confianza en mis habilidades y destrezas.
15. Tomo buenas decisiones financieras.
16. Soy audaz y valiente en la persecución de mis objetivos de negocios.
17. Me enfrento a dificultades asociadas a manejar un negocio con valentía.
18. Mi negocio hace una profunda diferencia en este mundo.

Afirmaciones positivas diarias

19. Estoy construyendo un negocio exitoso para un impacto global.
20. Yo creo valor con mi servicio. Mi negocio es un regalo para este mundo.
21. Soy experto en los negocios.
22. Cada fracaso me ha hecho un mejor hombre/mujer de negocios.
23. Tengo éxito en todo lo que hago.
24. El fracaso me enseña cómo puedo tener éxito en la vida.
25. No dejo piedra sin mover en mi viaje para ser exitoso.
26. Atraigo el éxito divino.
27. Persigo mi propia definición de éxito.
28. Todo me saldrá bien.
29. Soy un ganador.
30. Los instrumentos que necesito para tener éxito están en mi poder.
31. No hay nadie mejor que yo para hacer el trabajo.
32. Tengo fe en mis ideas de negocios.
33. Estoy agradecido por las cosas que tengo.
34. Alcanzaré todas mis metas.
35. Mis metas son simples y sencillas.
36. Los clientes vendrán a mí de diferentes partes del mundo.
37. Mis metas están cada día más cerca de ser cumplidas.
38. Me fijé metas claras y trabajo para cumplirlas todos los días.
39. Tengo un plan de acción para lograr mis deseos.
40. Mis prioridades están claras. Trabajo para terminar mis tareas más importantes primero.
41. Mis metas son mi enfoque.
42. Sólo me pongo metas que importan.
43. Mi enfoque en el éxito es inquebrantable.
44. Cuando mi necesidad es lo suficientemente fuerte, encontraré una manera.
45. Me comprometo a convertirme en la persona en la que me seré.

Afirmaciones positivas diarias

46. Mi mente es como el agua. Cambiaré y ajustaré según sea necesario en los negocios.
47. El éxito está en el futuro de mi negocio.
48. Dominaré las distracciones y mantendré el enfoque en mis metas.
49. Debo depender de mí mismo.
50. La culpa del fracaso recae sobre mis hombros, pero no me detendrá.
51. Soy mi mejor oportunidad de éxito.
52. No aceptaré nada más que lo mejor.
53. El éxito está en mi futuro.
54. Estoy mejorando constantemente.
55. Deseo aprender cosas nuevas.
56. Donde otros ven un desafío, yo veo nuevas oportunidades.
57. Tengo una mentalidad de crecimiento.
58. El tiempo es mi amigo. Termino todas las tareas que necesito terminar.
59. Mi vida está hecha de alegría. Construiré mi negocio con exuberancia.
60. Seré proactivo en descubrir los obstáculos de mis logros.
61. La mente ocupada me ayudará a aprovechar al máximo mí tiempo.
62. Asumo la responsabilidad de mis éxitos y mis fracasos.
63. No soy dependiente de nadie más.
64. Sigo mis sueños con vigor.
65. Las cosas pequeñas en la vida marcan la diferencia.
66. Me gusta estar rodeado de las personas con las que trabajo.
67. Mi miedo disminuye al vivir la vida con valentía.
68. Un hombre/mujer exitoso de negocios vive dentro de mí, y hoy ese hombre/mujer está dirigiendo mi negocio.
69. Estoy confiado y tranquilo.
70. Las puertas de la oportunidad y la abundancia se abren para mí hoy.
71. Las nuevas oportunidades vienen fácilmente a mí.

Afirmaciones positivas diarias

72. No hay límites para lo que puedo lograr.
73. Hoy soy optimista. Pienso positivamente y me rodeo de energía positiva.
74. Me siento fuerte, emocionado y poderoso acerca del futuro de mi negocio.
75. Regularmente añado ingresos a mi negocio.
76. Hoy voy a hacer avanzar mi negocio.
77. Oportunidades increíbles se me presentan constantemente.
78. Atraigo clientes positivos y miembros del equipo a mi negocio.
79. No hay límites a lo que puedo y voy a lograr hoy.
80. ¡Puedo hacerlo y lo haré! No hay nada que me detenga.
81. Trabajaré más inteligentemente, no más duro.
82. Soy una influencia positiva, y me rodeo de otros como yo.
83. El tiempo es mi activo más valioso. Cuido mi tiempo cuidadosamente.
84. El equilibrio es la clave. Mezclaré el autocuidado con el esfuerzo.
85. Mi progreso siempre está avanzando.
86. Me siento libre de darme el cuidado que necesito.
87. La energía positiva me rodea.
88. Soy un empleador maravilloso. Mis empleados tienen suerte de tenerme.
89. Mis objetivos de negocios se manifestarán tal y como son en mis sueños.
90. Cuando digo "no" al proyecto equivocado, me acerco más a la tranquilidad que necesito en los negocios y entiendo esto.
91. Los ingresos de mi nuevo negocio continuarán aumentando.
92. Estoy tranquilo y confiado en manejar los asuntos de mi negocio.
93. Las nuevas oportunidades vienen fácil a mí.
94. Atraeré clientes positivos.
95. Cuando las oportunidades de negocios llaman, estoy más que preparado para abrir la puerta.

Afirmaciones positivas diarias

96. La organización es algo natural para mí.
97. Yo controlo mi día; no dejaré que mi día me controle.
98. Mi pasión por los negocios trae resultados tangibles.
99. No dejaré que otros impongan sus limitaciones en mí.
100. Estoy totalmente comprometido con alcanzar el éxito en mi vida.
101. Mi único límite soy yo mismo.
102. Mi intuición y sabiduría me guían en la dirección correcta.
103. Tengo fe en mí.
104. Soy capaz de tomar la mejor decisión posible para mi negocio diariamente.
105. Me siento seguro de mis decisiones e intuitivamente sé qué es lo mejor para mi negocio.
106. Incluso si tomo una decisión incorrecta, ésta siempre me llevará a un lugar positivo.
107. Tomo decisiones responsables en cuanto a mi negocio y considero cómo éstas puedan afectar a otras personas.
108. Alcanzo cualquier meta laboral que me proponga. Si lo sueño, puedo lograrlo. Ninguna meta es imposible de alcanzar.
109. Nunca dejo de aprender y de ver opciones de crecimiento en cualquier parte. Mejoro cada día por el resto de mi vida.
110. Hoy mi negocio está mucho mejor que en esta misma fecha el año anterior, y cada día que pasa sigue mejorando.
111. Estoy programado para contratar a las personas correctas para mi negocio.
112. Soy paciente conmigo mismo mientras alcanzo mis metas laborales y acepto que los cambios positivos requieren tiempo. Pero hay nuevos elementos de la visión que tengo de mi negocio emergiendo cada día.
113. Mis empleados son tan apasionados con el impacto positivo de mi negocio como yo.

Afirmaciones positivas diarias

114. Me libero de cualquier apego que me aleje de alcanzar mis metas laborales. No permitiré que nada ni nadie me retengan. No acepto más negatividad en mi vida.
115. He encontrado una manera efectiva de comunicar mis ideas laborales a personas que me ayuden a hacerlas realidad.
116. Pido lo que quiero porque sé que lo merezco. Honro mis deseos hoy y siempre.
117. No temo por el futuro de mi negocio porque siempre he encontrado exitosamente la manera de alcanzar el éxito. Y he mitigado cualquier posible amenaza al éxito de mi negocio.
118. A pesar de cualquier situación por la que atraviese, estoy bendecido. He sido bendecido con todas las lecciones que he aprendido de las dificultades. Sigo creciendo aún con todas las cosas positivas y negativas que se atraviesan en mi camino.
119. Estoy esforzándome conscientemente para seguir emocionado con mi negocio.
120. Alcanzo mis metas incluso si cometo errores porque sé que nada me alejará de alcanzar lo que quiero.
121. Si llego a un punto donde tengo que luchar por mantener mi negocio creciendo, recibo inspiración divina sobre cómo llevar las cosas a otro nivel.
122. No permito que otras personas me alejen de alcanzar mis metas. Me permito a mí mismo transitar mi propio camino y le permito a los demás hacer lo mismo.
123. Estoy preparado para manejar la capacidad de éxito de mi negocio y así no abrumarme en ningún momento.
124. La capacidad de éxito de mi negocio excede mis expectativas personales y las proyecciones de otras personas.
125. Perdono a todas aquellas personas que me han herido en los negocios y me libero de cualquier dolor del pasado. Vivo sólo en el presente y por el futuro.
126. Sé lo que quiero y sé que lo merezco. Me hago responsable por todo lo que he incluido en mi negocio.

Afirmaciones positivas diarias

127. Mi motivación laboral viene de un lugar de paz.
128. Estoy ansioso por guiar mi negocio hacia la visión que tengo para él.
129. No dudo en llevar a cabo todas las estrategias de negocios brillantes que tengo.
130. Mi camino hacia el éxito es emocionante y está lleno de deleite.
131. Encuentro plenitud en el éxito de mi negocio.
132. Mi negocio es capaz de satisfacer las necesidades de mis clientes.
133. Estoy creando soluciones sustentables para mi negocio.
134. Mi negocio es la respuesta para las necesidades de mis clientes.
135. En cualquier punto, la palabra "no" no define el desenvolvimiento de mi negocio.
136. Obtengo más sí que no.
137. Las personas intentan plagiar mi negocio, pero la autenticidad de mi modelo de negocio e ideas destacan de las demás.
138. Tomo decisiones justas y conscientes con respecto a mi negocio.
139. Mi negocio compite favorablemente en el mercado.
140. Me son concedidos contratos que tienen un impacto positivo en mi negocio.
141. Cada tarea que se le asigna a mi empresa es una oportunidad de brillar y siempre estoy ansioso por realizarlas.
142. Nunca doy por sentado nada de lo que sucede en mi negocio.
143. Mi empresa es un lugar apasionante para que mis empleados trabajen.
144. Las mejores manos del negocio siempre están ansiosas para venir y trajar para mí.
145. El espíritu de mi equipo es tal que nos sentimos como una familia.

Afirmaciones positivas diarias

146. He construido un ambiente laboral propicio tanto para trabajadores como para clientes.
147. Cualquier energía negativa y perjudicial es alejada hoy de mi negocio.
148. Tengo la actitud necesaria para tener un negocio exitoso.
149. Cuento con todos los recursos necesarios para llevar mi negocio del lugar donde se encuentra ahorita al lugar donde quiero que esté mañana.
150. No existen restricciones ni limitaciones para el éxito que mi negocio atrae.
151. Mi negocio es una extensión de mis sueños y a través de él soy capaz de alcanzar todos los sueños que tenga.
152. La atmósfera sobre, dentro y alrededor de mi negocio es positiva.
153. Mi negocio siempre es relevante.
154. El negocio que estoy construyendo es un legado que será heredado por las generaciones que están por venir.
155. Estoy avanzando, y el éxito en mi negocio es un proyectil ascendente.
156. Mi negocio es éxito en constante movimiento.
157. Las bases que he construido para este negocio son lo suficientemente fuertes como para soportar cualquier cambio económico que pueda ocurrir.
158. Atraigo a los inversionistas ideales para mi negocio.
159. No dejo nada al azar en los asuntos de negocios.
160. Encuentro favor y gracia en todos mis asuntos laborales.
161. Tengo una base fuerte y sólida que me da confianza.
162. No pierdo de vista en ningún momento mis metas y objetivos.
163. Todos los días recibo inspiración para ser excelente.
164. Me rehúso a manejar mi negocio mediocremente.
165. Utilizo principios empresariales sólidos que otorguen resultados rentables.
166. Mi mundo laboral está en un escenario global y me fascina.

Afirmaciones positivas diarias

167. Estoy empleando al talento necesario para llevar mi negocio al siguiente nivel.
168. Todo el valor de mi negocio se verá directamente impactado por mi red de negocios, mientras haga las conexiones correctas.
169. Jamás fallo en los negocios, debido a que siempre estoy ganando o aprendiendo. Los fracasos que se convierten en lecciones son mi lanzamiento hacia cosas más grandes.
170. El futuro de mi negocio es brillante. Todas las nubes oscuras se han disipado.
171. No manejo mi negocio con deudas. Soy suficientemente capaz de mantener a mis inversionistas felices.
172. Mientras tomo buenas decisiones financieras, también lo estoy haciendo social, político y ambientalmente.
173. Soy capaz de manejar mi negocio y de llevar una vida divertida y fascinante.
174. Los contratos que firmo en mi negocio están a mi favor.
175. Mi negocio está protegido de los vicios de devoradores económicos que han llevado a la quiebra muchos otros negocios.
176. El dinero no es el objetivo principal en mi negocio. Estoy dominando mi área.
177. No existe obstáculo insuperable para mí en mi negocio.
178. Tengo a las personas precisas de mi lado, así que mi negocio está en buenas manos.
179. Mis asesores de negocios tienen mi mejor interés en el corazón.
180. No pierdo dinero por robos, descuidos o accidentes.
181. En caso de algún accidente, tengo la sabiduría necesaria para tomar las medidas necesarias y mitigar el problema.
182. Hay orden y organización exhaustiva en mi negocio.
183. Mi negocio es una fuente de felicidad tanto para mí como para otras personas.

Afirmaciones positivas diarias

184. A través de mí y de mi negocio, las vidas de muchas personas se han visto impactadas positivamente.
185. Estoy rompiendo el molde y creando nuevas rutas en mi negocio.
186. Mi negocio se destaca como un ejemplo brillante de cómo un negocio debe ser manejado.
187. Mi negocio va a ganar reconocimientos globales por diferentes formas de excelencia.
188. Mi negocio está asociado a calidad, superioridad, excelencia e innovación.
189. Tengo una cartera de clientes muy felices.
190. A través de mi negocio voy a conocer a los líderes e influyentes más importantes del mundo.
191. Nací para manejar un negocio exitoso y este negocio será un legado perdurable en el tiempo.
192. Nada me detendrá de seguir creciendo. Mido las oportunidades y hago que sucedan.

CAPITULO SEIS

AFIRMACIONES POSITIVAS PARA TENER CONFIANZA

1. Pienso en mí mismo como el maestro que soy, el maestro que siempre he sido.
2. Sé que tengo el dominio sobre mi vida gracias a las cosas que puedo mantener en mi mente y estando consciente del presente.
3. Cuando influyo sobre otras personas uso mi poder con amor.
4. Estoy conectado al amor divino y a la sabiduría.
5. Estoy intacto, despejado e ileso de cualquier daño que haya experimentado en mi vida.
6. Confío en el proceso de la vida.
7. Mis posibilidades son infinitas.
8. Soy merecedor de mis sueños.
9. Soy suficiente.
10. Es fácil para mí verme en el espejo y decirme "te amo".
11. Soy atractivo.
12. Mi pareja me encuentra sexy porque se siente atraído a cada parte de mí.
13. Me encanta todo de mi cuerpo.
14. Irradio confianza y todos me respetan.
15. Todos me encuentran sexy y deseable.
16. Me emociona verme en el espejo.
17. Soy recompensado por dar lo mejor de mí.
18. Todas mis acciones aumentan mi confianza.
19. Veo los problemas como retos.

Afirmaciones positivas diarias

20. Irradio confianza.
21. Merezco amor y felicidad.
22. Me siento cómodo y tranquilo cuando estoy con otras personas.
23. Me encanta conocer gente nueva, incluso busco nuevas personas.
24. Soy una persona extrovertida, puedo enriquecer la vida de los demás.
25. Es fácil hablar conmigo. Me siento seguro de mí mismo cuando estoy con otras personas.
26. Cada día que pasa me hace mejor. La práctica me ayuda a alcanzar la grandeza.
27. Confío en mi habilidad para superar los inconvenientes.
28. Reemplazo cualquier crítica malintencionada por apoyo alentador.
29. Todos mis defectos son perfectos.
30. Siempre doy lo mejor de mí, soy una persona de buen corazón.
31. Los demás no se aprovechan de mí.
32. Confío en mis habilidades.
33. No tengo miedo de equivocarme.
34. La felicidad está a mi alcance.
35. Me siento seguro de mí mismo en presencia de otros.
36. El éxito es la fuerza que me impulsa.
37. El éxito de otros no me hace sentir envidia. Mi momento llegará.
38. Hablaré con confianza y seguro de mí mismo.
39. Diré que NO cuando no tenga tiempo o ánimo de actuar.
40. La única persona que me puede vencer soy yo mismo.
41. Me atrevo a ser diferente.
42. Cada uno de mis deseos es alcanzable.
43. Aun así me encuentre fuera de mi zona de confort, me sentiré cómodo en mi propia piel.
44. Si fallo, seguiré fallando hasta avanzar.

Afirmaciones positivas diarias

45. Mi confianza en mí mismo no conoce límites.
46. No necesito de nadie más para ser feliz.
47. Escojo la esperanza por encima del miedo.
48. El positivismo es una opción que decido tomar.
49. No voy a tomar la negatividad de otras personas de forma personal.
50. Mi compromiso conmigo mismo es real.
51. Creo en mí.
52. Reconozco mi valor propio. Mi confianza está en aumento.
53. No soy mis errores.
54. Me acepto a mí mismo incondicionalmente.
55. Estoy orgulloso de mí mismo y de todo lo que he logrado.
56. Soy exitoso.
57. Soy una persona hermosa.
58. Merezco amor, comprensión y empatía.
59. Creo en la persona con la que sueño ser.
60. Hoy escojo ser feliz y amarme completamente.
61. Honro mi compromiso conmigo mismo.
62. No existen las decisiones erróneas.
63. Ahora estoy creando mi vida exactamente como la quiero.
64. El positivismo es una opción, yo elijo ser positivo.
65. Estoy libre de preocupaciones y me encuentro en paz con quien soy.
66. Yo valgo. Tengo permitido decirle "no" a los demás y decirme "sí" a mí mismo.
67. Lo que doy es lo que recibo.
68. Elijo no tomarme todo personalmente.
69. Dejaré de disculparme por ser yo mismo.
70. En mi vida no hay espacio para hablarme negativamente.
71. No me inclino ante mis miedos.
72. Mi mente, cuerpo y alma están en forma y son fuertes.
73. Cuando respiro, inhalo confianza y exhalo timidez.
74. Me encanta conocer personas nuevas y acercarme a ellos con osadía y entusiasmo.

Afirmaciones positivas diarias

75. Vivo en el presente y me siento seguro del futuro.
76. Mi personalidad irradia confianza. Soy atrevido y extrovertido.
77. Soy auto-suficiente, creativo y persistente en todo lo que hago.
78. Soy energético y entusiasta. La confianza es mi segunda naturaleza.
79. Siempre atraigo sólo lo mejor de las circunstancias y a las mejores personas positivas para mi vida.
80. Soluciono los problemas. Me enfoco sólo en resolver y siempre encuentro la mejor solución.
81. Adoro los cambios y siempre me ajusto muy fácilmente a nuevas situaciones.
82. Estoy bien arreglado, sano y lleno de confianza. Mi yo exterior coincide con mi bienestar interior.
83. La confianza en mí mismo es lo que me hace prosperar. Nada es imposible y la vida es genial.
84. Me enfrento a situaciones difíciles con coraje y convicción. Siempre encuentro una salida a estas situaciones.
85. Siempre veo sólo lo bueno en los demás. Sólo atraigo personas positivas y seguras de sí mismas.
86. Utilizo mis emociones, pensamientos y retos para guiarme a lugares mucho más profundos e interesantes dentro de mí mismo.
87. Estoy agradecido por lo que soy.
88. No traiciono a mi pareja en ningún punto de nuestra relación
89. No espero perfección de parte de mi pareja, pero sí le amo perfectamente.
90. El amor que doy está arraigado a cosas correctas.
91. Estoy segura del amor de mi pareja y vice versa.
92. Cada día que pasa me enamoro más de mí mismo.
93. La expresión de mi amor no está limitada por mis experiencias.

Afirmaciones positivas diarias

94. No tengo la necesidad de validar el amor que siento hacia ninguna persona excepto yo mismo.
95. Me amo lo suficiente para escapar de relaciones tóxicas.
96. Acepto las diferencias que existen entre mi pareja y yo.
97. El amor por mi pareja se renueva constantemente en las relaciones en las cuales estoy comprometido.
98. Estoy preparado para poner el esfuerzo necesario para mantener mis relaciones vivas.
99. No digo palabras que puedan destruir a alguien.
100. Cuido de las personas y mi amor hace que otros florezcan.
101. Soy paciente, amable y comprensivo.
102. No hago afirmaciones acerca otras personas sin antes verificar su autenticidad.
103. Doy todo de mí mismo sin condiciones ni expectativas.
104. Mi amor no depende de las circunstancias que me rodean.
105. Soy capaz de amar a las personas que están en mi vida durante buenos y malos momentos.
106. Mi relación está basada en los principios que compartimos y que permiten tener una base sólida.
107. Comparto con mi pareja una profunda intimidad compartida.
108. No le guardo rencor ni mantengo errores del pasado de mi pareja.
109. Mis expectativas en el amor están arraigadas a principios tangibles.
110. Valoro la lealtad y por lo tanto soy un amigo leal.
111. Tengo el coraje de disculparme cuando le falle a las personas que me importan.
112. Perdono completamente a todas las personas que me hayan fallado.
113. Soy discreto acerca los detalles personales de los que confían en mí.
114. No traiciono la confianza de mis amigos, pareja o familiar.
115. Cada día que pasa se me presenta una oportunidad para crecer en mi relación.

Afirmaciones positivas diarias

116. El amor que compartimos mi pareja y yo en el matrimonio es divino.
117. No soy una persona solitaria, tengo la habilidad de hacer nuevas amistades.
118. Soy una persona apreciativa.
119. Hay suficiente espacio en mi corazón para el amor.
120. Soy una persona desinteresada pero eso no significa que me ame menos.
121. Soy responsable de las relaciones que tengo.
122. Cuando esté en desacuerdo con alguien, me comunicaré sin humillar.
123. Mi pareja y yo crecemos juntos, no separados.
124. Hay espacio para crecimiento positivo en todas mis relaciones.
125. En mi matrimonio, mi pareja y yo aspiramos a metas alcanzables.
126. Estoy muy contento con mi relación.
127. Mi relación se caracteriza por el amor, felicidad y afecto genuino.
128. Me conmueve el dolor de mi pareja e intento activamente detenerlo.
129. No soy victimizado en ninguna de mis relaciones.
130. No hay secretos peligrosos entre mi pareja y yo.
131. El ambiente en mi matrimonio nos permite hablar sobre cualquier cosa.
132. La felicidad de mi pareja es independiente de mí y viceversa.
133. Mi matrimonio ha sido creado a largo plazo.
134. Mi relación es el cielo para mí, y encuentro paz en él.
135. Soy fuerte mental y emocionalmente para lidiar con todas las etapas de mi matrimonio.
136. Mi pareja es fuerte mental y emocionalmente para lidiar con todas las etapas de nuestro matrimonio.
137. Me alejo de personas y relaciones tóxicas.
138. Soy un apoyo y soy progresivo en todas mis relaciones.

Afirmaciones positivas diarias

139. Mi amor no está restringido a pocos, y da la bienvenida a muchos.
140. Mi pareja y yo envejecemos agraciadamente pero nuestro amor se mantiene como nuevo.
141. Mi matrimonio es todo lo que mi pareja y yo visualizamos para nosotros.
142. Soy elocuente sin herir la comunicación con mi pareja.
143. Mi pareja y yo compaginamos emocional, financiera y espiritualmente.
144. Mi hogar es un oasis del mundo exterior y está lleno de amor, paz y armonía.
145. Me siento cómodo con mi relación.
146. Estoy profundamente conectado a mi pareja en las maneras realmente importantes.
147. El amor no es un concepto alusivo para mí.
148. Soy inquebrantable en la confianza que le tengo a mi pareja.
149. Mi pareja no me da razones para cuestionar la confianza que le tengo.
150. Estoy completamente abierto a mi pareja. No le escondo ninguna parte de mí.
151. Hay orden en mi relación.
152. El arrepentimiento es un concepto ajeno a todas mis relaciones.
153. Lidio con la pérdida en una manera sana.
154. Si atravieso por una pérdida, no escondo el dolor pero tampoco me abruma.
155. Esta unión es exitosa y progresiva.
156. Me enamoro de mi pareja todos los días.
157. Soy ferviente y consistente en mis afirmaciones de amor.
158. Nunca pierdo la oportunidad de decirle a mi pareja cuanto le amo.
159. Nunca pierdo la oportunidad de mostrar mi afecto por las personas que amo.

Afirmaciones positivas diarias

160. Le pertenezco completamente a mi amado, así como mi amado me pertenece.
161. Mis relaciones son mi prioridad.
162. No doy por sentado a las personas que me importan.
163. No me siento a ver como otro ser humano sufre.
164. Muestro compasión y empatía cuando es necesario.
165. Soy confiable en mis relaciones.
166. Me conmueve mostrar actos de amabilidad diariamente.
167. No discrimino en mis relaciones.
168. A mis amigos se les hace fácil confiar en mí porque saben que soy discreto.
169. Siento amor y respeto genuinos por las personas en mi vida.
170. No siento envidia ni rabia por el éxito de mis amigos.
171. Me alejo de los malos hábitos que puedan influir negativamente en mi amor.
172. Acepto todos los buenos hábitos que enriquezcan y hagan crecer mi amor.
173. Soy una bendición para las personas en mi mundo.
174. No trato de impresionar a las personas con mi amor, sólo lo expreso.
175. Trabajo en la consciencia del amor divino que existe dentro de mí.
176. Instintivamente sé cómo amar a las personas con las que estoy en contacto.
177. Lo que sienta mi corazón por mi pareja no es algo en lo que tenga que trabajar dolorosamente.
178. El amor entra a mi vida sin esfuerzo.
179. Mi amor es como las estrellas en la noche. Incluso en la oscuridad de la vida sigue brillando.
180. No soy irracional con mi amor. Mi mente y corazón están involucrados.
181. Mi amor no discrimina pero tampoco es ciego.
182. Cualquier cosa positiva que se haya dicho referente al amor es una experiencia diaria para mí.

Afirmaciones positivas diarias

183. Venzo cualquier estereotipo negativo acerca del amor y trasciendo cualquier expectativa dañina del amor.
184. El amor que siento por mí mismo es lo primordial. Me amo en una manera hermosa.
185. Me rodeo de amor del bueno, pero siempre puedo mirar dentro de mí y encontrar el amor que necesito.
186. El tamaño de mi cartera no determina el grado de mi amor.
187. Siempre encuentro una manera creativa y positiva de expresar mi amor.
188. Siempre me sentiré amado sin importar lo que pase.
189. Hago mi parte para hacer del mundo un lugar más comprensivo y amoroso.
190. El amor que siento por los humanos se extiende al mundo entero como un todo.
191. Amo y cuido de los animales y plantas con los que he sido bendecido por tener y alimentar.
192. No soy descortés con las personas sin importar su estatus o situación.
193. Me rodeo de personas que amo y me importan, pero también tomo mi tiempo para alimentar mi relación conmigo mismo.

CAPÍTULO SIETE

AFIRMACIONES POSITIVAS PARA LA PAZ MENTAL

1. Estoy en paz.
2. A medida que me vuelvo más y más consciente de mí mismo en la eterna conciencia, me vuelvo más pacífico y estoy en paz con todo lo que sucede en mi vida.
3. La realidad física refleja esta paz para mí.
4. Mis relaciones son amorosas y armoniosas.
5. Soy un canal para amar la energía pacífica.
6. Estoy en armonía y en paz a pesar de lo que me rodea.
7. Mi cuerpo está relajado. Mi alma está en paz. Mi mente está en calma.
8. Mi intuición y sabiduría interior me guían en cada situación.
9. La vida siempre quiere lo mejor para mí.
10. Los retos a los que me enfrento son oportunidades de crecimiento.
11. Cada vez que exhalo, exhalo tensiones y ansiedades.
12. Cada situación me ayuda a estar mejor.
13. Soy calmado, paciente y tengo el control de mis emociones.
14. Mientras más doy, más recibiré.
15. Mis pensamientos negativos y autorreflejos personales se han ido.
16. Mi fuerza es más fuerte que mi ansiedad.
17. Dejo atrás el estrés para tener paz.
18. Mis pensamientos son positivos y están llenos de alegría.
19. Estoy a salvo. Confío en la vida y confío en mí mismo.

Afirmaciones positivas diarias

20. Me siento maravillosamente tranquilo y relajado.
21. Dejé ir todo lo que me preocupaba. Me enfrentaré a estos retos mañana.
22. Mi mente está en paz.
23. Mi mundo es un lugar pacífico, amoroso y lleno de alegría para vivir.
24. Siembro semillas de paz dondequiera que voy.
25. Me rodeo de personas pacíficas.
26. Mi ambiente de trabajo es tranquilo y pacífico.
27. Respiro paz, exhalo caos y desorden.
28. Mi casa es un santuario tranquilo donde me siento seguro y feliz.
29. Elijo la paz en todo lo que digo y hago.
30. Libero la ira y las heridas del pasado y me lleno de serenidad y pensamientos pacíficos.
31. La paz desciende alrededor de mí ahora y siempre.
32. Envío paz al mundo desde mi interior.
33. Respondo pacíficamente en todas las situaciones.
34. Me baso en la experiencia del momento presente.
35. Estoy concentrado y comprometido en la tarea que estoy realizando.
36. Soy consciente de que todo está bien ahora mismo.
37. Estoy agradecido por este momento y encuentro alegría en él.
38. Estoy libre de ansiedad y una paz interna llena mi mente y mi cuerpo.
39. No soy mis pensamientos y presto atención a mis acciones sin juzgarlas.
40. Estoy plenamente presente en todas mis relaciones.
41. Soy único. Me siento bien por estar vivo y ser yo.
42. Encuentro una profunda paz interior dentro de mí mismo tal como soy.
43. Estoy completamente libre de dolor y mi cuerpo está lleno de energía.
44. Cada día estoy más y más tranquilo.

Afirmaciones positivas diarias

45. Estoy en el momento presente y libero el pasado para vivir plenamente el ahora.
46. Tengo un aura pacífica a mi alrededor y tengo influencia en los que me rodean.
47. La calma me invade cada vez que respiro profundamente.
48. Medito fácilmente sin resistencia ni ansiedad.
49. Estar calmado y relajado energiza todo mi ser.
50. Todos los músculos de mi cuerpo se liberan y relajan.
51. Toda la negatividad y el estrés se están evaporando de mi cuerpo y de mi mente.
52. Respiro relajación. Exhalo estrés.
53. Incluso cuando hay caos a mi alrededor, permanezco calmado y centrado.
54. Trasciendo el estrés de cualquier tipo. Vivo en paz.
55. Regreso al momento presente con tranqulidad y facilidad.
56. Todo está bien en mi mundo. Estoy tranquilo, feliz y contento.
57. Caigo en un sueño profundo y relajante.
58. Estoy en la búsqueda de mi paz.
59. Cada encuentro o interacción conmigo puede ser descrito como pacífico.
60. Busco activamente la paz en mí mismo y en las personas que me rodean.
61. Participo en actividades que producen un estado mental pacífico y claro.
62. He hecho las paces con los errores que cometí en el pasado. Me niego a ser consumido por la culpa por esas acciones.
63. Dedico tiempo a cultivar pensamientos y palabras que promuevan la paz de mi mente durante todo el día.
64. Cancelo cualquier vibración negativa que amenace mi mente.
65. He encontrado mi espacio feliz y lo guardo fervorosamente.
66. Me siento bendecido de vivir la vida que vivo hoy.
67. Vivo el momento y no estoy preocupado ni ansioso por lo que sucederá mañana.

Afirmaciones positivas diarias

68. Me libero de cualquier emoción negativa que me esté estresando.
69. Incluso en la tormenta permanezco en calma.
70. Soy tan fuerte como la Tierra, por lo tanto, permanezco inquebrantable ante las pruebas.
71. Entiendo que la vida es un ciclo de altibajos. Puedo estar abajo hoy pero definitivamente hay un mañana mejor y estoy tranquilo sabiendo esto.
72. Estoy arraigado en la realidad del conocimiento de que esto pasará también.
73. Mi mente es como un arroyo lento en un día soleado. Es clara, limpia y tranquila.
74. Mi cuerpo reacciona positivamente al estrés.
75. Reconozco los factores estresantes de mi entorno y los evito sabiamente.
76. Me rodeo de personas interesadas en mantener la paz.
77. Tengo la prudencia mental para planear con anticipación y salvarme de un estrés innecesario.
78. Soy la encarnación de una vida tranquila y racional.
79. No me preocupan las expectativas de los demás.
80. No me revuelco en el miedo de lo que podría o no suceder mañana.
81. Tengo el valor de aceptar las cosas que no puedo cambiar en mi vida.
82. He creado exitosamente una atmósfera que es tranquila y serena en todos los lugares a los que voy.
83. Situaciones que normalmente provocaban pánico y ansiedad han perdido su control sobre mí.
84. Me alejo de las personas que se empeñan en robarme mi paz.
85. La paz que experimento a diario no es algo inconstante. Es tan sólido como una roca.
86. Hoy elijo experimentar la paz.
87. Soy un conducto para la paz y la armonía en mi mundo.
88. Reconozco y acepto mi responsabilidad como un ser de paz.

Afirmaciones positivas diarias

89. Hago el esfuerzo de asegurar que se mantenga la paz en todas mis relaciones.
90. Las decisiones que tomo hoy en mi vida traen paz a mi mente y a mi alma.
91. Me elevo por encima de las pruebas de la vida que me causan ansiedad y me consuelo en la alegría que promete el mañana.
92. Cuando surgen problemas no me dejo llevar por el pánico.
93. Mis acciones no están motivadas por el miedo, más bien pienso claramente.
94. Tengo una mente sana. Me niego a tener miedo.
95. Los eventos en mi vida hoy liberarán un torrente de paz y serenidad.
96. El universo está colaborando con todas las fuerzas positivas de mi vida para asegurar que mi paz mental se mantenga.
97. Soy consciente de los beneficios de vivir en este lugar de serenidad y hago todo lo que está a mi alcance para protegerlo.
98. Los acontecimientos de este día no pueden comprometer la paz que conozco.
99. La paz fluye en mi vida hoy como una corriente interminable de agua.
100. Tengo la mente despejada.
101. Estoy en paz con todos, incluso con las personas que se consideran mis enemigos.
102. La paz que experimento está arraigada en fuentes que van más allá de mis circunstancias
103. Soy capaz de reconocer las relaciones saludables en mi vida a través de la paz mental que experimento en ellas.
104. Rodeo mi corazón y mi mente con una cobertura que la protege de pensamientos o emociones negativas.
105. Participo consistentemente en prácticas que promueven mi paz mental.
106. Hoy me niego a estar ansioso.

Afirmaciones positivas diarias

107. Todos los días tomo la decisión de involucrarme conscientemente en emociones que son más productivas que la preocupación y la ansiedad.
108. Hoy me niego a preocuparme por cosas sobre las que no tengo ningún control.
109. Estoy reemplazando la carga de mis miedos con el flujo constante de paz en mi vida.
110. No me detengo en los miedos del mañana, sino que vivo en la alegría del momento.
111. Estoy haciendo un esfuerzo consciente en no posponer mi felicidad por miedos y preocupaciones.
112. Declaro que mi día sea en paz.
113. Soy un embajador de la paz.
114. He aprendido a evitar situaciones que me roban la paz.
115. Cada vez que inhalo, siento paz y restablezco la serenidad de la mente, mientras que cada vez que exhalo, dejo de sentir miedo y ansiedad.
116. A medida que controlo mi respiración, puedo controlar cualquier emoción que despierte el pánico y la ansiedad dentro de mí.
117. Estoy bien informado en cuanto a prácticas, afirmaciones y acciones que me calman en caso de un ataque de pánico.
118. Mi mente es un lugar sano, rico en paz y felicidad.
119. Tengo todos los recursos que necesito para crear un ambiente y una atmósfera pacífica en casa.
120. Mi casa está impregnada de tanta paz y serenidad que la gente olvida sus problemas en el momento en que entra en ella.
121. He superado mis miedos y he encontrado consuelo en la voz interior.
122. Soy capaz de encontrar la paz incluso cuando llega la oscuridad.
123. Los dolores y ansiedades con los que he luchado en el pasado ya no controlan mi estado de ánimo.

Afirmaciones positivas diarias

124. Conecto la tranquilidad de la que disfruto hoy a la fuente universal de la paz.
125. Mi mente no es como un barco que es golpeado y sacudido en el mar con cada ola o tempestad que viene, sino que estoy parado como una montaña...inquebrantable e inamovible.
126. La paz mental que experimento es genuina.
127. Los asuntos de la vida no pueden impedirme vivir la felicidad.
128. Mi felicidad y mi paz van de la mano, ya que no experimento una sin la otra.
129. He elegido este día para tener paz mental porque merezco ser feliz.
130. Hay tanta paz y felicidad en mi interior que no necesito buscar la felicidad en el exterior.
131. Ya no estoy decepcionado por las acciones de otras personas, ya que he optado por dar un mayor valor a mi felicidad y a su procedencia.
132. Mi vida es una marcha constante de alegría, felicidad, paz y bienestar, y yo estoy en el centro de todo ello.
133. No vivo mi vida con remordimientos. He tomado las decisiones que he tomado, y he tomado las acciones que he tomado. Y hoy he hecho las paces con todos ellos.
134. Estoy dando el paso deliberado de sembrar semillas hoy que producirán beneficios en mi futuro mañana, dándome una plataforma para liberarme de la ansiedad.
135. La paz y la tranquilidad que experimento es contagiosa. Las personas que entran en contacto conmigo reflejan inmediatamente la tranquilidad que siento.
136. Tengo una visión vívida del futuro que deseo, por lo tanto, ni siquiera las circunstancias oscuras pueden sacudirme.
137. Conozco mi lugar en el universo y he llegado a un lugar de aceptación del mismo.
138. Tengo una muy buena comprensión de mi propósito en la vida, así que no estoy ansioso por ello.
139. No tengo miedo de los desafíos que se avecinan.

Afirmaciones positivas diarias

140. Sé que me espera una victoria triunfal, así que ni siquiera este fracaso actual puede detenerme.
141. Soy lo suficientemente sabio como para saber que ceder ante mis miedos es aceptar un posible resultado que aún no ha sido determinado.
142. Hoy elijo aceptar la posibilidad de que todo vaya bien conmigo.
143. He entrenado con éxito a los leones que merodean en mis pesadillas y he convertido mis miedos en un podio para el triunfo de manera exitosa.
144. Preocuparme no tiene sentido, así que he decidido no perder el tiempo en ello.
145. Soy una fuerza pacífica a la que hay que tener en cuenta, nada puede detenerme.
146. Estoy tranquilo y sereno ante los problemas.
147. Soy capaz de tomar decisiones racionales de manera consistente porque no opero desde un lugar de caos.
148. Soy un compañero fiable, capaz y fuerte en tiempos de crisis porque siempre estoy tranquilo.
149. Soy capaz de tamizar entre los escombros para tomar una decisión clara y concisa.
150. Mi vida ahora mismo es una manifestación constante de paz y felicidad.
151. Puedo ver la luz al final del túnel incluso en la noche más oscura.
152. Dejor ir la ansiedad y acepto la calma.
153. Dejo ir el miedo y acepto el coraje.
154. Dejo ir la preocupación y acepto la confianza.
155. Dejo ir el pánico y acepto la quietud.
156. Dejo ir el caos y acepto el orden.
157. Dejo ir el dolor y acepto la curación.
158. Dejo ir el dolor y acepto los benditos recuerdos.
159. Dejo ir la tristeza y acepto la alegría.
160. Dejo ir la angustia y acepto el amor.
161. Dejo ir la culpa y acepto la libertad.

Afirmaciones positivas diarias

162. Dejo ir el odio y abrazo la aceptación.
163. Dejo ir la avaricia y acepto la satisfacción.
164. Dejor ir la oscuridad y acepto la luz.
165. Dejo ir el odio a mí mismo y acepto el amor a mí mismo.
166. Dejo ir la falsedad y acepto la autenticidad.
167. Dejo ir las expectativas y acepto las posibilidades.
168. Dejo ir las pérdidas y acepto la recuperación.
169. Dejo ir la gloria pasada y acepto mis viajes futuros.
170. Dejo ir los errores y acepto las perspectivas.
171. Dejo ir la indulgencia excesiva y acepto la moderación.
172. Dejo los celos y acepto la confianza.
173. Dejo ir la ira y acepto el remordimiento.
174. Dejo ir los fracasos y acepto las lecciones.
175. Dejo ir el miedo y acepto sorpresas hermosas.
176. Dejo ir las distracciones y acepto las cosas que me interesan.
177. Dejo ir la agresión y acepto la unidad.
178. Dejo ir la melancolía y acepto el optimismo.
179. Dejo ir las excusas y acepto los logros.
180. Dejo ir los pensamientos amargos y acepto los recuerdos positivos.
181. Dejo ir la vergüenza y acepto mi singularidad.
182. Dejo ir mi pobre autoestima y acepto el poder dentro de mí.
183. Dejo ir la desaprobación y acepto lo asombroso que soy.
184. Dejo ir el control y acepto la fluidez.
185. Dejo ir el orgullo y acepto la humildad.
186. Dejo ir la confusión y acepto la solidez de la mente.
187. Dejo ir las críticas y acepto la autofirmación positiva.
188. Todo lo que necesito hacer ahora mismo es respirar.
189. Estoy en un espacio seguro y me rodea una energía cálida y positiva.
190. Suelto cualquier carga que haya afectado mi sueño.
191. Me acuesto sabiendo que todo va bien en mi mundo.
192. Estoy en paz y con mucho sueño. Estoy listo para quedarme dormido.

CAPÍTULO OCHO

AFIRMACIONES POSITIVAS PARA LA ESPIRITUALIDAD

1. Lo divino guía todas mis acciones.
2. Soy un ser espiritual que es guiado divinamente.
3. Estoy alineado con el universo.
4. La gracia y el amor de Dios están obrando a través de mí.
5. Emito amor y alegría, presencia y apertura total hacia todos los seres.
6. Todos los problemas son ilusiones de la mente y estoy lo suficientemente iluminado para reconocerlo.
7. Soy una fuente de luz. No contamino mi bello y radiante Ser Interior ni la Tierra con negatividad. No transmito desdicha en ninguna forma, en absoluto. Yace un hogar dentro de mí.
8. Mi paz es tan vasta y tan profunda y arraigada en lo sobrenatural, que todo lo que no es paz, desaparece en ella como si nunca hubiera existido.
9. Soy lo suficientemente espiritual como para encontrar una expresión creativa para mí mismo.
10. Ninguna acción negativa que se me haya hecho nunca, o que yo haya hecho a otros, puede tocar, ni siquiera de la más mínima manera, la esencia radiante de quien soy realmente.
11. Soy una creación Divina, una pieza vital de Dios, por lo tanto, no puedo ser indigno.
12. Soy empático y compasivo. Percibo las experiencias de los demás tan agudamente al igual que siento las mías.
13. Debido a que estoy espiritualmente en sintonía, soy lo suficientemente poderoso para superar la negatividad.

Afirmaciones positivas diarias

14. Estoy conectado a una fuente de abundancia ilimitada.
15. Tengo la capacidad de realizar cualquier tarea que me proponga con facilidad y comodidad.
16. Mi enfoque no está en el millón de cosas que pueda tener que hacer en el futuro, sino en la única cosa que puedo hacer ahora mismo.
17. Tengo acceso a ayuda ilimitada. Mi fuerza viene de mi conexión con mi Fuente de ser.
18. Estoy contento con lo que tengo. Me regocijo en la forma en que son las cosas porque tengo la previsión espiritual de saber que todo lo que hago será a mi favor.
19. Me relajo y dejo de lado todas mis cargas, permitiendo que Dios exprese su perfecto amor, paz y sabiduría a través de mí.
20. Me doy cuenta de que no falta nada. Todo el mundo me pertenece.
21. Dios está dentro y alrededor de mí protegiéndome; así que voy a desterrar el temor que excluye Su luz guía.
22. Soy un ser infinito. La edad de mi cuerpo no tiene nada que ver con lo que hago o lo que soy.
23. El poder sanador del Espíritu está fluyendo a través de todas las células de mi cuerpo.
24. En todas mis células brilla la luz sanadora de Dios. Mis células están completamente bien, pues Su perfección está en ellas.
25. La salud perfecta de Dios impregna los rincones oscuros de mi enfermedad corporal.
26. Mientras despejo mi vida, me libero para responder a los llamados de mi alma.
27. Diariamente buscaré la felicidad cada vez más en mi mente, y cada vez menos a través de los placeres materiales.
28. Tengo paciencia infinita cuando se trata de cumplir con mi destino ordenado por Dios.
29. Estoy constantemente sumergido en la luz eterna.

Afirmaciones positivas diarias

30. Vivo en el momento presente agradeciendo todas las experiencias de mi vida cuando fui un niño.
31. Estoy hecho de la sustancia universal de Dios.
32. Ser yo mismo como fui creado no implica ningún riesgo. Es mi última verdad y vivo en ella sin miedo.
33. Con la espada de devoción al Dios que sirvo fervientemente, corto todas las cuerdas del corazón que me atan a cualquier delirio sobre mi verdadera esencia.
34. Purificaré mi mente y me vaciaré de miedo con el pensamiento de que Dios está guiando cada uno de mis movimientos.
35. La luz del Universo impregna cada partícula de mi ser.
36. Yo estoy con Dios y Dios está siempre conmigo.
37. Con un amor profundo y sincero, pongo mi corazón a los pies del Omnipresente.
38. El amor de Dios está obrando a través de mí ahora y siempre.
39. Soy una extensión del amor de Dios.
40. Siempre me esforzaré por ayudar a sonreír a las personas que lloran, sonriéndome yo mismo, incluso cuando sea difícil hacerlo.
41. El Espíritu Divino es omnipresente. Lo sentí alrededor de mí y estoy guiado en cada paso de este viaje llamado vida.
42. Estoy viviendo en esa luz. El Espíritu Divino me llena por dentro y por fuera.
43. Todos mis pensamientos, palabras y acciones son guiados divinamente.
44. Dios es el pastor de mis pensamientos inquietos. Él los guiará a su morada de paz.
45. El Universo provee todas mis necesidades natural y gratuitamente. Así que no estoy preocupado.
46. Soy fuerte en mi fe y en mis creencias.
47. Soy un ser espiritual teniendo una experiencia humana.
48. Mi mente y cuerpo están en completa alineación con el Universo y siempre estoy fluyendo.

Afirmaciones positivas diarias

49. Mi espiritualidad expresa mi fe en mi Dios audazmente.
50. Mi fe y mis creencias están vivas para mí.
51. Soy responsable de mi propio crecimiento espiritual.
52. Soy valiente en el conocimiento del poder divino y el amor que está despierto dentro de mí.
53. Agradezco la divinidad que he elegido reconocer.
54. Las palabras que alimentan mi crecimiento espiritual cobran vida en todas las áreas de mi vida.
55. Confío en que todo en mi vida está trabajando para mi mayor bienestar y estoy recibiendo todo lo que se supone que debo tener.
56. Mi fe y mi espiritualidad siguen siendo inquebrantables.
57. Mi fe en lo divino me mantiene humilde.
58. Soy una expresión divina de un Dios amoroso.
59. Doy gratitud y alabanza a Dios en las más altas esferas.
60. Mi vida se caracteriza por una expresión de la divinidad de Dios.
61. Me baso en los principios que guían mi fe. Dejé ir el miedo. Dejé ir el dolor. Vivo enamorado.
62. Cada día me fortalezco más y más en mi fe.
63. Mi espiritualidad se inspira en una profunda fe en Dios y en todas las cosas divinas.
64. Mi fe me rodea y me completa.
65. Las personas con las que me encuentro reconocen mi fe y se inspiran en ella.
66. Soy una persona amorosa y amable que perdona de acuerdo con mi naturaleza espiritual.
67. Mi fe en Dios me da valor y confianza.
68. Presto tanta atención a mi salud espiritual como a mi salud mental y física.
69. Sé que puedo dominar cualquier cosa con la guía divina.
70. Soy guiado por una fuerza superior a mí mismo.
71. El amor de Dios fluye a través de mí. Yo soy Suyo, Él es mío.
72. El amor de Dios irradia a través de mí.

Afirmaciones positivas diarias

73. Dios me ama completa y sanamente.
74. Soy el amor personificado.
75. El plan universal de mi vida está lleno de amor, paz y alegría.
76. Mi casa está llena del amor de Dios.
77. Me rindo a Dios. Él siempre está conmigo. Sólo cumplo sus órdenes.
78. Canalizo la energía y el amor del infinito.
79. Pido perdón a todos aquellos a los que he ofendido y perdono a todos aquellos que me han ofendido...
80. Mi fe en Dios eleva a los que me rodean.
81. Mi fe en un espíritu superior me mantiene anclado.
82. La religión para mí es una forma de vida. Es una forma de vivir una vida moral y éticamente correcta.
83. Mi Fe es el fundamento de mi Vida y vivo mi Vida de acuerdo a mi Fe en Dios.
84. Estoy comprometido con Dios y Dios está comprometido conmigo también.
85. Estoy rodeado del amor de Dios.
86. Mi espíritu superior me guía en la dirección de mis sueños.
87. Cuando amo más a la gente, recibo aún más amor del universo a cambio.
88. Mi relación con Dios es una relación poderosa.
89. Mi fe en Dios me libera de toda preocupación, ansiedad y duda.
90. Todo está bien.
91. Me dejo llevar y pongo mi vida en las manos de Dios para que me guíe y me lleve de la mano.
92. Cuando mis intenciones son claras, el Universo coopera conmigo y puedo lograr cualquier cosa.
93. Sólo pienso en cosas positivas y el universo se asegura de que sucedan cosas positivas en mi vida.
94. Siento una esencia espiritual que siempre está conmigo guiándome.
95. Mi fe me eleva por encima de mis miedos.

Afirmaciones positivas diarias

96. Estoy junto con lo Divino aquí y ahora.
97. Respiro mi vitalidad espiritual y me siento vivo cada día.
98. Estoy alineado con mi propósito superior.
99. Creo que el camino de Dios para mí es abundante y alegre.
100. Todo es posible en el nombre de Dios, nuestro Padre.
101. Confío en que todos los acontecimientos de mi vida se desarrollen como deben ser.
102. Así como yo amo a todas las criaturas, ellas permanecen en amor hacia mí.
103. Yo amo con el perfecto Amor de Dios. Veo con los ojos perfectos de Dios.
104. Respetuosamente pido la guía divina en todas las áreas de mi vida.
105. El Espíritu divino está guiando mis pasos ahora y todo se está desarrollando para mi bien.
106. Soy fuerte en mi fe de un poder superior.
107. El Universo me guía y formo parte de un plan mayor.
108. Yo creo el plan perfecto para mi vida eligiendo los pensamientos perfectos.
109. Las experiencias de mi vida me llevan a estar más cerca de Dios. Dios sabe cuál es el mejor regalo posible para mí en cualquier momento.
110. Soy un canal perfecto y abierto para la Paz divina, el Amor divino, la Abundancia divina y la Inspiración divina.
111. Toda la creación está conspirando por mi bien.
112. Soy un ganador y sólo atraigo el éxito a través del poder de mi fe.
113. Soy un imán para las cosas buenas ilimitadas de Dios y las atraigo sin esfuerzo y fácilmente.
114. Abro mi mente y mi corazón al amor perfecto de Dios.
115. Acepto con gratitud la totalidad y salubridad de todos mis buenos beneficios.
116. Hoy cuando Dios abra las ventanas del cielo y me derrame una bendición, hago espacio para recibirla.

Afirmaciones positivas diarias

117. El divino gobernante del universo me da todo lo que quiero y necesito.
118. Busco una relación auténtica con Dios.
119. Sé que mi luz brilla porque la Luz Divina dentro de mí está siempre brillando.
120. Pongo mi vida en las manos del Amor Infinito y de la Sabiduría Divina.
121. Los secretos de la eternidad son revelados ante mí ahora y se han convertido en mi realidad.
122. El Amor infinito fluye a través de mí, dentro de mí.
123. Soy una manifestación de la presencia divina.
124. Ahora estoy atrayendo todo lo que necesito sin esfuerzo y con facilidad.
125. Mi fe me hace sentir completo en espíritu, alma y cuerpo.
126. Todo lo que busco ahora me busca a mí.
127. Yo elevo a Dios por todo lo alto y él me eleva a mí.
128. Soy parte de un mundo espiritualmente encantado lleno de oportunidades e ideas emocionantes.
129. Cada una de mis experiencias espirituales está llena de alegría.
130. Sé exactamente qué hacer y cómo hacerlo en todo momento. Soy espiritualmente sabio y estoy en sintonía.
131. Acepto el glorioso desorden que mi vida puede parecer ahora, y lo ofrezco como una oración de gratitud.
132. Mi vida pertenece a Dios.
133. Abro las puertas que conducen a mis buenos beneficios y reclamo mi herencia divina.
134. Cada célula de mi cuerpo está funcionando en perfecto orden Divino.
135. El mundo que me rodea es mi patio de recreo, y encuentro alegría en cada experiencia.
136. Estoy orgulloso de ser parte de la naturaleza. Mi mundo está lleno de océanos de amor y montañas de coraje.
137. Mi fe y discernimiento espiritual crean mi realidad.

Afirmaciones positivas diarias

138. Tengo muchos puntos fuertes y talentos inspirados por la naturaleza. La naturaleza me ayuda a entender que soy parte de un mundo infinito.
139. Ahora estoy envuelto por lo Divino, abrazado y acariciado, nutrido y protegido.
140. Soy la expresión de un Dios amoroso.
141. El Espíritu divino está siempre a mi alrededor.
142. Soy perfecto a los ojos de lo divino.
143. Permanezco en la perfecta integridad de la creación.
144. Estoy donde el universo quiere que esté.
145. Me deleito en la gracia y misericordia de Dios.
146. Soy un ser eterno con posibilidades infinitas a mi alrededor.
147. Sobresalgo viviendo la Vida perfecta como fue diseñada por lo divino.
148. Dios es bueno.
149. El bien domina todas mis experiencias.
150. Soy un ser fuerte con muchas habilidades y destrezas.
151. Me siento inspirado a tomar la acción correcta, moral, ética y espiritualmente en cada momento.
152. Estoy enfocado en encontrar las mejores partes de la naturaleza y disfrutarlas.
153. Dios conoce mis necesidades y las satisface.
154. La divinidad habita en mí como el espíritu vivo que respira, por lo tanto, ahora estoy entero, perfecto y completo en todos los sentidos.
155. Sé que las personas que me rodean son también fuerzas mágicas de la naturaleza.
156. Dios vive dentro de mi corazón y en mi subconsciente.
157. Mi vida es parte de un tejido eterno que conecta al mundo.
158. Soy parte de un mundo hermoso que me da la bienvenida.
159. Dios dentro de mí es potente, poderoso e indetenible.
160. Creo en el poder creativo de la naturaleza para transformar mi vida.

Afirmaciones positivas diarias

161. Soy Divinamente guiado e inspirado en todo lo que pienso, hago y digo.
162. Mi vida se enriquece con las experiencias de otras personas.
163. El estudio, la oración y la meditación me preparan para vivir mi fe.
164. Soy una fuerza de la naturaleza con la capacidad de controlar mis circunstancias.
165. Mi fe me motiva a cuidar de mi bienestar.
166. Mi fe define mi vida y me da un propósito. Hago un llamado a mi fe para las tareas rutinarias y los pequeños gestos, así como para las grandes demandas.
167. Mi fe me anima a dar más. Comparto mi tiempo y recursos con mi familia, amigos y comunidad.
168. Estoy cobijado y envuelto por la Paz perfecta de Dios.
169. Construyo una base sólida que me inspira y me da poder.
170. Mi fe me llena de gratitud. Doy gracias por mis bendiciones.
171. Me siento en paz, tranquilo y alegre.
172. La naturaleza me da fuerza y energía para poder disfrutar del mundo que me rodea.
173. Mi fe aumenta mi paciencia. Acepto los retrasos y contratiempos como una parte natural de la vida. Mantengo la calma y me adapto a cualquier circunstancia que se me presente.
174. Mi fe juega un papel guía en mi vida diaria. Pongo mis creencias en acción.
175. Mi fe da forma a mi forma de hablar. Elijo palabras gentiles que transmiten mi respeto y afecto por los demás. Promuevo la paz y la armonía a través de la tolerancia.
176. Estoy cobijado por la misericordia del Espíritu.
177. Desarrollo el coraje y la sabiduría para superar los desafíos y uso mis dones espirituales para servir a los demás y crear una vida mejor para mí mismo.
178. Comprender y apreciar la naturaleza me hace feliz.

Afirmaciones positivas diarias

179. Construyo una base espiritual fuerte que me inspira y me da poder.
180. Hoy estoy centrado en mi corazón y más cerca del Espíritu.
181. Estoy perfectamente bendecido y soy una bendición perfecta para el mundo.
182. Hoy reconozco que soy una fuerza poderosa de la naturaleza. Mi vida está llena de oportunidades increíbles que la naturaleza hace posibles.
183. Sé que soy una fuerza eterna y soy parte de un mundo milagroso.
184. Dondequiera que voy, todo lo que veo, todo lo que experimento, es una prueba visible de que estoy apoyado y sostenido por la totalidad de la creación.
185. Mi corazón y mi vida están abiertos para recibir toda bendición divina.
186. El Espíritu de Dios interior conoce la manera perfecta de responder a cada una de mis necesidades y deseos, de esa manera, todas mis necesidades están cubiertas.
187. Ahora es el momento para estar bien.
188. Pido la guía Divina paciente y respetuosamente sobre cualquier cosa.
189. Estoy anclado en el amor. Estoy animado por el amor. Las alas del amor me elevan a la comunión perfecta con toda la vida en todas partes.
190. Vivo el momento y estoy agradecido por todas mis experiencias de vida. Todas ellas.
191. Me veo a mí mismo y la chispa de la divinidad en los demás.
192. Hoy demuestro mi fe. Mis acciones reflejan mis creencias.

CAPÍTULO NUEVE

AFIRMACIONES POSITIVAS PARA PROFESIONALES

1. Avanzo en mi carrera con cada acción que tomo.
2. Tengo el trabajo de mis sueños.
3. Amo cada día que trabajo.
4. Mi carrera me acerca a mi familia.
5. Mi trabajo me trae abundancia financiera.
6. A mis compañeros de trabajo les encanta estar cerca de mí.
7. Mi jefe valora el trabajo que hago.
8. Soy un empleado valioso.
9. Mis clientes aprecian y valoran mi trabajo.
10. Atraigo nuevos clientes todos los días.
11. Mi actitud positiva, confianza y trabajo duro atrae naturalmente nuevas oportunidades.
12. Estoy entusiasmado y emocionado con mi trabajo.
13. Mi entusiasmo por mi trabajo es contagioso.
14. Mi lugar de trabajo es tranquilo y lleno de amor.
15. Tomo decisiones con facilidad.
16. Hablo positivamente de mis compañeros de trabajo y ellos responden hablando positivamente de mí.
17. Afirmaciones de Trabajo y Carrera.
18. Mi trabajo añade satisfacción y plenitud a mi vida.
19. Estoy exactamente donde quiero estar. Mi carrera me proporciona las oportunidades adecuadas para crecer.

Afirmaciones positivas diarias

20. Soy valorado y apreciado en mi lugar de trabajo. Mi voz siempre es escuchada.
21. Pido un trabajo significativo y lo realizo con la mayor diligencia y atención.
22. Mi trabajo tiene un impacto profundo en este mundo.
23. Ahora mismo, el trabajo que estoy buscando me está buscando a mí.
24. Soy un gran empleado. Cualquier empleador tiene suerte de tenerme.
25. Soy una ventaja para cualquier organización y lo demuestro en cada entrevista.
26. Cada vez que me entrevistan para un trabajo, irradio confianza y energía.
27. Están apareciendo oportunidades increíbles en mi vida de la nada.
28. Estoy listo para mis entrevistas. Estoy seguro en mis entrevistas. Tengo éxito en mis entrevistas.
29. Estoy creando la carrera de mis sueños.
30. El cambio de carrera es una oportunidad para tener la carrera que quiero. Esta vez elijo una gran carrera para mí.
31. ¡No más excusas! Me merezco un trabajo que me satisfaga y estoy listo para encontrarlo.
32. Me comprometí a ser feliz en esta búsqueda de trabajo y mi determinación vale la pena.
33. Cada vez que digo "no" al trabajo equivocado, me acerco al trabajo perfecto.
34. Me veo en mi trabajo ideal.
35. Actúo con confianza y tengo un plan, y acepto que los planes están abiertos al cambio.
36. Me encantan los desafíos porque sacan lo mejor de mí.
37. Aprendo nuevos sistemas y procesos fácilmente y sin esfuerzo.
38. Soy amable, cariñoso y compasivo. Realmente me preocupo por los demás.

Afirmaciones positivas diarias

39. Tener confianza en mí mismo viene de forma natural. No necesito cuestionar mi confianza.
40. No necesito ser perfecto. Ya soy lo suficientemente bueno y soy digno de una gran vida.
41. No tengo necesidad de compararme con otras personas. Sólo me juzgo a mí mismo por mis propias normas de éxito. Soy suficiente tal como soy.
42. Canalizo amor, positividad y energía a toda la gente que me rodea.
43. Afirmaciones Positivas para Mujeres en el Trabajo.
44. Cuido de mí mismo y reconozco cuando necesito tomar un descanso. Me siento bien cuidando de mí mismo.
45. Soy exitoso y confío en mis habilidades para hacer mi trabajo.
46. Soy un miembro competente del equipo. Tengo el conocimiento y las habilidades que necesito ahora mismo.
47. Me muevo al ritmo perfecto. No necesito acelerar o desacelerar.
48. Abrazo el éxito. Las palabras "No puedo" no son algo que diga. Me niego a creer incluso mis propias excusas. Soy indetenible.
49. Me tomo mis metas muy en serio. Soy consciente de que mi tiempo en la tierra es finito. Respeto mi vida haciendo las cosas que amo.
50. Me niego a comprometerme demasiado. Puedo decir "no" cuando lo necesito. Protejo mi tiempo porque lo merezco y es invaluable.
51. Mi trabajo es un proceso de autotransformación que me trae paz interior, salud y prosperidad.
52. Estoy casi en la recta final. Sé que tengo lo necesario para alcanzar mis metas.
53. Mi trabajo duro, humildad y persistencia valdrán la pena. Nada de mi trabajo va a ser en vano.

Afirmaciones positivas diarias

54. La pasión que tengo por mi trabajo me permite crear verdadero valor. Tengo la suerte de tener un trabajo que me proporciona las finanzas que necesito para vivir una buena vida.
55. Trabajo muy duro y siempre hago mi mejor esfuerzo personal. Creo en mí mismo y sé que puedo hacer cualquier cosa. Me merezco todas las cosas positivas que me vienen en la vida.
56. El trabajo que hago beneficia a la sociedad en la que vivo, y soy una parte valiosa de mi comunidad.
57. No me rindo cuando las cosas se ponen difíciles. Sigo trabajando hasta que termino lo que empecé.
58. Mi trabajo es satisfactorio, inspirador y enriquecedor. No sólo me ayudo a mí mismo, sino que también ayudo a otros.
59. Me veo a mí mismo alcanzando la cima del éxito cuando lo imagino y trabajo duro todos los días hasta que estoy donde quiero estar en mi carrera.
60. Aporto algo único a la mesa que nadie más puede y que me hace especialmente valioso para mi empresa.
61. Soy un líder capaz. Otros se sienten atraídos por mi carisma en el trabajo y me admiran en tiempos de crisis.
62. Me mantengo fiel a mis valores y a mi ser auténtico. No me comprometo por nadie más. Mi éxito vendrá sin concesiones.
63. No necesito demostrar que valgo. Mi trabajo es suficiente para que la gente vea su valor. Las personas reconocen lo que valgo sin necesidad de que se lo digan.
64. Los éxitos de otras personas me permiten seguir creciendo. Estoy feliz por cualquiera que logre sus metas y me esforzaré por seguir logrando las mías.
65. Cultivo un sentido de gratitud y agradezco a los demás por su amabilidad en el trabajo.
66. Aprecio mi educación y la oportunidad de hacer un trabajo significativo.

Afirmaciones positivas diarias

67. No importa lo ocupado que esté, sigo involucrada activamente en mi comunidad. Consuelo a un amigo que se siente triste y ayudo a un vecino anciano con el trabajo de jardinería.
68. Mi misión más importante en la vida es ser fiel a mí mismo.
69. Acepto la energía que recibo del trabajo y de mis compañeros de trabajo.
70. Incluso cuando es poco común, elijo proteger y mantener mis creencias porque me mantienen como una persona honesta.
71. A veces mis compañeros de trabajo hacen que los nuevos empleados se sientan fuera de lugar. Evito unirme a ellos ayudando a que las personas nuevas se sientan bienvenidas.
72. La autodisciplina es mi fuerte. Me conduzco en el trabajo de manera profesional.
73. Sé cómo lograr un equilibrio saludable en la vida. En el lugar de trabajo, el trabajo es mi prioridad, y en casa, la familia es mi prioridad.
74. Soy conocido por ser trabajador y por aprovechar todas las oportunidades que se me presentan.
75. Soy un maestro de ventas para la compañía para la que trabajo.
76. La carrera para mí es un medio para alcanzar un fin. Ese fin es la felicidad y la realización del potencial y mi carrera me lo está proporcionando en abundancia.
77. Siempre estoy listo para aprender y crecer en mi trabajo.
78. La diligencia en el trabajo, la honestidad en la actitud y un estado de ánimo positivo me abren nuevos horizontes en mi carrera.
79. Los frutos de mi trabajo son siempre tan dulces y gratificantes.
80. Mi principal objetivo es la satisfacción de mis clientes y me esfuerzo al máximo para conseguirlo.
81. Acepto comentarios constructivos y los pongo en práctica para mi beneficio.

Afirmaciones positivas diarias

82. Hoy veo la forma en que este trabajo contribuye a mi crecimiento.
83. Trabajo duro en lo que hago. Trabajo inteligentemente con sabiduría y aplico mis habilidades, merezco los elogios que me gano.
84. Soy un apasionado de mi trabajo. Reconozco y aprovecho las oportunidades cuando aparecen.
85. Los clientes a los que me dirijo en nombre de la empresa me quieren y confían en mí y, como resultado, mi lista de pedidos está repleta.
86. Siempre estoy entusiasmado y mi entusiasmo se transmite a mis compañeros de trabajo y esto se traduce en un día de trabajo productivo para todos nosotros.
87. Siempre atraigo a los mejores proyectos y a las mejores personas para que los ejecuten debido a mi actitud mental positiva.
88. No me siento frustrado porque tengo la libertad de mantener este trabajo o de encontrar uno mejor cuando quiera.
89. Mi carrera es lo que hago de ella y hoy he tomado la decisión de hacer de ella una experiencia feliz y exitosa.
90. Hoy puedo ver la forma en que este trabajo contribuye a mi bienestar financiero.
91. Mi carrera es sólo mía y hoy me hago cargo de ella.
92. Sé que estoy bendecido con el trabajo que tengo. Me recuerdo a mí mismo que debo estar contento con lo que tengo.
93. Hoy elijo centrarme en la positividad y disfrutar de la belleza que me rodea. Doy un paseo por mi barrio para maravillarme con la naturaleza y renovar mi energía.
94. Me convertí en un (inserte el puesto de trabajo actual) para marcar la diferencia y hoy estoy aprovechando todas las oportunidades para hacerlo.
95. Al alinear mi carrera con mis verdaderos talentos, pasiones y habilidades, el dinero que deseo y la felicidad de la realización fluyen hacia mí.

Afirmaciones positivas diarias

96. Estoy feliz de que el trabajo que hago me beneficie a mí y a la sociedad en la que vivo.
97. Soy una persona valiosa en mi lugar de trabajo y mi voz siempre se escucha con respeto.
98. Subo en la escalera corporativa con integridad y confianza.
99. Reconozco mi potencial en este lugar y celebro mis logros.
100. Soy capaz de equilibrar mi carrera con mi vida familiar para que ambos estén en armonía el uno con el otro.
101. Moldeo mi carrera actual para que coincida con mis metas en la vida.
102. Estoy atrayendo a mi vida el trabajo de mis sueños y el trabajo más adecuado para mí.
103. Estoy manifestando el trabajo de mis sueños.
104. Siempre veo posibilidades, me niego a ver callejones sin salida en mi carrera.
105. Me gusta trabajar en el trabajo de mis sueños.
106. Fuera del trabajo, tengo un fuerte sistema de apoyo. Valoro a mi familia y a mis amigos. Les hago saber que son una parte vital de mi vida.
107. Estoy consciente de que el Universo está haciendo todos los arreglos perfectos para el trabajo de mis sueños.
108. No estoy únicamente centrado en mí mismo y en el crecimiento de mi carrera. Comparto mis riquezas, mi tiempo y mis ideas con los demás.
109. Una gran empresa me ha ofrecido un trabajo de ensueño.
110. Tengo una gran relación con la gente con la que trabajo, al igual que con mi jefe.
111. He encontrado un trabajo rentable y me encanta trabajar allí.
112. Hoy mis afirmaciones me atraen el trabajo que me gusta hacer.
113. Pensar en mis victorias recientes aumenta mi confianza y me inspira a apuntar más alto.
114. Hoy declaro que estoy trabajando en una empresa de éxito, en un lugar de trabajo excelente con gente maravillosa.

Afirmaciones positivas diarias

115. Estoy atrayendo el trabajo adecuado a mi vida.
116. Hoy decido crecer y mejorar a través de la colaboración con mis colegas.
117. Estoy manifestando un gran trabajo que me encanta y disfruto, y mi trabajo me está trayendo mucho dinero.
118. Las puertas de las oportunidades se abren para mí en este día.
119. Soy el motor del éxito de mi carrera.
120. Estoy haciendo las conexiones correctas en el trabajo.
121. Soy un (insertar un puesto de trabajo de ensueño) de clase mundial y se me presenta la oportunidad de demostrarlo todos los días.
122. He encontrado el trabajo soñado para mí. Estoy en el lugar correcto y me gusta la gente con la que trabajo.
123. Estoy trabajando en el trabajo de mis sueños ahora mismo.
124. Manejo el estrés en el trabajo escuchando música que alivia mi tensión y me anima.
125. Hoy y todos los días utilizo mis talentos en formas productivas.
126. Mi ética de trabajo asegura que obtenga promociones regulares e incentivos monetarios.
127. Asumo toda la responsabilidad de mi trabajo.
128. Estoy emocionada por tener este trabajo y trabajo diligentemente para sacarle el máximo provecho.
129. No hay límites a la grandeza que logro.
130. Mi empatía por los demás está viva incluso en el trabajo. Intervengo cuando un compañero de trabajo está abrumado y me tomo tiempo para escuchar cuando un amigo está pasando por un momento difícil.
131. Siempre trabajo para jefes increíbles.
132. Cuido bien a mis hijos menores y los guío adecuadamente. Soy amigable con mis colegas y respetuoso con mis mayores.
133. Estoy trabajando en el trabajo de mis sueños.

Afirmaciones positivas diarias

134. Me abro para recibir la oferta de trabajar en un trabajo de ensueño.
135. Pongo mucho valor y esfuerzo en comprometerme con las cosas en las que creo.
136. Mi trabajo no me define, pero tengo el poder de definir mi trabajo.
137. Hoy veo la forma en que este trabajo contribuye a mi felicidad.
138. Mi empleo ideal me está llegando ahora mismo.
139. Amo y disfruto de mi trabajo porque en él me siento realizado.
140. Mis conocimientos, sabiduría y habilidades me ayudan a hacer una contribución valiosa a mi trabajo, a la sociedad y a mantener a mi familia.
141. Soy el director de mi carrera y tomo la iniciativa de tener la carrera que quiero.
142. Estoy trabajando en un trabajo que me encanta y estoy recibiendo un salario muy atractivo.
143. El ambiente de mi lugar de trabajo no es tóxico y como resultado, crezco en mi carrera.
144. Tengo un potencial ilimitado y el trabajo de mis sueños me está buscando.
145. Estoy trabajando en un empleo que me gusta y disfruto, y que es muy satisfactorio y pleno todos los días.
146. Me encanta y disfruto de mi trabajo. Mi trabajo me está trayendo mucho dinero y alimenta mi pasión.
147. Cuando surgen desafíos profesionales, mantengo mi atención centrada en las cosas buenas que suceden en mi lugar de trabajo.
148. Confío en mis capacidades y habilidades para atraer el trabajo de mis sueños.
149. Soy un gran empleado. Cualquier empleador tiene suerte de tenerme.

Afirmaciones positivas diarias

150. Soy una ventaja para cualquier organización y lo demuestro en cada entrevista.
151. Soy apreciado y recompensado dondequiera que trabaje.
152. Soy plenamente yo mismo y completamente auténtico en mi carrera.
153. No es lo que hago, sino cómo lo hago... Trato cada tarea como una oportunidad para crear más belleza, abundancia y alegría.
154. Hoy abandono los hábitos de mi antiguo trabajo y tomo unos nuevos más positivos.
155. Hago lo mejor que puedo en mi carrera y doy todo de mí sin reservas.
156. Oportunidades laborales icnreíbles están apareciendo en mi vida de la nada.
157. El Universo está haciendo los arreglos perfectos para encontrar el empleo adecuado para mí.
158. Estoy atrayendo las oportunidades de trabajo más adecuadas.
159. La felicidad de mi carrera es una elección que hago todos los días.
160. Estoy abierto a nuevas oportunidades que me llevan a conseguir el trabajo de mis sueños.
161. Tengo confianza irradiando lo que soy en todas las situaciones del trabajo.
162. Me encanta mi carrera ya que me permite crecer y me hace económicamente abundante.
163. Mis errores no me definen ni dictan mi éxito futuro.
164. Merezco tener una carrera emocionante y gratificante. Es muy satisfactorio.
165. Estoy profundamente satisfecho con todo lo que hago.
166. Lo que hago en mi trabajo hace una diferencia al menos para una persona en el mundo. Trabajo sabiendo esta verdad.
167. Comparto mis dones con el mundo desinteresadamente y doy permiso a otros para hacer lo mismo.

Afirmaciones positivas diarias

168. Enseño a mis compañeros a creer en mí al creer en mí mismo.
169. La alegría que encuentro en mi carrera se refleja en mi felicidad general.
170. Estoy agradecido por la incomodidad de crecer en mi carrera, mientras me expando para crear todo lo que he deseado.
171. Soy enérgico y entusiasta con mi trabajo. La confianza es mi segunda naturaleza.
172. Tengo el coraje de ir tras lo que realmente quiero.
173. Ahora mismo el trabajo que estoy buscando me está buscando a mí.
174. Todos los días aprovecho más de mi potencial
175. Elijo la comunidad por encima de la competencia en mi trabajo y en mi vida.
176. Sirvo a los demás con disposición, amablemente y con gratitud.
177. La armonía impregna mi experiencia y mi trabajo fluye de manera productiva y alegre.
178. Merezco trabajar en un trabajo de ensueño.
179. El cambio es constante en mi carrera y en mi vida. Acepto el cambio y lo aprovecho al máximo.
180. Tengo todo lo que necesito para crear mis propias oportunidades en el trabajo.
181. Manifesto oportunidades inesperadas todos los días porque estoy alineado con mi llamado.
182. Me siento tranquilo y cómodo hablando frente a mis colegas. Tengo confianza en mí mismo, por lo tanto, me relaciono fácilmente con ellos.
183. He encontrado mi empleo ideal.
184. Estoy abriendo mi conciencia a una mayor prosperidad y parte de esa prosperidad es un aumento de salario.
185. Siempre estoy abierto a oportunidades para conseguir un empleo ideal.

Afirmaciones positivas diarias

186. Hoy estoy atrayendo a mi vida el mejor y más adecuado empleo para mí.
187. Estoy creando y construyendo la carrera de mis sueños.
188. Estoy listo para mis entrevistas. Tengo seguridad en mis entrevistas. Tengo éxito en mis entrevistas.
189. Acepto la crítica constructiva y la recibo con superación personal.
190. Estoy en un lugar de trabajo que me encanta, y mi trabajo me da satisfacción y un buen salario.
191. Ahora estoy manifestando una oportunidad para un trabajo maravilloso y bien remunerado.
192. Ofrezco crítica constructiva para ayudar a los demás a mi alrededor.

CAPÍTULO DIEZ

AFIRMACIONES POSITIVAS PARA LA CREATIVIDAD

1. Aprovecho la fuente universal de inspiración para incrementar mi creatividad.
2. Accedo y uso la energía vibrante que me rodea en todos los niveles.
3. Canalizo las fuerzas positivas de la vida a mi alrededor para incrementar mi propia creatividad y convertirme en un individuo más expresivo.
4. Invoco la energía creativa de las estrellas y los planetas para que me rodeen y me llenen.
5. Cada ser tiene energía creativa del universo y yo tengo acceso a la fuente.
6. Acojo nuevas fuentes de energía a medida que crezco y me vuelvo más fuerte. La tierra, el agua y el aire están llenos de fuerzas poderosas que puedo usar.
7. Ser positivo mejora mi creatividad.
8. Me inspiro en el mundo que me rodea. Me brinda fuerza para que mis habilidades crezcan y cambien.
9. Soy un creador poderoso y creo la vida que quiero empezando por el día de hoy.
10. El artista ya está presente dentro de mí.
11. Estoy inspirado, soy creativo y productivo.
12. Se me ocurren ideas nuevas e innovadoras fácilmente.
13. Soy un visionario.
14. Las ideas grandes vienen a mí fácilmente.

Afirmaciones positivas diarias

15. Soy parte de un universo infinito con un suministro interminable de creatividad.
16. Hacer tareas repetitivas libera mi mente para pensar en soluciones creativas a los problemas.
17. Soy un imán para las ideas innovadoras.
18. Hay una reserva interminable de creatividad dentro de mí.
19. El universo hermoso que me rodea tiene energía abundante que puedo usar.
20. Encuentro soluciones originales a los problemas.
21. Tengo una mente aventurera e imaginativa.
22. Estoy agradecido por las ideas creativas que llegan a mí.
23. Sigo mis inclinaciones creativas.
24. Me encanta inventar formas nuevas y emocionantes de hacer las cosas.
25. Estoy despierto y veo el mundo con ojos frescos.
26. Tengo un potencial creativo infinito.
27. Hoy reconozco la energía que me rodea y aprecio la creatividad que esta me brinda.
28. Se me ocurrirán ideas nuevas increíbles
29. Ser creativo me hace sentir tan vivo.
30. La inspiración creativa me sigue a dondequiera que voy.
31. Las ideas están empezando a fluir libremente de mi mente.
32. Soy creativo y tengo la fuerza de voluntad para hacer uso de mis talentos.
33. Siempre tengo montones de ideas únicas para resolver problemas.
34. Cada vez me es más y más fácil tener nuevas ideas.
35. Estoy rodeado por fuerzas revitalizantes que se esparcen sobre mí y alcanzan cada parte de mí.
36. Incremento mi capacidad de inventar en todo lo que hago.
37. Mi creatividad está creciendo.
38. Hoy dedicaré un tiempo a crear.
39. Siempre estoy aprovechando mi energía creativa.
40. Mis jugos creativos son un estimulante natural.

Afirmaciones positivas diarias

41. Soy un artista brillante y exitoso.
42. Hoy estoy contento de tener valores que me ayudan a tomar decisiones sabias a la hora de innovar.
43. Mi imaginación se está volviendo más y más fuerte.
44. Soy un pensador creativo.
45. Sé que ser creativamente fiel a mí mismo valdrá la pena siempre.
46. Me siento cómodo pensando solo.
47. La inspiración divina me rodea.
48. La creatividad fluye a través de cada célula de mi cuerpo.
49. Puedo sentir nuevas fuentes de energía creativa entrando en mi cuerpo y en mi mente.
50. Mi creatividad me llena de pasión y propósito.
51. Tengo una imaginación fértil.
52. Cada pensamiento creativo que expreso me proporciona una gran alegría.
53. Soy una fuente de ingenio.
54. Aprovecharé mi energía creativa.
55. Atraigo ideas brillantes.
56. Ejercito mi imaginación en cada oportunidad.
57. Las ideas creativas vienen a mí regularmente.
58. Tomo medidas inspiradas para mantener viva mi chispa creativa.
59. Todo lo que creo es ingenioso y único.
60. Soy inteligente y creativo en todo lo que hago.
61. La creatividad hace que sea fácil entrar en mi zona de incomodidad.
62. Soy fácilmente capaz de encontrar ideas nuevas y frescas.
63. La energía creativa fluye a través de mí en todo momento.
64. Elijo crear.
65. Mi espíritu creativo no tiene límites.
66. Aprovecho fácilmente la Fuerza Creativa cuando lo necesito.
67. El universo abundante es el recurso para mantener viva mi chispa creativa.

Afirmaciones positivas diarias

68. Soy un ser creativo ilimitado.
69. Mi fuente creativa nunca se agota.
70. Las ideas brillantes vienen a mí todo el tiempo.
71. Creativamente, soy espontáneo; incluso me sorprendo a mí mismo.
72. Mi energía creativa se irradia hacia mí y hacia la gente que conozco.
73. Estoy expresando mi máximo potencial con creatividad.
74. El arte de la consciencia plena enciende mi chispa creativa.
75. Cada día me vuelvo más creativo e ingenioso.
76. Estoy enamorado de mi expresión creativa única.
77. Estoy inmensamente agradecido con mis habilidades creativas.
78. Estoy inspirado por la belleza en mi vida y en todo lo que me rodea.
79. Resuelvo los problemas de forma creativa.
80. Mi entorno apoya mi pensamiento creativo.
81. Estoy agradecido por la energía que alimenta mi imaginación.
82. Soy eficiente e imaginativo en mi trabajo.
83. Estoy abierto a nuevas experiencias.
84. Me doy espacio para la libre expresión.
85. Ser creativo es una de las prioridades en mi vida y practico este sentimiento todos los días.
86. Cada momento de cada día me estoy volviendo más y más ingenioso.
87. Mis pensamientos creativos aumentan mi confianza y agallas en mis habilidades.
88. Soluciono problemas de forma creativa.
89. Estoy dotado de una gran creatividad e inteligencia.
90. Me conecto fácilmente con la infinita creatividad del universo.
91. Los pensamientos innovadores me mantienen preparado.
92. Ser creativo es una de mis grandes alegrías en la vida.

Afirmaciones positivas diarias

93. Doy gracias por la inspiración creativa que recibo diariamente.
94. Soy un individuo naturalmente artístico.
95. Mi energía creativa es ilimitada.
96. Utilizo mi poder en formas ingeniosas y útiles.
97. Soy increíblemente creativo e inspirado
98. La inspiración divina bendice cada día de mi vida.
99. Siempre sigo a donde me lleva la inspiración.
100. Practico el pensamiento innovador en todo momento.
101. Las ideas frescas me llegan rápida y fácilmente.
102. Cada día dejo volar mi imaginación a nuevas alturas.
103. Soy un creador poderoso e ingenioso.
104. Encuentro soluciones ingeniosas para cada problema que tengo.
105. Me abro a una vida de creatividad.
106. Mi mente es flexible
107. Soy un pensador innovador.
108. Mi imaginación y creatividad son mi dúo dinámico
109. Cada día creo nuevas obras maestras.
110. El manantial de la creatividad corre en lo más profundo de mí.
111. Expreso mi creatividad siempre que es posible.
112. Tengo mucho talento creativo.
113. Siempre estoy desarrollando nuevas y grandes maneras de hacer las cosas.
114. Soy un creador y un innovador.
115. Aprovecho fácilmente los recursos imaginativos de mi mente.
116. Me encanta ejercitar mi lado artístico.
117. Amplío mi comprensión de las cosas y esto alimenta mi imaginación.
118. Estoy listo para compartir mi expresión auténtica.
119. Mi creatividad está creciendo.
120. Soy imaginativo y creativo en todo lo que hago.

Afirmaciones positivas diarias

121. Tengo un montón de buenas ideas.
122. Encuentro fácilmente soluciones novedosas a los problemas.
123. La belleza natural de la vida asegura mi creatividad
124. Siempre estoy receptivo a la inspiración que el universo me envía.
125. Soy un innovador. Mis ideas son inspiradoras.
126. Estoy lleno de energía infinita y creativa.
127. Me despierto con buenas ideas todos los días.
128. Estoy continuamente desarrollando ideas nuevas e innovadoras.
129. Disfruto de mi creatividad natural.
130. Mi creatividad fluye libremente.
131. Permito que mi genio creativo brille.
132. Cada día ideas nuevas y geniales vienen a mí.
133. Me encanta inventar cosas.
134. Aprovecharé mi imaginación.
135. Abordo todos los problemas de una manera inspirada e ingeniosa.
136. Me estoy volviendo muy creativo.
137. Me siento creativo e inspirado en el trabajo.
138. Mi yo creativo quiere salir a expresarse.
139. Las ideas creativas fluyen de mi mente de forma natural.
140. Tengo una gran imaginación.
141. Tengo una imaginación poderosa.
142. Empleo el pensamiento lateral en todo lo que hago.
143. Voy a liberar mi creatividad hoy.
144. Tengo confianza y habilidad en mi trabajo creativo.
145. La creatividad me viene de forma natural.
146. Yo permito que mi energía creativa fluya libremente en todo momento.
147. Tengo una creatividad sin fin.
148. Soy muy ingenioso e inventivo.
149. Soy creativo sin esfuerzo en todo momento.
150. Puedo entrar en un estado mental creativo cuando quiera.

Afirmaciones positivas diarias

151. Amo y abrazo a mi niño creativo interior.
152. Hoy estoy lleno de energía infinita y creativa.
153. Puedo crear con la exuberancia alegre de un niño.
154. Siempre estoy pensando en formas nuevas y originales de hacer las cosas.
155. Mi imaginación se desborda.
156. Cada día encuentro soluciones creativas a los problemas.
157. Soy una fuente de creatividad.
158. Mi mente creativa es mi mejor recurso para superar desafíos.
159. Practico mi genio creativo todos los días.
160. Soy infinitamente creativo.
161. Tengo una imaginación fantástica.
162. Me encanta expresarme creativamente.
163. Siempre me desenvuelvo como artista.
164. Estoy abierto a perfeccionar mi potencial creativo.
165. Tengo un suministro interminable de creatividad.
166. Soy uno con el flujo creativo de la vida.
167. Mi creatividad domina mis miedos.
168. Tengo acceso instantáneo a un ingenio ilimitado.
169. El universo es mi patio de recreo creativo.
170. Soy increíblemente creativo e imaginativo.
171. Me encanta perderme en la zona del pensamiento creativo.
172. Encuentro soluciones originales para todas las dificultades de mi vida.
173. Nutrir mi mente creativa es una prioridad.
174. Soy un genio creativo.
175. Mi creatividad es para el mejoramiento de la humanidad.
176. Honro a mi genio creativo.
177. Soy inventivo e ingenioso.
178. Me encanta inventar nuevos productos originales.
179. Me encanta ejercitar el pensamiento original.
180. Siempre puedo contar con mi imaginación para inspirarme en ideas.
181. Siempre tengo nuevas ideas.

Afirmaciones positivas diarias

182. Me encanta tener una salida para mis habilidades artísticas.
183. Siempre estaré agradecido por mi mente imaginativa.
184. Mi mente creativa me libera del pensamiento habitual.
185. Mi mente está conectada a la creatividad.
186. Aumento mi creatividad al estar enfocado claramente en el presente.
187. Vivir una vida creativa es importante para mí; me hace una persona más saludable y feliz.
188. Invento cosas nuevas que son inspiradoras.
189. Expreso mi creatividad única en todo lo que hago.
190. Ideas frescas nuevas vienen a mí diariamente.

CAPÍTULO ONCE

AFIRMACIONES POSITIVAS PARA MUJERES

1. Estoy feliz, sana y centrada.
2. El cambio me da oportunidades.
3. Mi vida es una aventura.
4. Lo mejor es lo mejor.
5. Los sentimientos no son hechos.
6. Tengo energía abundante.
7. Mi hijo está feliz y saludable.
8. Deja ir los "¿y si...?"
9. No viviré en respuesta a mi hijo.
10. Lo que busco es el equilibrio en la vida.
11. Me tomaré el tiempo para ponerme a mí en primer lugar.
12. Actuaré después de pensar, no por instinto.
13. La calma es mi principal estado de ser.
14. Estoy contenta.
15. Los principios me guían. No un capricho pasajero.
16. Me doy permiso para tomarme un tiempo personal.
17. ¿Esperaría esto de alguien más?
18. Soy única y un regalo para el mundo.
19. Estoy en paz con mi cuerpo y lo acepto tal como es. Fue creado para hacer cosas increíbles.
20. Amo vivir en mi cuerpo femenino único. Tiene características que son distintivas y me hacen ser quien soy.

Afirmaciones positivas diarias

21. Soy atractiva tal como soy. No necesito cambiar nada. No soy perfecta, pero sigo siendo hermosa.
22. Amo mi cuerpo y lo cuido a través de una alimentación saludable y ejercicio. Respeto mi cuerpo y estoy agradecida por todo lo que puede hacer.
23. Soy responsable de lo que le sucede a mi cuerpo, así que lo trato con amor, respeto y cuidado.
24. Ejercito mi cuerpo diariamente con tranquilidad y me sorprenden las maneras en que puede doblarse, moverse y estirarse.
25. Soy una mujer fuerte y segura de sí misma y sólo me volveré más fuerte.
26. Soy paciente con mi cuerpo cuando necesita descanso, curación y recuperación.
27. Respeto las necesidades de mi cuerpo y lo trato con la amabilidad que se merece.
28. Hoy elijo liberar el amor, la felicidad y la gratitud en el mundo. La vida es preciosa y hermosa y elijo concentrarme en lo positivo.
29. Estoy agradecida por este maravilloso día y por las infinitas posibilidades que ofrece. Sé que me espera algo grande.
30. No importa lo que pase hoy, sé que soy una mujer radiante, poderosa y libre.
31. Hoy abrazo a la mejor versión de mí. Vivo de una manera que me da tranquilidad, alegría y placer a mí y a los demás.
32. Sé que estoy viva por una razón. Hoy honro mi propósito e inspiro a las personas a mi alrededor a hacer lo mismo.
33. No necesito que nadie ni nada me complete porque ya estoy completa tal como estoy.
34. Soy bella y soy digna de todo lo bello en este mundo.
35. Estoy rebosante de confianza renovada todos los días. Continúo creciendo y convirtiéndome en una mujer más fuerte para mí y para las personas que me rodean.

Afirmaciones positivas diarias

36. Acepto que no puedo cambiar el pasado. Me concentro en mi futuro y sigo adelante en mi vida. Mi pasado no define quién soy hoy.
37. Hago una cosa todos los días para progresar consistentemente hacia mis sueños. Supero las expectativas de otras personas porque soy excepcional.
38. Elijo aprender de los eventos positivos y negativos del pasado para seguir progresando hacia mi futuro brillante.
39. No necesito controlar todo a mi alrededor. Me concentro en permitir que sucedan las mejores cosas. Sé que lo que tenga que ser, será.
40. Soy culta e inteligente, pero soy capaz de mantenerme humilde.
41. Debido a mi alta autoestima, acepto fácilmente los cumplidos y los doy a cambio.
42. Me merezco todo lo que es bueno. No tengo ninguna necesidad de miseria y sufrimiento.
43. Acepto mis errores del pasado y los dejo ir. Ellos no me definen. Avanzo con confianza en mi bondad esencial y buen juicio.
44. Mi mente está llena de pensamientos afectuosos, saludables, positivos y amorosos que se transforman en experiencias de vida.
45. Mi voz importa y tengo confianza para hablar cuando quiero hacerlo. Las personas me escuchan porque mis palabras son valiosas.
46. El éxito es posible para mí porque tengo las oportunidades adecuadas y las aprovecho cuando las veo. Conozco el camino que debo tomar para tener éxito.
47. Tengo más que suficiente valor para ofrecer en mi trabajo. Continúo floreciendo y ganando experiencia y triunfando a niveles que nunca esperé.
48. Mi mente está concentrada y tengo claridad en todo lo que hago en el trabajo. No sucumbo a las distracciones.

Afirmaciones positivas diarias

49. Otros reconocen mi trabajo por su excelencia y me enorgullece llamarlo mío.
50. Estoy en camino a la grandeza. Hago un esfuerzo extra para conocer personas que admiro y respeto. Doy un paso más allá que cualquiera a mi alrededor.
51. Evito preocuparme por las decepciones del pasado o compararme con los demás.
52. Comprendo que tengo todo lo que necesito para ser feliz en este momento.
53. Me despierto todos los días con una sensación de bienestar restaurada.
54. Estoy centrada. Le doy toda mi atención a cada tarea, ya sea que esté preparando la mesa o escribiendo un programa de computadora.
55. Recibo el nuevo día con amor en mi corazón.
56. Cuido mi cuerpo y mi mente para estar lo suficientemente fuerte como para cuidar de los demás.
57. Tengo energía nueva y una comprensión más profunda de mi entorno.
58. Me despierto con aprecio y me asombro de las maravillas de mi cuerpo.
59. Amo el hermoso mundo y aprecio todas mis bendiciones, así como mi lugar en él.
60. Organizo mi agenda sin dejar de ser lo suficientemente flexible para aprovechar las oportunidades prometedoras que se me presentan.
61. Mi sentido de asombro ante mis fortalezas y el descubrimiento de mis potenciales son restauradas, así que puedo explorar nuevas experiencias.
62. Estoy segura de mi percepción de mi lugar en el mundo.
63. Soy voluntaria en mi comunidad y ofrezco mi hospitalidad a los recién llegados y a los viejos amigos.
64. Mi amor enriquecedor crece con cada momento que estoy en este planeta.

Afirmaciones positivas diarias

65. Me propongo metas específicas que guían mis acciones y añaden valor a mi vida.
66. Hoy recuerdo que mi amor por el mundo se renueva cada día.
67. Encuentro un nuevo significado y alegría en las tareas diarias.
68. Valoro a mi familia y a mis amigos. Les hago saber que son una parte vital de mi vida.
69. Mi amor se extiende diariamente a mi familia, amigos, compañeros de trabajo y otros.
70. Aprecio la gente, los lugares, las experiencias y los eventos que dan forma a mi vida.
71. Aprecio a cada persona y las lecciones que traen nuestras interacciones.
72. Estoy agradecida por la oportunidad de cambiar y encontrar recuperación todos los días.
73. Acepto la energía que recibo de mis amigos y familiares. Juntos formamos un grupo fuerte y poderoso que tiene capacidades y talentos únicos.
74. Soy más fuerte y mejor porque atraigo poderes positivos a mi vida.
75. Le recuerdo a mi familia que es mi responsabilidad ser franca incluso con ellos.
76. Sé cómo valorar mi presente, aceptar mi pasado y planificar mi futuro con amor en mi corazón.
77. Evito ver las decisiones de las personas que me importan como aceptables cuando están desalineadas con mis creencias.
78. Cada día me encuentro con familiares, amigos y conocidos. Soy consciente de las diferencias de pensamientos y acciones y las respeto, pero evito adoptarlos sólo para su recibir su aprobación.
79. Cuando los miembros de la familia toman decisiones cuestionables, ellos son responsables.

Afirmaciones positivas diarias

80. Soy lo suficientemente madura como para saber que las amistades genuinas son capaces de resistir las tensiones que surgen de las diferencias de opinión.
81. Mi cuerpo y mi mente están conectados a las partes más profundas del universo. Se renuevan cada noche mientras sueño.
82. Tengo algo especial que ofrecer a mi familia y al mundo.
83. Hago saber a mis amigos las líneas que no estoy dispuesta a cruzar. Me alegra que respeten mi punto de vista.
84. Soy una mujer muy valiente y fuerte.
85. Merezco ser feliz y amada.
86. Difundo la alegría con cada paso que doy en mi camino.
87. Mis verdaderos amigos me aprecian incluso cuando nuestros pensamientos difieren. Nuestra diversidad ayuda a mantener interesante nuestra relación.
88. Yo soy la mejor mitad. Soy mejor en todo lo que hago.
89. Cuido mi cuerpo de manera saludable.
90. Acepto mis arrugas y líneas de sabiduría.
91. Reconozco que existen oportunidades para celebrar la vida continuamente todos y cada uno de los días.
92. Me reconecto con mis sueños y estos sueños me ayudan a renovar mi amor por el mundo físico.
93. La fuente de la juventud está en mi corazón, mi mente y mi alma.
94. Está bien vivir mi sueño hoy y ser un poco egoísta.
95. Estoy agradecida por cada parte de mi cuerpo.
96. Estoy en un constante estado de progreso.
97. Me amo a mí misma, me respeto y me acepto exactamente como soy.
98. Soy atractiva como soy.
99. Adopto una perspectiva saludable en asuntos relacionados con el envejecimiento.
100. Hago lo mejor que puedo todos los días y eso es suficiente.

Afirmaciones positivas diarias

101. Comprendo los ciclos femeninos que mi cuerpo experimenta.
102. Envejezco con gracia.
103. Soy más y más sabia cada día.
104. Merezco amor y respeto
105. Hoy tengo la edad perfecta.
106. Asumo toda la responsabilidad de mi bienestar.
107. Tengo confianza en mi sonrisa y en la forma en que muevo mi cuerpo.
108. Tengo una relación saludable con el tiempo con respecto a mi edad.
109. Mi amor por el mundo es alimentado por el universo. Soy parte de una colección mágica de seres que están cambiando y creciendo cada día.
110. Puede que esté mayor, pero me siento joven y viva.
111. Me doy permiso para estar relajada y feliz.
112. No tengo miedo de envejecer. En lugar de ello, entro en la siguiente etapa de mi vida con calma y confianza.
113. Hoy elijo comenzar a materializar mi sueño.
114. Mi vida se enriquece de sentido con el paso de los años.
115. Cada día alimento mi cuerpo con pensamientos saludables.
116. Reconozco la sabiduría, la fuerza y la compasión que hay dentro de mí.
117. Estoy agradecida de estar vivo, de estar bien y de estar respirando.
118. Es un honor tener tantos amigos en mi vida.
119. Estoy bien apoyada por la tribu femenina.
120. Permito que mi amor por mí misma aumente cada día.
121. Ningún éxito es demasiado pequeño para celebrarlo y hoy me deleito en las pequeñas victorias.
122. Me conecto con mi diosa interior que ama brillar.
123. Siempre estoy a salvo y protegida.
124. Me beneficio de la sabiduría de las mujeres que me han precedido.

Afirmaciones positivas diarias

125. No es egoísta ser amable conmigo misma.
126. Tengo una hermandad de mujeres que me nutren y apoyan.
127. Estoy en paz con mi propio cuerpo.
128. Celebro quién soy y en quién me estoy convirtiendo cada día que pasa.
129. Soy una mujer con cierto nivel. Todo me interesa. Cuido mucho el desarrollo de mi personalidad.
130. Me merezco una pareja cariñosa y comprensiva.
131. Soy una jefa comprensiva pero firme y exigente y trato a mis empleados de manera equitativa. Obtengo lo mejor de cada empleado.
132. Celebro cada aspecto de mi vida con la mayor alegría.
133. Me amo a mí misma y me trato con amabilidad.
134. Permito que mi diosa interior se estremezca en su magia.
135. Hoy empiezo a amarme más a mí misma.
136. Estoy asombrada por la perfecta creación de mi ser físico.
137. Soy una hermana cariñosa y afectuosa. Cuido y adoro a mi hermano.
138. Disfruto ser mujer.
139. Descubro la verdadera alegría de ser mujer, incluso a medida que envejezco.
140. Me alineo con los sueños de mi diosa interior.
141. Todos mis sueños están destinados a hacerse realidad.
142. Estoy abierta a nuevas aventuras en la vida.
143. Estoy comprometida con mi éxito y no me dejo intimidar
144. He sido bendecida con cualidades que elevan a otros e incluso en mis días más difíciles, soy la madre perfecta para mis hijos.
145. Soy única y completa por el hecho de ser yo misma.
146. Soy una empleada productiva. Me tomo mi trabajo en serio y siempre doy lo mejor de mí.
147. Tengo la bendición de ser una mujer. Me baso en mis cualidades femeninas y en mis dones para tener éxito.
148. Puedo manejar cualquier cosa que entre en mi vida.

Afirmaciones positivas diarias

149. Al ser mujer, merezco el éxito tanto como cualquier hombre que trabaja duro allá fuera.
150. La forma de mi cuerpo es perfecta en la forma en que está destinado a ser.
151. Estoy tan enamorada ahora mismo de mi verdadero yo.
152. Escucho atentamente las necesidades de mi cuerpo.
153. Acepto todas las imperfecciones que percibo en mi apariencia.
154. Tengo confianza en mi sexualidad.
155. Estoy bendecida con el don de vivir y lo aprecio.
156. Encuentro una profunda paz interior dentro de mí misma tal como soy.
157. Abrazo mis curvas. Me encanta ser yo.
158. Soy impulsada y motivada por el éxito y en muestras de mi ética de trabajo.
159. Disfruto totalmente expresarme como mujer.
160. Soy una mujer fuerte, segura y capaz.
161. Soy gentil conmigo misma.
162. Llevo mi confianza como mujer con orgullo.
163. Cada célula de mi cuerpo es perfecta y completa.
164. Me amo a mí misma completamente, incluyendo la forma en que me veo.
165. Acepto mi vida todos y cada uno de los días, incluso a medida que envejezco.
166. Estoy comprometida con mi éxito y no retrocederé. Disfruto tomar acciones cuando tengo una meta para poder tener el estilo de vida con el que sueño.
167. Estoy bien apoyada por mis seres queridos y la gente de mi comunidad.
168. El tamaño de mis senos es perfecto en la forma en que debe ser.
169. Mi autoestima es alta porque honro lo que soy.
170. Acepto mis canas con gracia.
171. Soy suficiente como soy.

Afirmaciones positivas diarias

172. Me esfuerzo por mejorarme a mí misma.
173. Mi diosa interior es magia, cristales y sol.
174. Soy la mejor amiga que cualquiera puede tener. Para mí, la amistad es la mejor relación.
175. Descubro la belleza eterna desde adentro hacia afuera.
176. Elijo entender y perdonarme a mí misma.
177. Me gusta estar en este cuerpo femenino.
178. Soy un ser de amor y compasión incondicional.
179. Soy una esposa amorosa y cariñosa. Mi pareja es mi alma gemela. Nos complementamos mutuamente.
180. Tengo persistencia en lo que creo.
181. Puedo hacer cualquier cosa que me proponga.
182. Soy una hija modelo. Amo y respeto a mis padres y cumplo fielmente con mis deberes hacia ellos.
183. Aprecio cada momento de mi vida.
184. Soy perfecta como soy.
185. Amo y disfruto ser lo mejor de mí misma.
186. Soy una mujer de amor. Mi tacto cura todas las heridas.
187. Combino la feminidad y la inteligencia a la perfección.
188. Adoro la maternidad. Soy una madre ideal y mis hijos me quieren.
189. Está bien ser una mujer poderosa.
190. Con cada aliento me vuelvo más pacífica.
191. Estoy tranquila cuando me enfrento a un conflicto. Puedo olvidarme fácilmente de la negatividad y puedo estar bien cuando no estoy de acuerdo. Me gusta ser la persona adulta y hacer lo correcto.

CAPÍTULO DOCE

AFIRMACIONES POSITIVAS PARA HOMBRES

1. Soy merecidamente respetado y apreciado.
2. Me estoy acercando a mis sueños.
3. Entrego mi ego y mi orgullo al universo. Acepto la humildad.
4. Soy extrovertido y carismático.
5. Tengo una imagen corporal positiva.
6. Hoy merezco tener un gran éxito laboral.
7. Sé que soy digno de estabilidad financiera.
8. Estoy agradecido por la abundancia que tengo.
9. Estoy conectado a mis emociones internas y no me avergüenzo de ello.
10. Mi confianza se fortalece cada día.
11. Me amo y me acepto como soy.
12. Me encanta ser padre. Soy un padre ideal y mis hijos me quieren.
13. Soy valiente y asumo mis responsabilidades con valentía.
14. Puedo cambiar cualquier percepción negativa que tenga de mí mismo.
15. Soy una buena persona.
16. Soy un gran proveedor para mi familia.
17. Soy el creador de mi vida. Me niego a ser estereotipado en un papel.
18. Soy digno de felicidad, riqueza y paz. No puedo controlar a los demás.
19. Soy exitoso, próspero, saludable y feliz.

Afirmaciones positivas diarias

20. Soy un hombre importante. Me interesa todo.
21. Me siento sexy, encantador y atractivo.
22. Soy decidido y, al mismo tiempo, considerado con los demás.
23. Soy un fuerte defensor de mí mismo. Creo firmemente en mis habilidades.
24. No soy un fracasado. Aprendo de cualquier desafío que encuentre.
25. Soy un empleado productivo en mi campo de trabajo. Me tomo mi trabajo en serio y siempre doy lo mejor de mí.
26. Me esfuerzo valientemente para ser mejor en todos los sentidos.
27. Estoy orgulloso y feliz de ser el hombre que soy.
28. Soy fuerte, valiente e independiente. Vivo mi verdad.
29. Tengo el control de mi vida.
30. Atraigo fácilmente nuevas oportunidades de negocio.
31. Como hijo, amo y respeto a mis padres y cumplo fielmente con mis deberes hacia ellos.
32. Me trato bien porque me amo a mí mismo.
33. Me siento seguro con mi aspecto. Soy un hombre sexy y atractivo.
34. La gente disfruta genuinamente al estar cerca de mí debido a mi energía positiva.
35. Cada día me siento más seguro de mí mismo. Me enfrento a nuevas aventuras.
36. Me veo más saludable y fuerte cada día porque estoy tomando las decisiones correctas de alimentación.
37. Equilibrio mis energías masculinas y femeninas.
38. Seguiré creciendo y aprendiendo.
39. Soy todo lo que un hijo puede ser. Hago que mis padres estén orgullosos de todo lo que hago.
40. Sea lo que sea que se me solicite hacer, el liderazgo viene a mí instintivamente.
41. Soy audaz y confiado. Me niego a ser presionado a tomar malas decisiones.

Afirmaciones positivas diarias

42. Hoy estoy agradecido por el hombre en el que me estoy convirtiendo.
43. Estoy viviendo la vida que siempre quise.
44. Soy un hombre de familia exitoso y próspero. Soy un esposo y un padre cariñoso.
45. Yo soy la otra mitad en mi relación. Soy el mejor en todo lo que hago.
46. Soy varonil en mi apariencia, cuidadoso en mi actitud y amoroso en mi personalidad.
47. Estoy en contacto con mis emociones y no me avergüenzo de ser vulnerable.
48. Estoy conectado a mi motivación interna. Me despierto cada mañana con intención y propósito.
49. Hoy es un día significativo, importante y especial. Lo vivo con un propósito.
50. Irradio amor con sonrisas y lo siento reflejado de vuelta a mí.
51. Me amo a mí mismo de una manera sana y saludable.
52. La salud es una prioridad para mí. Cuido bien de mi cuerpo.
53. Hoy baso mi felicidad en mis propios logros y en las bendiciones que me han dado.
54. Soy una persona cariñosa. Doy amor y recibo amor incondicionalmente.
55. Mis emociones y sentimientos son dignos de atención.
56. Estoy emocionado por lo que está por venir. Los mejores días están por venir.
57. Amo, aprecio y valoro a la persona en la que me estoy convirtiendo.
58. Soy inteligente, generoso y bueno en mi trabajo.
59. La energía creativa surge a través de mí y me lleva a ideas nuevas y brillantes.
60. Soy digno de amor y merezco el buen tipo de amor.
61. Me encanta cómo me veo y me esfuerzo por verme bien.
62. El éxito y la riqueza me llegan sin esfuerzo.
63. Tengo grandes ideas que son transformadoras.

Afirmaciones positivas diarias

64. No soy agresivo. Soy decidido y fuerte.
65. Escucho mis necesidades y priorizo el autocuidado porque lo merezco.
66. La felicidad es una elección. Hoy elijo ser feliz.
67. Hoy estoy más cerca de hacer realidad mis sueños que ayer.
68. Soy un hombre que crea respuestas a las circunstancias, no sólo reacciones.
69. Todo lo que está sucediendo ahora está sucediendo para mi bien supremo.
70. Soy un hombre que recibe sabiduría de mi subconsciente las 24 horas del día, los 7 días de la semana.
71. Estoy bendecido con una familia increíble y amigos maravillosos.
72. Escucho activamente lo que otros hombres dicen sin interrumpirlos.
73. Tengo todas las cualidades de un hombre fuerte.
74. En cada uno de mis pasos me guía el espíritu que me lleva a lo que debo saber y hacer.
75. Hoy abandono mis viejos hábitos y tomo otros nuevos más positivos.
76. He recibido un sinfín de talentos que voy a empezar a utilizar hoy.
77. Como líder, soy un jefe comprensivo pero firme y exigente y trato a mis empleados de manera equitativa.
78. Soy un hombre importante.
79. Soy una criatura gloriosa. Irradio belleza, encanto y gracia.
80. Mis esfuerzos están siendo apoyados por el universo; mis sueños se manifiestan en realidad ante mis ojos.
81. Soy la figura masculina ideal.
82. Estoy involucrado activamente en la construcción de mi comunidad.
83. Puedo hacer cualquier cosa que me proponga.
84. Amo y nutro a las personas en mi vida con fuerza y empatía.

Afirmaciones positivas diarias

85. Hoy y todos los días en el futuro reconozco mi propia valía; mi confianza se dispara.
86. Mis pensamientos están llenos de positividad y mi vida está llena de prosperidad.
87. Irradio confianza en mí mismo y una energía encantadora.
88. Soy un hombre de palabra.
89. Como sostén, busco mantener a mis seres queridos.
90. Mis temores del mañana simplemente se están desvaneciendo.
91. Soy resiliente, nada me rompe realmente.
92. Soy el creador de toda mi vida y experiencias.
93. Las personas exitosas se sienten atraídas a mí.
94. Perdono a aquellos que me han hecho daño en mi pasado y me separo pacíficamente de ellos.
95. Mi matrimonio/relación se está volviendo más fuerte, más profundo y más estable cada día.
96. Creo en mí mismo.
97. Estoy abierto a la abundancia, la alegría, el placer y las experiencias positivas en la vida.
98. Estoy listo para crear recuerdos increíbles que valdrá la pena recordar.
99. Mi futuro es una proyección ideal de lo que imagino ahora.
100. Soy el mejor amigo masculino que cualquiera puede tener. Para mí la amistad es la mejor relación.
101. Soy naturalmente masculino, elegante y guapo.
102. Soy un hombre que da y que sabe cómo hacer que los demás se sientan felices con la vida.
103. Soy muy resistente. Puedo soportar tiempos difíciles.
104. Soy el arquitecto de mi vida, construyo sus cimientos y elijo sus contenidos.
105. Yo defino mi propia felicidad y éxito; no me lo dicta el mundo o la sociedad.
106. Soy un hombre seguro de sí mismo, con ganas y deseos de alcanzar mis metas todos los días.

Afirmaciones positivas diarias

107. Todas las cosas que están sucediendo en mi vida son para beneficiarme.
108. Soy superior a los pensamientos negativos y a las acciones denigrantes.
109. Me enorgullezco de ser un hombre.
110. Soy un esposo amoroso y cariñoso.
111. Estoy asombrado de la persona que soy y estoy orgulloso de la persona en la que me estoy convirtiendo.
112. Mi compañera es mi alma gemela. Nos complementamos mutuamente.
113. Mi cuerpo está sano; mi mente es brillante; mi alma está tranquila.
114. El mundo necesita mi autenticidad porque todo en mí es especial.
115. Soy un hermano amoroso y cariñoso. Cuido y adoro a mi hermana.
116. Soy un hombre seguro de sí mismo, fuerte, cariñoso y corroborativo.
117. Merezco ser empleado y que me paguen bien por mi tiempo, esfuerzos e ideas.
118. Creo que puedo hacer cualquier cosa en esta vida.
119. Mis obstáculos se apartan de mi camino; mi camino está esculpido hacia la grandeza.
120. Soy un hombre que sabe cómo relajarse y pasar un buen rato.
121. Soy un gran protector de las personas en mi vida y de mi familia.
122. Soy muy bueno en mi trabajo y se me reconoce por ello.
123. Soy un hombre que se ríe de sí mismo con alegría infantil.
124. Mucha gente me admira y reconoce mi valor; soy admirado.
125. Soy un hombre que encuentra oportunidades y ventajas detrás de cada puerta que abro.
126. Un río de compasión se lleva mi ira y la reemplaza con amor.

Afirmaciones positivas diarias

127. Mi capacidad para conquistar mis desafíos es ilimitada; mi potencial de éxito es infinito.
128. Soy un hombre preparado que tiene un plan diario orientado a los resultados.
129. Soy un hombre con pasiones y las persigo con intensidad y fervor.
130. No me consume el trabajo. Creo tiempo para mis pasatiempos y actividades que disfruto.
131. Mi fuerza física y mental es increíblemente fuerte.
132. Soy un hombre pacífico que crea relaciones sinérgicas y positivas.
133. Soy lo suficientemente varonil y perfecto.
134. Hoy estoy rebosante de energía y alegría.
135. Tengo plena fe en que todo saldrá perfecto.
136. Mi subconsciente prepara adecuadamente el subconsciente de todos los hombres que conozco para una interacción positiva.
137. Soy poderoso de muchas maneras y celebro este poder diariamente.
138. Soy un hombre joven, aventurero y espontáneo.
139. Soy una fuente de energía vibrante; soy indestructible.
140. No permito que personas negativas entren en mi vida.
141. Mi vida acaba de empezar.
142. Cuando hablo con otros hombres me concentro en sus intereses, no en los míos.
143. Soy un hombre que emprende acciones directas hacia las metas para construir un impulso masivo.
144. Cada día estoy más cerca de encontrar el trabajo perfecto para mí.
145. Estoy agradecido por todo en mi vida.
146. Sigo mis sueños como si mi vida dependiera de ello porque sí depende.
147. Creo armonía con otros hombres a través del esfuerzo cooperativo y no de la competencia.

Afirmaciones positivas diarias

148. Mi negocio está creciendo, expandiéndose y prosperando.
149. He decidido que voy a relajarme y divertirme en este día, no importa cuál sea el resultado.
150. Soy un hombre responsable y confiado que ve lo bueno en los demás.
151. Animo a otros hombres a hablar de sí mismos y escucho atentamente cuando lo hacen.
152. Dondequiera que voy, la gente se siente atraída por mi dinámica personalidad masculina.
153. Poseo las cualidades necesarias para ser extremadamente exitoso.
154. Soy un hombre fuerte que es un líder sobresaliente y seguro de sí mismo.
155. Mi naturaleza es divina; soy un ser espiritual.
156. Soy un gran líder que puede ver el punto de vista de otros hombres.
157. Me acepto, amo y aprecio a mí mismo, exactamente como soy sin condiciones.
158. Soy digno. Me amo y respeto a mí mismo y siempre hago elecciones amorosas que apoyan la vida en todas las áreas.
159. La pareja perfecta para mí va a llegar a mi vida más pronto de lo que espero.
160. Me trato a mí mismo con amabilidad.
161. La prosperidad y la masculinidad son mis derechos de nacimiento y se manifiestan a través de mis acciones.
162. Estoy seguro de mí mismo.
163. El tono de mi voz masculina comunica fuerza y confianza.
164. Estoy seguro y libre para ser yo mismo
165. Tomo la decisión de amarme y aceptarme exactamente como soy.
166. Estoy en paz con todo lo que ha sucedido, está sucediendo y sucederá.
167. Tengo una presencia masculina magnética y cálida.

Afirmaciones positivas diarias

168. Soy un hombre con suficiente tiempo, energía y sabiduría para cumplir mis deseos.
169. Mi magnetismo y mi encanto masculino se notan tan pronto como entro en una habitación.
170. Hoy estoy listo para una relación sana y amorosa.
171. Cuido mucho el desarrollo de mi personalidad.
172. Cuando hablo con otros hombres se dan cuenta de lo seguro y divertido que soy.
173. Soy un líder y un hombre influyente que se gana el respeto a través de sus acciones.
174. Soy una torre de fuerza, vitalidad, y masculinidad y las mujeres lo notan.
175. Hoy me despierto con fuerza en mi corazón y claridad en mi mente.
176. Expreso mi aprecio honesto y sincero por otros hombres fácil y frecuentemente.
177. Cuando estoy cerca de otros hombres me siento contento y fuerte.
178. Estoy venciendo mi enfermedad; la derroto constantemente cada día.
179. Soy un líder y reconozco sinceramente el valor de cada uno de los hombres que conozco.
180. Cada día aprendo y sigo creciendo hasta convertirme en la mejor versión de mí mismo.
181. Mis experiencias personales me han convertido en el hombre fuerte que soy hoy.
182. Soy valiente y me defiendo a mí mismo.
183. Soy un hombre que sigue su instinto y siempre encuentro una recompensa.
184. Soy un hombre que libera la necesidad de tener razón todo el tiempo y de juzgar a los demás.
185. Soy una persona seria en mi carrera y trabajo duro para avanzar en mi carrera.
186. Tengo confianza en mi aspecto.

Afirmaciones positivas diarias

187. Soy inteligente e ingenioso y estoy bien conmigo mismo.
188. En mi lugar de trabajo, donde dirijo, obtengo lo mejor de cada empleado.
189. Mis habilidades son únicas y tienen un valor enorme.
190. Me quiero a mí mismo y a la gente que me rodea.
191. Soy un líder natural.

CAPÍTULO TRECE

AFIRMACIONES POSITIVAS PARA ADOLESCENTES

1. Sé que está bien no tener todas las respuestas para mi vida ahora mismo, tomo un día a la vez.
2. Todas las metas de la escuela se están logrando con facilidad.
3. Me resulta fácil ser yo mismo con amigos nuevos y viejos.
4. Soy un adolescente responsable. Admito mis acciones.
5. Pasar tiempo con mis compañeros es divertido y estimulante.
6. Me siento tan bien en mi propia piel.
7. Tengo la capacidad de elegir cualquier sentimiento que sienta, por lo que siempre elijo la confianza.
8. Me siento más seguro de los desafíos que me trae la vida.
9. Sé que mamá y papá quieren lo mejor para mí, así que escucho lo que tienen que decir y los respeto.
10. Desconecto las voces de compañeros que me presionan y escucho a mis padres porque sé que quieren lo mejor para mí.
11. He aprendido a mantener la calma en situaciones estresantes.
12. Estoy muy agradecido por la habilidad de aprender y crecer con mis maestros.
13. Duermo profundamente para tener más energía durante el día.
14. Soy un genio y soy más inteligente que cualquiera que conozco.
15. Cada cosa nueva que intento la hago muy bien.
16. No soy un marginado social.
17. Me siento muy bien en quien me estoy convirtiendo.
18. Alcanzo grandes cosas cuando pongo mi mente en ello.
19. Soy bendecido y Dios me mantiene a salvo y seguro.

Afirmaciones positivas diarias

20. Estoy súper orgulloso de mí mismo.
21. Acepto mis imperfecciones y crezco a partir de ellas.
22. Estoy muy apasionado por el mundo.
23. No tengo miedo.
24. Fácilmente dejo ir a la gente negativa en mi vida, ellos no tienen lugar en mi vida.
25. Soy increíblemente dotado, único y especial.
26. Estoy muy determinado.
27. Utilizo mi poderosa habilidad de amar para mí mismo y se la doy a los demás también.
28. Encuentro y acepto mis talentos y pasiones naturalmente.
29. Tengo una muy buena actitud.
30. Aprendo rápido en la escuela.
31. Soy muy creativo y cada día soy mejor.
32. Tengo un sentido del humor increíble y me encanta hacer reír a mis amigos.
33. Me llevo tan bien con amigos nuevos y viejos.
34. Me siento totalmente relajado cuando voy a fiestas.
35. Soy un gran amigo. Tengo salud que dura mucho tiempo.
36. Me encanta comer saludable y hacer ejercicio.
37. Me encanta intentar y aprender cosas nuevas dentro y fuera de la escuela.
38. Creo buenos hábitos en mi vida que me ayudarán a iniciarme apropiadamente en la adultez.
39. Amo a mi familia y me encanta ayudarles con las cosas.
40. Estoy aprendiendo mucho sobre mí mismo en este momento y sigo haciéndolo porque es muy importante que te conozcas a ti mismo.
41. Tengo confianza en mí mismo y en mis habilidades.
42. Elijo cómo me siento y elijo sentirme amado y bien todo el tiempo.
43. Tengo una memoria retentiva. Retengo todo lo que estudio con facilidad.
44. Descubro nuevos talentos que tengo todo el tiempo.

Afirmaciones positivas diarias

45. No hay nada que establezca en mi mente y no pueda lograr.
46. Mis sueños son posibles de alcanzar.
47. Me siento muy bien y a gusto comiendo delante de los demás.
48. Siempre hago lo mejor que puedo en todo lo que hago.
49. Alimento mi mente con contenido positivo que transforma mi mente y mi vida para mejor.
50. Soy digno de vivir mi mejor vida.
51. Soy un chico poderoso.
52. Dejo ir las relaciones que no me apoyan a crear y mantener altos niveles de confianza en mí mismo.
53. Nunca trato de actuar o ser como los demás porque me quiero a mí mismo tal como soy.
54. Aprecio estar en esta etapa joven de la vida en la que hay tantas posibilidades.
55. Soy muy útil en la casa.
56. Soy suficiente.
57. Soy una persona grande y valiosa con mucho que ofrecer.
58. Me estoy convirtiendo en una mejor versión de mí cada día.
59. Hago mi tarea súper rápido cuando llego a casa.
60. Yo escojo mi estado emocional y por lo tanto siempre escojo uno que me haga sentir bien conmigo mismo.
61. Soy un gran oyente.
62. Puedo confiar en mamá y papá con cualquier cosa que haya en mi corazón.
63. Me siento como si estuviera en una zona libre de jueces cuando estoy en situaciones sociales.
64. Aprendo rápido, el fracaso es parte de ese proceso.
65. Sé que cuanto más me gusto y acepto a mí mismo, más lo harán los demás.
66. Soy tan inteligente.
67. Tengo todo lo que hace falta.
68. Amo tanto mi vida.
69. Me siento tan a gusto en situaciones sociales.
70. Me encanta estar en situaciones sociales.

Afirmaciones positivas diarias

71. Puedo dejar ir las preocupaciones que tengo cuando quiera. Tengo ese poder.
72. Atraigo a otras personas seguras de sí mismas a mi vida a las cuales modelo y aprendo de ellas lo que hace que crezca mi nivel de confianza.
73. Mi coraje domina cualquier sentimiento de falta de confianza en mí mismo.
74. Me preocupo por los demás y me encanta mostrar mi bondad.
75. No me resisto a que la gente trate de ayudarme, confío en que quieren lo mejor para mí.
76. Soy muy trabajador y siempre hago mis tareas a tiempo.
77. Bendigo a la personas seguras porque lo que bendigo vuelve a mí.
78. Mejoro en la escuela porque aprendo rápido.
79. Soy muy bueno en todas las materias y clases que tomo.
80. Me encanta ser yo mismo y estar rodeado de gente que valora mi verdadero yo.
81. Mi mejor yo siempre sale en situaciones sociales.
82. Soy muy inteligente y aporto mucho valor a mis interacciones.
83. Me encanta ser un chico.
84. Hago amigos nuevos con facilidad.
85. Las personas creen en mí y piensan que soy genial.
86. Sé que soy amado por Dios.
87. Puede que no sepa qué es lo mejor para mí en todo momento, y lo acepto y busco ayuda cuando la necesito.
88. Respeto a todos mis amigos, maestros y familiares.
89. Nunca soy víctima de mis circunstancias.
90. No tengo miedo de probar cosas nuevas y desafiarme a mí mismo.
91. Estoy muy agradecido por mis amigos y mi familia.
92. Dejo ir cualquier ansiedad y miedo que tenga ahora mismo.
93. Sé que la honestidad es siempre la mejor política.
94. Soy dotado y bendecido y lo comparto con el mundo.

Afirmaciones positivas diarias

95. Todos mis problemas tienen soluciones perfectas. No dejo que la preocupación me consuma.
96. Utilizo mi cuerpo para crear una sensación de confianza, manteniéndome firme y orgulloso y abriéndome.
97. Tengo las personas adecuadas para aconsejarme cuando lo necesite.
98. Estoy contento con lo que tengo y estoy feliz por ello.
99. Me permito aprender grandes lecciones de vida en este momento de mi vida.
100. Me despierto cada día con energía y felicidad.
101. Soy un estudiante muy competente.
102. Creo en mí mismo.
103. Siempre soy honesto. La honestidad es la mejor política.
104. Estoy a salvo aquí y ahora.
105. Soy suficiente y nadie me hará sentir menos.
106. Puedo compartir la verdad sobre mi vida con mis padres y maestros.
107. Paso ratos con personas que quieren lo mejor para mí y me inspiran a crecer más y mejor.
108. Puedo hacer cualquier cosa que me proponga.
109. Veo todas las cosas buenas que he hecho en esta vida y me hace sentir muy bien conmigo mismo.
110. Me quiero a mí mismo.
111. Tengo un don natural.
112. Se siente muy bien estar a gusto cuando estoy en una reunión social.
113. Creo en mis capacidades.
114. Mi mente es fuerte y poderosa.
115. Creo y confío en mí mismo.
116. Respeto a mi profesor y me encanta aprender de él/ella.
117. Me dejo llevar por mis pasiones cada día porque me ayuda a vivir el momento.
118. Amo a mis amigos y familiares y me encanta mostrarles que lo hago.

Afirmaciones positivas diarias

119. Sé que los errores sólo me ayudan a mejorar.
120. Estoy completamente dedicado a mis estudios.
121. Siempre uso mis palabras para comunicarme durante las discusiones.
122. No tengo miedo de hablar en público.
123. No guardo rencor. Perdono a la gente que es mala conmigo.
124. Me acepto completamente.
125. Tengo la suficiente confianza para hablar por mí mismo.
126. Acepto mi cuerpo a medida que cambia y crece.
127. Mis maestros ven la grandeza en mí que aún no puedo ver.
128. Estén presentes mis padres o no, trato de adherirme a los valores que me enseñan.
129. Valgo tanto.
130. Me siento seguro y a salvo en casa o en la escuela.
131. La confianza se me escapa en las situaciones sociales.
132. Soy un buscador de conocimiento. Me encanta aprender cosas nuevas dentro y fuera de la escuela.
133. Confío en mi intuición para guiarme en la toma de buenas decisiones.
134. Confío en que haré el bien en la escuela y en la vida.
135. Soy único, realmente único.
136. Tengo los mejores y más positivos amigos.
137. Ya me veo graduándome con honores y caminando por el escenario victorioso.
138. Siempre estoy tan feliz.
139. Presto atención a las cosas con las que alimento mi mente.
140. Me siento bien sobre quién soy y en quién me estoy convirtiendo.
141. Me permito sentirme perdido a veces porque sé que me encontraré a mí mismo.
142. Me siento tan amado y protegida por mi familia.
143. Tiendo a caerles bien a las personas.
144. Estoy tomando decisiones deliberadas sobre mi futuro.

Afirmaciones positivas diarias

145. Me resulta fácil sumergirme en muy buenas sesiones de estudio.
146. Soy un adolescente sabio.
147. Nunca pienso en mi ansiedad social.
148. Estoy divinamente protegido de cualquier forma de abuso.
149. Me encanta conocer personas nuevas.
150. Soy una persona feliz y generosa y la gente no se aprovecha de ello.
151. Me esfuerzo por el propósito y el progreso, no por la perfección.
152. Soy un chico excelente.
153. Me doy permiso para estudiar sólo las cosas que me traen felicidad y satisfacción.
154. Aunque soy joven, estoy muy agradecido por cada día porque sé que la vida es corta.
155. Elijo alimentos buenos y saludables porque amo mi cuerpo.
156. Mi mente siempre elige pensamientos positivos y estimuladores que me ayudan a sentirme bien conmigo mismo.
157. Me encanta estar con mi familia y compartir mi amor con ellos.
158. Mi respiración está perfectamente controlada cuando estoy en situaciones sociales.
159. Todo estará bien.
160. Yo soy suficiente.
161. El fracaso no es el final del camino. Sé que siempre puedo hacerlo mejor la próxima vez.
162. No me juzgo a mí mismo, me amo a mí mismo.
163. Me siento muy hermoso/guapa en todo momento.
164. Me encanta ejercitar mi cuerpo y me encanta cómo me siento por ello.
165. Naturalmente me veo haciendo las cosas en la vida con gracia y perfección, por lo que entro en estas situaciones con mucha confianza.

Afirmaciones positivas diarias

166. Cuando la gente me dice cosas negativas, no me importa porque me quiero y me respeto.
167. Me siento como una persona natural hablando con otros en situaciones sociales.
168. Puedo tomar decisiones realmente buenas, y si tomo una mala decisión, tengo el sistema de apoyo adecuado para ayudarme a superarlo.
169. Estoy agradecido de tener un maestro tan grandioso.
170. Es seguro para mí abrirme delante de la gente.
171. Estoy entero, perfecto y completo.
172. El universo me apoya y quiere ayudarme a sentirme más seguro.
173. No estoy confinado por el miedo, ya que siempre supero mis miedos.
174. Estoy orgulloso de mí mismo y de los logros que he conseguido hasta ahora.
175. Llego a clase con una mentalidad de crecimiento muy abierta.
176. No me distraigo fácilmente porque tengo muy buenas habilidades de concentración.
177. Todo lo que hago me hace sentir aún más orgulloso de mí mismo.
178. La vida es una aventura porque soy valiente y confiado.
179. Soy muy responsable. Llevo a cabo mis tareas con diligencia.
180. Yo apruebo mis exámenes con facilidad.
181. Los errores que cometo no me definen. Aprendo de todos mis errores.
182. Dejo todos mis sentimientos de baja autoestima ahora mismo.
183. Yo estoy a cargo de mis emociones, nadie más.
184. Me siento bien en situaciones sociales.
185. Disfruto aprendiendo porque crezco cuando lo hago.

Afirmaciones positivas diarias

186. Hay tantas oportunidades para mí en la vida y las acepto todas.
187. Se siente muy bien ser un hijo de Dios.
188. Elijo dejar que mi vida se desborde de alegría y confianza en mí mismo.
189. Veo la vida como un salón de clases que me ayuda a alcanzar mis metas escolares.
190. Hago conexiones fáciles con las materias que estoy estudiando que me ayudan a memorizar y aprender mejor.
191. Estoy siendo un impacto positivo en esta generación.

CAPÍTULO CATORCE

AFIRMACIONES POSITIVAS PARA EL EMBARAZO

1. Mi parto va a ser perfecto y rápido.
2. Estoy comprometida a criar conscientemente a este niño. Toda la negatividad generacional inconsciente la detengo.
3. El nacimiento es seguro para mí y para mi bebé.
4. Elijo disfrutar cada segundo en este viaje del embarazo, incluso en los días difíciles.
5. Mi bebé me ama.
6. Acojo el desafío de la maternidad con gracia, gratitud y un corazón cálido y lleno de amor.
7. Tengo el sistema de apoyo adecuado para ayudarme durante este embarazo y más.
8. Acepto mi trabajo de parto y el nacimiento.
9. Soy una mujer fuerte.
10. Mi esposo/novio y yo estaremos profundamente conectados durante y después del proceso de parto.
11. Utilizo mi voz con firmeza para expresar lo que quiero y necesito y para decir que no cuando me siento incómoda.
12. Mi bebé siente mi amor.
13. Me educo para tomar las mejores decisiones posibles para mi embarazo y el nacimiento de mi bebé.
14. Soy la mejor madre para mi bebé.
15. El mundo da la bienvenida a mi bebé a este mundo con amor y los brazos abiertos.
16. No tengo miedo del proceso de parto, lo dejo ir ahora.

Afirmaciones positivas diarias

17. Me siento bendecida, privilegiada y favorecida de llevar a mi bebé dentro de mí.
18. Estoy trayendo a este mundo a un niño perfectamente sano, entero y fuerte.
19. Amo a mi bebé a pesar de que aún no hemos conocido a nadie.
20. Creo en mí misma y en mi capacidad natural para dar a luz con facilidad, tranquilidad y comodidad.
21. Sé cómo cuidarme durante el embarazo.
22. Mi bebé me ama plena y completamente.
23. Mi cuerpo sabe exactamente cómo cuidar a mi bebé creciendo dentro de mí.
24. Mi bebé está en la posición perfecta para venir al mundo de manera eficiente y sin problemas.
25. Me amo y apruebo a mí misma y doy la bienvenida, honro y acepto los cambios en mi hermoso cuerpo embarazado mientras se mueve para acomodar a mi bebé.
26. Estoy rodeada de aquellos que me aman y me respetan.
27. Fui escogida divinamente y llamada para ser la madre de este niño y soy lo suficientemente buena para cuidar de él/ella.
28. Estaré lista y preparada para una experiencia de parto segura, hermosa y sin esfuerzo.
29. Mi amor y conexión con este niño dentro de mí me llena de humildad cada día. Estoy bendecida y lo sé.
30. Mi bebé no puede desea llegar a este mundo.
31. Mi cuerpo está aceptando a mi bebé y mi embarazo terminará con el nacimiento seguro de un bebé sano.
32. Cuando comience el capítulo de maternidad de mi vida, estoy lista para convertirlo en un hermoso capítulo.
33. Mi cuerpo embarazado es hermoso.
34. Estoy en perfecto estado de salud. Mi bebé está en perfecto estado de salud. Este embarazo va a llegar a un final perfecto.
35. Confío en milenios de instintos maternales incrustados en mí. Sé cómo cuidar a mi bebé.

Afirmaciones positivas diarias

36. Inhalo, sé que soy una gran madre. Exhalo, soy una gran madre.
37. Mi cuerpo sabe cómo dar a luz.
38. Aprecio y celebro el regalo del embarazo, la vida y la maternidad.
39. El trabajo de parto no me asusta porque sé que las contracciones ayudan a traer a mi bebé.
40. Confío profundamente en mis instintos y en mi cuerpo, y confío en que soy capaz de dar a luz a mi bebé de manera segura.
41. Tengo un sistema de apoyo increíble. Cuando pido ayuda, recibo ayuda.
42. Mi bebé nacerá en el momento perfecto.
43. Me permito ver la belleza y la alegría de este proceso, disfrutar de este tiempo precioso con mi bebé, y ser empoderada por todo lo que trae.
44. Me visualizo a mí misma después de un parto perfecto. Estoy en casa amando y jugando con mi hermoso bebé.
45. Tengo un vínculo estrecho con mi bebé. Mis relaciones con mi bebé son muy fuertes.
46. Mi doctor y yo estamos conectados. Somos socios en el parto de un bebé sano y feliz.
47. Mi bebé conoce el verdadero nacimiento.
48. Confío en que mi cuerpo haga que el proceso de trabajo de parto sea lo más fácil y efectivo posible.
49. Me mantengo alerta, en sintonía y consciente de mis necesidades y conozco intuitivamente las necesidades de mi bebé.
50. Me protejo a mí y a mi bebé permitiéndome sólo pensamientos y palabras positivas sobre el embarazo y el parto.
51. Cómo nace mi hijo es sólo mi elección y yo elijo el nacimiento natural.
52. Haré mucha leche materna para mi bebé.

Afirmaciones positivas diarias

53. Este embarazo no es complicado.
54. Mi cuerpo sabe cuándo dar a luz.
55. Mi bebé es amado y siente mi amor a medida que nuestro vínculo y conexión se fortalece cada día.
56. Me enorgullezco de la contribución de llevar, nutrir y sostener una vida dentro de mí.
57. Me siento poderosa y saludable durante el proceso de parto.
58. Mi cuerpo fue hecho para nutrir a un bebé.
59. Estoy feliz y entusiasmada con mi embarazo y espero un parto tranquilo, pacífico y hermoso.
60. Mi sistema neuromuscular funciona en perfecta armonía durante el parto.
61. Elijo ver la belleza en todo este proceso de traer una nueva vida al mundo.
62. Mi partera es una amiga hermosa y sabia consejera durante todo mi embarazo. Tengo suerte de tenerla.
63. Merezco un embarazo fácil y sin complicaciones.
64. Mi embarazo es un regalo.
65. Estoy tranquila, fresca y segura durante todo el embarazo. Estos son los nueve meses más hermosos de mi vida.
66. Mi bebé se está desarrollando normalmente y nacerá sano, entero, seguro y en el momento perfecto.
67. Mi cuerpo creciente es hermoso por su poder.
68. Sé que este es el momento adecuado para que mi bebé venga al mundo y bendiga a nuestra familia.
69. Mi bebé está creciendo como debería.
70. Mi trabajo más importante en el embarazo y el parto es simplemente relajarme, permanecer centrada, serena y equilibrada y permitir que el nacimiento de mi bebé tenga lugar.
71. He construido una unión armoniosa con mi médico, partera y doctora.
72. A pesar de las dificultades, sigo con energía, fuerte y saludable.

Afirmaciones positivas diarias

73. Soy una madre increíble a punto de tener un bebé increíble
74. Estoy bien cuidada por mí misma y por mis seres queridos.
75. Mi embarazo es perfecto. Voy a dar a luz a un bebé feliz y saludable.
76. Mi cuerpo acepta y protege a este bebé.
77. Soy una mujer fuerte, perfectamente capaz de tener un parto sano y perfecto.
78. Sin duda alguna, creo que soy una gran madre.
79. Mi cuerpo fue diseñado para nutrir, proteger y hacer crecer a mi bebé en mi vientre.
80. Estoy entusiasmada con mi viaje.
81. Tomo las mejores decisiones para mí y para mi bebé.
82. Estoy fuerte y saludable y de lleno en este embarazo.
83. Me siento segura de que cada cambio que mi cuerpo experimenta es para el bien de mi bebé.
84. Concebí un hermoso bebé y voy a dar a luz a un niño hermoso.
85. Hoy declaro que mi vientre está funcionando de manera óptima.
86. Mi bebé está recibiendo toda la nutrición que necesita.
87. Mi bebé y yo estamos trabajando juntos para prepararnos para su nacimiento y ambos estamos agradecidos por esta poderosa experiencia.
88. Declaro que estoy sana; mi cuerpo está sano.
89. Mi bebé es tan especial para mí y también lo es mi cuerpo.
90. Con cada contracción me siento más fuerte y más poderosa.
91. Me estoy divirtiendo con mi embarazo. Disfruto cada semana. Saboreo cada logro.
92. Soy una gran madre. Mi nuevo bebé tiene suerte de tenerme.
93. Mi cuerpo es un hogar relajado y cálido para mi bebé en crecimiento.
94. Escucharé mi intuición y lo que me está diciendo para hacer el proceso más natural y fácil.
95. Hoy me siento con energía.

Afirmaciones positivas diarias

96. Mi cuerpo es un hogar amoroso y seguro para mi bulto de alegría en crecimiento.
97. A medida que mi bebé sano crece dentro de mí, estoy más en sintonía que nunca con los ritmos perfectos de la naturaleza y de mi cuerpo.
98. Confío en que mi cuerpo sepa exactamente lo que está haciendo.
99. Mi bebé sabe cómo y cuándo nacer y yo espero pacientemente su llegada.
100. Seré una gran madre.
101. Mi cuerpo fue hecho para esta experiencia.
102. Mi vida pronto será mejor porque mi bebé estará en ella.
103. Elijo ser feliz por mí y por mi bebé.
104. Anhelo una nutrición saludable a lo largo de este embarazo.
105. Voy a estar perfectamente relajada durante el proceso de parto.
106. Me apetece comer alimentos nutritivos y disfruto cada comida que comparto con mi bebé.
107. Trasciendo todo el dolor durante el proceso de parto.
108. Mi vientre está lleno de amor.
109. Confío en que mi cuerpo sepa cómo guiar con seguridad a mi bebé fuera del vientre hacia mis brazos.
110. Mi cuerpo es fuerte y capaz.
111. Mi pareja está excepcionalmente bien equipada para cuidarnos a mí y al bebé
112. Puede haber días difíciles durante este embarazo, pero soy fuerte, estoy decidida y soy resistente.
113. Respiro profundamente y siento la presencia de mi bebé dentro de mi cuerpo.
114. Estoy formando mucha leche para mi bebé y aprecio todo el trabajo de mis senos.
115. Estoy teniendo una experiencia maravillosa desde la concepción hasta el nacimiento.

Afirmaciones positivas diarias

116. Libero la incomodidad del embarazo, dejo ir la preocupación, la tensión y el miedo al parto y me concentro en la alegría de conocer a mi hijo.
117. Libero todos mis temores y confío en que estoy lista para esto.
118. Dar a luz es normal y natural y mi bebé y yo estaremos sanos y felices cuando todo termine.
119. Estoy mental, financiera, emocional y espiritualmente equipada para este embarazo.
120. Me envuelvo en una manta cálida y positiva que reconforta y nutre la vida que crece dentro de mí.
121. Una madre increíble vive dentro de mí. Esa madre va a nacer junto con mi bebé.
122. No importa el sexo del bebé, mi bebé es perfecto.
123. Estoy absolutamente comprometida a proporcionar un ambiente hogareño seguro y feliz a mi hijo.
124. Soy un motor perfectamente funcional para la creación de vida.
125. Seré paciente y valiente durante todo el proceso de parto.
126. Mi útero está lleno de energía vital.
127. Estoy atenta a esta experiencia. Estoy comprometida con la nutrición óptima, el ejercicio y el descanso.
128. Mi cuerpo es poderoso y está lleno de luz.
129. Fui hecha para ser madre. Confío en mi cuerpo.
130. Es tan emocionante saber que una nueva vida está creciendo dentro de mí.
131. Amo mi cuerpo embarazado; es radiante, hermoso y dichoso porque está equipado con todo lo que necesito para cuidar a mi bebé.
132. Mis cicatrices de embarazo cuentan una historia de mi viaje a la creación de vida.
133. Me veo a mí misma aquí y ahora sosteniendo a mi hermoso bebé en mis brazos. Ambos estamos felices, sanos e íntimamente conectados.

Afirmaciones positivas diarias

134. Acojo todas las experiencias en este viaje hacia la maternidad.
135. Estaré activa para asegurar un gran parto y un bebé sano.
136. Cada embarazo es una experiencia única y hermosa. Estoy disfrutando conscientemente de este viaje único.
137. Cada patada es un recordatorio de una bendición en desarrollo dentro de mí.
138. Un sentimiento cálido me llena al pensar en el milagro que se está formando dentro de mi cuerpo.
139. Elijo experimentar la belleza de un nacimiento natural y eso es lo que voy a experimentar.
140. Sólo respira que todo saldrá bien.
141. Respiro profundamente y sonrío cada vez que pienso en mi embarazo.
142. El vínculo entre mi bebé y yo es inseparable.
143. Hay vida dentro de mí que cuidaré por el resto de mi vida.
144. No le temo al trabajo de parto. Me siento cada vez más cerca de mi bebé con cada contracción.
145. Voy a pensar positivamente, porque todo va a estar bien y mi bebé va a estar bien.
146. Mi bebé sabe el amor que tengo y lo siente dentro de todo su cuerpo.
147. Todas las partes de mi cuerpo están trabajando juntas en armonía para un embarazo saludable, tranquilo y feliz.
148. Hay belleza en el crecimiento de mi vientre y el resto de mi cuerpo.
149. Toda mi familia va a estar profunda e íntimamente conectada después de nuestro nacimiento.
150. Acaricio mi barriga y siento que mi bebé disfruta de este tiempo dentro de mi vientre.
151. Mis decisiones a lo largo de este embarazo se basan en hechos, no en el miedo.
152. Mi cuerpo está aceptando a este bebé y lo protegerá.
153. Acepto la ayuda de otros en este viaje hacia el nacimiento.

Afirmaciones positivas diarias

154. Cualquier día de estos, mi vida cambiará para mejor contigo en ella.
155. Mi cuerpo está nutriendo maravillosamente al niño que llevo conmigo. Mi hijo está perfectamente sano.
156. Mi cuerpo está perfectamente cualificado para este viaje.
157. Consulto con mi médico, pero escucho a mi cuerpo y a mi corazón cuando decido cómo voy a dar a luz.
158. Estoy disfrutando de mi embarazo una mariposa a la vez.
159. Me siento bendecida y favorecida de poder tener este bebé dentro de mí.
160. Me imagino un parto saludable de un bebé saludable.
161. Dejo ir todas las preocupaciones antes, durante y después del parto.
162. Soy capaz de dar a luz a este bebé.
163. Comparto palabras de afirmación, calidez y amor con mi bebé.
164. Mi bebé está a salvo y se está formando perfectamente.
165. Tomaré las decisiones correctas para mi bebé.
166. Una madre increíble vive dentro de mí y nacerá junto con mi increíble bebé.
167. Este es un gran momento. Esta es una experiencia milagrosa. Estoy emocionada por ser madre.
168. Mi amor por ti crecerá cada día como tú lo harás.
169. La cabeza de mi bebé encaja perfectamente en mi pelvis.
170. Confío en que mi cuerpo ayude a guiar a mi bebé a este mundo, a mis brazos.
171. Me siento conectada a mi bebé y mi bebé se siente conectado a mí.
172. Soy fuerte y estoy lista para dar a luz a un bebé hermoso y saludable.
173. Mi bebé se está convirtiendo en una persona fuerte, feliz y segura.
174. Mi felicidad está dentro de mi vientre y estará aquí en 9 meses.

Afirmaciones positivas diarias

175. Puedo soportarlo todo y soportaré todo lo que venga a mi camino.
176. Espero desarrollar una relación amorosa con mi bebé y verle crecer hasta convertirse en un adulto exitoso y feliz.
177. Apreciaré cada dedo pequeño del pie, dedo, hueso, expresión facial y más.
178. Así como cuido bien de mí, cuido bien a mi bebé.
179. Mi alma te ama bebé.
180. Mi bebé siente la paz que yo siento.
181. Me mantengo en paz por mí y mi bebé. Soy el pacificador de mi vida.
182. Mi bebé encontrará la posición perfecta para nacer.
183. Cada semana estoy un paso más cerca de conocer mi bulto de alegría.
184. Le hablo con amor a mi hijo y me hablo a mí misma con amor.
185. ¡Soy una futura madre altamente capacitada! Si hay que tomar decisiones difíciles, puedo hacerlo y lo haré.
186. Todo lo que necesito para cuidar de este bebé ya está dentro de mí.
187. Mis náuseas matutinas son las emociones abrumadoras de felicidad que mi bebé tiene porque soy su madre.
188. Soy lo suficientemente buena para ser la madre que este niño necesita y cuidar de este niño dentro de mí.
189. Los alimentos que como nutren el cuerpo de mi hijo.
190. Soy una buena madre.
191. Concebí a este bebé con amor. Voy a dar a luz a este bebé enamorado. Criaré a este bebé con amor.
192. No puedo esperar a estar con mi pequeño.
193. Mi cuerpo es perfectamente capaz de nutrir la vida interior.

Afirmaciones positivas diarias

CAPÍTULO QUINCE

AFIRMACIONES POSITIVAS PARA MOMENTOS DIFÍCILES

1. Independientemente del desafío, estoy creando valor en el mundo a través de mi negocio.
2. Los desafíos son oportunidades para aprender y crecer.
3. Mis cuentas están pagadas y viviré libremente. Me niego a preocuparme.
4. Puedo superar cualquier cosa en mi vida.
5. Aprenderé lo que necesito a partir de hoy, lo que me hará una persona más fuerte.
6. Cuando he hecho todo lo que sé hacer, elijo dejar descansar mi mente.
7. Sé cuando perseverar en un camino y cuando dejar ir y cambiar de rumbo.
8. Lo que sea por lo que estoy pasando me está guiando hacia donde quiero ir.
9. Creo un mundo alegre y pacífico en el que vivir a pesar de los desafíos.
10. Los retos a los que me enfrento me dan energía y propósito.
11. Aunque estos tiempos son difíciles, son sólo una fase corta de la vida.
12. Este negocio está creciendo a la velocidad adecuada para tener éxito.
13. Fluyo fácilmente con los cambios que experimento.
14. Estoy a salvo y seguro pase lo que pase.
15. Los tiempos difíciles no se llevan lo mejor de mí.

Afirmaciones positivas diarias

16. Tengo la fuerza y el coraje para superar cualquier situación.
17. Doy la bienvenida al miedo como una señal de tener cuidado, pero prefiero dejarlo ir cuando ya no me sirve.
18. Mi compromiso de presentarme mañana opaca los errores que he cometido.
19. No hay problemas, sólo retos.
20. Cuando tengo una crisis en el trabajo, me recuerdo a mí mismo que gano mucho dinero y amo lo que hago.
21. Hoy el dinero me llega sin esfuerzo.
22. Dejo atrás el estrés y la ansiedad a partir de hoy.
23. Acepto los desafíos en mi vida.
24. Puedo superar cualquier cosa.
25. Tengo la capacidad de superar cualquier obstáculo.
26. Sé que la vida no está destinada a ser fácil, así que me preparo para las estaciones.
27. Hoy puede ser difícil, pero mañana es un nuevo día.
28. Puedo sobrevivir y sobreviviré a todo lo que la vida me depare.
29. Estoy haciendo lo que puedo con los conocimientos y habilidades que tengo para sobrevivir a esto.
30. Nada dura para siempre. Esta experiencia también pasará.
31. Soy digno de amor y mi vida tiene sentido a pesar de mis pérdidas.
32. Puedo superar cualquier cosa.
33. Mis ingresos crecen constantemente. No estoy preocupado.
34. Estoy listo para convertirme en la mejor versión de mí mismo.
35. Cada día estoy más fuerte.
36. No tengo que recorrer este camino solo. Tengo, o puedo encontrar, personas en mi vida y ejemplos que me apoyen e inspiren.
37. Acepto los desafíos en mi vida.
38. Cuando las circunstancias cambien, me sentiré más agradecido por lo que tengo.

Afirmaciones positivas diarias

39. Me aferro en la oscuridad a lo que sé que es verdad en la luz, en tiempos mejores.
40. Me enfrento audazmente a mis miedos ya que el valor no significa no tener miedo al peligro, sino enfrentarme al peligro a pesar de ese miedo.
41. Puedo resolver cualquier problema.
42. Los problemas de la vida no son resueltos por personas perfectas, sino por aquellos los enfrentan. Yo los enfrento.
43. No dejaré que el miedo me controle.
44. No tengo que resolver todo esto hoy.
45. Atraigo la abundancia financiera a mi vida.
46. Soy flexible y puedo adaptarme cuando la vida no va según lo previsto.
47. Hago lo mejor que puedo, y así elijo liberarme de la culpa y la vergüenza.
48. La vida está llena de cambios constantes. Mi dolor, aunque es muy real, no será tan agudo para siempre.
49. Poco a poco me estoy convirtiendo en el tipo de persona que puede sobrevivir a esta tormenta.
50. Este es sólo un capítulo de la historia de mi vida.
51. Estoy protegido; estoy a salvo.
52. La libertad que gano al dirigir mi propio negocio es mi mayor recompensa.
53. Hay una gran demanda de mis habilidades y destrezas particulares. No me voy a frustrar.
54. No soy una carga para nadie ya que gano mucho dinero y disfruto de lo que hago.
55. Sé que merezco amor y lo acepto incluso ahora.
56. Soy una persona fuerte y capaz.
57. Me río de la vida y elijo no ofenderme por nada ni por nadie.
58. Mi capacidad para alcanzar la grandeza dentro de este desafío es ilimitada.
59. No estoy solo. Hago amigos fácilmente donde quiera que voy.

Afirmaciones positivas diarias

60. No llevo equipaje emocional. Libero fácilmente las viejas heridas, el resentimiento y la ira.
61. Me perdono por los fracasos del pasado.
62. No importa lo que pase, soy amable y paciente conmigo mismo.
63. Fluyo con la corriente, mi vida es fácil y está llena de alegría.
64. Los desafíos actuales no pueden definirme. El pasado no tiene poder sobre mí.
65. Inhalando, estoy calmado. Exhalando, sonrío. Mantengo la calma.
66. Ayudar a otros a conseguir lo que quieren es el primer paso para conseguir lo que yo quiero.
67. Libero todas las emociones negativas del día.
68. Las necesidades de mi familia están satisfechas a través del trabajo que estoy haciendo.
69. No me desaniman los problemas a los que me enfrento. Mis sueños para mi negocio se alinean con mis valores fundamentales en la vida.
70. En este viaje confío en mí mismo y confío en la vida.
71. No importa lo que vea en las noticias, estoy a salvo donde quiera que vaya.
72. Mi éxito es inevitable si sigo trabajando duro para alcanzar mis metas.
73. Estoy agradecido con los que me han ayudado. Estoy agradecido conmigo mismo.
74. El universo envía vibraciones positivas a mi manera.
75. Mis pasiones me sostienen mientras hago lo que amo y mis ingresos crecen cada día.
76. Soy una persona fuerte.
77. Hoy estoy creando oportunidades para crecer como persona y mi negocio. Nada puede detenerme.
78. A pesar de las voces negativas, lo que estoy haciendo es marcar una diferencia en el mundo.

Afirmaciones positivas diarias

79. Los desafíos en los negocios no pueden detenerme. Soy un empresario natural. Este es mi llamado en la vida.
80. Ahora mismo estoy lleno de alegría y tranquilidad.
81. No me estoy agotando. En los aspectos de generación de valor de mi negocio es donde pongo mi esfuerzo.
82. Donde otros ven un desafío, yo veo nuevas oportunidades.
83. Seré proactivo en descubrir los obstáculos para alcanzar mis logros.
84. Combino coraje y acción con grandes esperanzas de disfrutar de la mejor vida posible.
85. Sé que todo me sale bien al final.
86. Sé que mi situación en este momento es temporal y que sólo está mejorando día a día.
87. Libero toda la negatividad de mi vida.
88. No soy un fracasado, sino un sobreviviente. Estoy diariamente en el proceso de sobrevivir.
89. Estoy rodeado de gente esperanzada y positiva.
90. Me rindo completamente y dejo ir cualquier ilusión sobre tener el control.
91. Deseo aprender cosas nuevas.
92. Hay un plan para mi vida y esto es algo que necesito superar.
93. Puedo, lo haré, debo superar esto.
94. Me río de mis sentimientos de depresión lo que hace que se disipen.
95. Estoy mejorando constantemente.
96. Sé que me convertiré en una versión más fuerte de mí mismo por lo que estoy pasando.
97. El tiempo es mi amigo. Termino todas las tareas que necesito terminar.
98. Elijo trascender completamente estos sentimientos de depresión.
99. Las respuestas sobre cómo sentirse mejor vienen a mí con facilidad.

Afirmaciones positivas diarias

100. No soy el único que se ha enfrentado a este tipo de trauma y no seré el último.
101. Creo en mí mismo y me amo a mí mismo.
102. Esta no es la vida que está diseñada para mí.
103. Estoy de pie dentro por mí mismo.
104. Siento que los sentimientos pesados se desvanecen.
105. Mi mente y mi cuerpo se sienten claros y positivos.
106. Elijo ser tranquilo conmigo mismo.
107. El mundo exterior no puede sacudir mi paz interior. Confío en que todo está bien y que todo está funcionando para mi bien más alto y grande.
108. Constantemente encuentro nuevas actividades que me ayudan a sentirme positivo y motivado.
109. Sé que todos mis deseos se están cumpliendo.
110. La gente me apoya en mi viaje y eleva mi espíritu porque me aman.
111. Mi vida mejora cada día.
112. No tengo miedo de pedir a mis seres queridos que me apoyen y ayuden en mi viaje.
113. Mis desafíos son reales, pero puedo mantenerme positivo a través de ellos.
114. Dios está levantando mi depresión.
115. La atención plena me ayudará a sacar el máximo provecho de mi tiempo.
116. Decido que puedo curarme completamente.
117. Asumo la responsabilidad de mis éxitos y mis fracasos.
118. Todo es temporal. El éxito es temporal. El fracaso es temporal.
119. Todo lo que me pasa es otra oportunidad para elegir el amor.
120. Esto también pasará.
121. Ningún miedo puede asustarme: ¡Soy audaz!
122. Uso mi cuerpo para contrarrestar los sentimientos de depresión. Mantengo posturas fuertes que me ayudan a sentirme feliz y seguro.

Afirmaciones positivas diarias

123. No me desanimaré. Este es mi llamado en la vida.
124. Pase lo que pase, me encanta trabajar. Me da energía y me hace concentrarme.
125. No importa los desafíos que enfrente, ¡mantengo la fuerza, la calma y la paz!
126. Siempre permanezco fuerte.
127. Siempre me mantengo audaz.
128. Siempre permanezco decidido y con fe en mi corazón.
129. Soy una persona fuerte y sigo adelante. ¡Siempre sigo adelante!
130. ¡Mi vida es una vida audaz!
131. Busco el crecimiento y el desarrollo personal porque me hace sentir mejor y más positivo.
132. El éxito que quiero es el final natural del trabajo que estoy haciendo.
133. Soy la persona más poderosa que conozco y nada me hace retroceder.
134. Soy audaz en cada minuto de mi vida.
135. Todos mis deseos y necesidades están siendo satisfechos por el universo.
136. Mi pasión y mi propósito me llevan a través de los desafíos y hacia el éxito.
137. Dejo ir a las personas que no están contribuyendo a la creación de una salud mental positiva para mí.
138. Mis experiencias son experiencias audaces.
139. Cada día me siento más y más positivo.
140. Soy una persona valiente.
141. Dejo ir todos los pensamientos negativos que están contribuyendo a mi depresión.
142. En esta economía, mi negocio me hace más fuerte y más feliz.
143. No hay nada que pueda concebir que no pueda lograr.
144. Tengo grandes poderes dentro de mí.
145. Tengo pensamientos positivos, estimulantes y alentadores.

Afirmaciones positivas diarias

146. Soy más fuerte. Puedo mover montañas.
147. Tengo la habilidad de manifestar mis metas y sueños cuando lo desee.
148. Sé cómo permanecer audaz e inquebrantable.
149. Estoy agradecido por las lecciones que la vida me ha enseñado porque me han hecho más fuerte.
150. Lo que hablo se hace realidad en mi vida, por lo tanto, sólo hablo positivamente.
151. Ninguna situación puede venir en mi camino.
152. Estoy transformando mi vida para mejor en cada área de mi vida.
153. Mi vida está hecha para la alegría. Viviré con exuberancia.
154. Me perdono completamente y me amo a mí mismo en el aquí y ahora.
155. Supero todos los obstáculos
156. Sé que estoy guiado en esta vida y tengo fe en que mi vida saldrá perfectamente.
157. No hay nada que no pueda superar.
158. Fácilmente dejo ir a la gente que es negativa y que no me apoya.
159. No soy olvidado. Mi energía atrae a los clientes y a los clientes que necesito para tener éxito.
160. Tengo tanto valor que añadir y dar al mundo.
161. Cada día atraigo más éxito y felicidad.
162. No dependo de nadie más. Pero acepto ayuda cuando se me ofrece.
163. Tengo esperanzas de un futuro mejor.
164. Tengo lo que hace falta para hacer realidad mis sueños.
165. Soy simpático y positivo.
166. El retorno siempre es mayor que el retroceso.
167. Soy consciente de que soy el creador de mi existencia.
168. Sé que ningún desafío es demasiado grande para que yo lo asuma y triunfe.
169. Siempre tengo muchas esperanzas.

Afirmaciones positivas diarias

170. No escucho ni presto atención a las personas negativas ni a lo que dicen.
171. Me siento tan positivo con respecto a la dirección que está tomando mi vida.
172. Yo sigo adelante y persevero hacia mis sueños sin importar lo que pase.
173. Estoy agradecido por la capacidad de tener esperanza.
174. Dejé ir todas las preocupaciones que tengo porque me vacía de energía vital.
175. Tengo el valor de seguir adelante.
176. Me encanta cómo mis pasiones me dan esperanza para un futuro mejor.
177. Soy decisivo y siempre tomo decisiones excelentes en estos tiempos.
178. Tengo más fuerza de la que conozco.
179. Atraigo a la gente a mi vida que es positiva y edificante.
180. Busco la felicidad desde dentro.
181. No me defino por mi diagnóstico, es sólo una opinión.
182. Me siento completamente a gusto con el mundo.
183. Me siento genial en mi propia piel.
184. Creo cambios positivos en mi vida con facilidad.
185. Elijo reemplazar los pensamientos negativos con pensamientos positivos con facilidad.
186. Amo completamente quien soy.
187. La esperanza es siempre una solución a todos mis problemas.
188. Tengo una mentalidad de crecimiento.
189. Me renuevo completamente con altos niveles de esperanza cada día.
190. Admito mis verdaderos sentimientos. Esto no es una debilidad, es una fuerza que simplemente no me ha sido revelada todavía.
191. No seré derribado por mis circunstancias.

CAPÍTULO DIECISÉIS

AFIRMACIONES POSITIVAS PARA PERDER PESO

1. Creo que puedo perder peso.
2. Mi salud es lo más importante para mí.
3. Estoy evitando los carbohidratos excesivos.
4. Estoy feliz y agradecido de haber perdido ____ kilos.
5. No hay necesidad de consumir alimentos altos en grasa o azucarados.
6. Tengo el poder de controlar mi peso a través de una alimentación saludable y el ejercicio.
7. Mi cuerpo es un templo. Mantendré limpio mi templo.
8. Puedo seguir la corriente.
9. Mi cuerpo es mi mejor amigo.
10. Cuando como bien, hago ejercicio y duermo lo suficiente, estoy invirtiendo en mí mismo.
11. Estoy orgulloso de todo lo que mi cuerpo hace por mí cada día.
12. Escucho lo que mi cuerpo necesita.
13. No comparo mi cuerpo con el de otras personas.
14. Me encanta lo que mi cuerpo es capaz de hacer ahora y en el futuro.
15. Estoy agradecida de que mi cuerpo sea hermoso y fuerte.
16. Uso mi cuerpo con amor, orgullo y cuidado.
17. Tener días malos está permitido.
18. Soy valiente para soportar días como hoy.
19. Soy paciente y amable conmigo mismo.
20. Mañana es más que otro día; es otra oportunidad para brillar.

Afirmaciones positivas diarias

21. Estoy deseando volver a sentirme mejor con respecto a las cosas.
22. La vida es dura a veces, pero yo también.
23. Soy un sobreviviente y eso me hace sentir orgulloso de mí mismo.
24. En días difíciles como éste, me quiero más que nunca.
25. Mis días malos y mis momentos infelices siempre pasarán.
26. Puedo ver el final de este tiempo difícil y me muevo hacia él con cada respiración que tomo.
27. Merezco sentirme bien conmigo mismo en este momento.
28. Esta energía positiva es de mi propia creación.
29. Estoy emocionado por y para la vida.
30. Me gusta sentirme bien conmigo mismo.
31. Es importante que me tome un momento para apreciar el sentimiento de paz conmigo mismo.
32. Estos buenos días alimentan mi alma y me ayudan a prepararme para tiempos difíciles.
33. Me celebro a mí mismo y a lo que he logrado hoy y todos los días.
34. El futuro es brillante y también lo es la luz que brilla dentro de mí.
35. Mi objetivo es compartir con los demás la positividad y el amor que siento por la vida.
36. Sonrío con confianza en mí misma y en el futuro.
37. No tengo que cambiar por nadie.
38. No hay nadie más en el mundo como yo. Esa es mi magia.
39. No tengo miedo de ser diferente.
40. Me acuesto temprano para poder despertarme descansado y fuerte.
41. Atraigo las habilidades ilimitadas de la naturaleza para que me ayuden a alterar mi peso corporal actual.
42. Mi cuerpo puede curarse y alcanzar nuevas metas gracias a la naturaleza.

Afirmaciones positivas diarias

43. Mi cuerpo y mi mente están siendo restaurados y una mentalidad tóxica los abandona.
44. Reconozco que la naturaleza tiene una fuerza curativa nutritiva que llena mi cuerpo y mi alma.
45. Los alimentos que la naturaleza proporciona están transformando mi cuerpo y completándome.
46. Reconozco que cada día en la naturaleza es un regalo del universo y trato de pasar tiempo al aire libre.
47. Llevo una dieta equilibrada y hago ejercicio todos los días.
48. Acepto la energía que la comida me proporciona cada día.
49. Entiendo completamente que los alimentos no saludables no me ayudan a perder peso, así que sólo como alimentos saludables y nutritivos.
50. Los sonidos, olores y aspectos visuales de la naturaleza tienen poderes que revitalizan y promueven la salud y me atraen.
51. La sanación está ocurriendo tanto en mi cuerpo como en mi mente.
52. Ya no siento la necesidad de llenar mi cuerpo con alimentos poco saludables y puedo resistir las tentaciones fácilmente.
53. Soy la mejor versión de mí mismo y estoy trabajando duro para ser aún mejor. Perderé peso porque quiero y tengo el poder para hacerlo.
54. Controlo el estrés haciendo cosas que son saludables pero efectivas como tomar un baño caliente o ver una película divertida.
55. Siento emoción cuando la vida me trae desafíos, y los acepto con gusto sin ninguna culpa o ansiedad.
56. Disfruto la vida manteniéndome en forma y manteniendo mi peso ideal.
57. Ser yo mismo es bueno y gratificante, y siempre percibo los retos como oportunidades para probar mis habilidades.
58. Tengo un aprecio por la vida al aire libre. Esto ayuda a mi cuerpo a conectarse con la naturaleza para que pueda transformarse.

Afirmaciones positivas diarias

59. Entiendo mis metas y dejo ir cualquier patrón de pensamiento negativo que me desanime a alcanzarlas.
60. Cada vez que inhalo, la confianza llena todo mi ser y cada vez que exhalo, toda la culpa y la timidez se desvanecen.
61. Siempre mastico bien mi comida para que mi cuerpo pueda digerirla y sacar los nutrientes.
62. Estoy dejando ir cualquier culpa que tengo alrededor de la comida.
63. Atesoro mi salud y mi bienestar. Con un cuerpo fuerte y una mente sana, puedo asumir desafíos y cumplir con mis metas.
64. Tengo la mentalidad correcta. Soy una persona enfocada, y no dejaré de hacer nada cuando me sienta desafiado o maltratado.
65. Sé que necesito perder peso.
66. Reconozco tanto mis cualidades como mis defectos y siempre me esfuerzo por mejorar.
67. Me libero de toda la culpa que estoy cargando por la comida que elegí en el pasado.
68. Elijo aceptarme exactamente como soy y ser feliz con mi vida.
69. Estoy cada vez más cerca de mi peso ideal con cada día que pasa.
70. Tengo un fuerte impulso de comer sólo alimentos saludables, y dejar ir cualquier alimento procesado.
71. Cada día es un nuevo día para empezar con un pie positivo y estable.
72. Me siento intensamente impulsado a alcanzar mi meta de pérdida de peso.
73. Creo en mi capacidad para amarme y aceptarme por lo que soy.
74. Creo en mi capacidad para cambiar mis hábitos y crear otros nuevos y positivos.
75. Me encanta y acepto el viaje de la pérdida de peso, disfruto cada paso del camino.

Afirmaciones positivas diarias

76. Está perfectamente claro para mí cómo todos los aspectos positivos sobre la pérdida de peso superan a los negativos.
77. Me detengo en todos los efectos positivos a largo plazo que mi pérdida de peso me traerá y me inspira.
78. Cada célula de mi cuerpo está sana y en forma y yo también.
79. Quemo grasa con facilidad.
80. No presto atención a que la gente me diga que mis metas no son posibles.
81. Mis metas de peso son alcanzables porque invoco el poder de la naturaleza.
82. Siempre me visualizo con mi peso ideal.
83. Me encanta la idea de mantener mi peso corporal perfecto con facilidad.
84. Mi salud mejora cada día más y más, al igual que mi cuerpo.
85. Cada día me acerco más a mi peso ideal.
86. Me siento más fuerte sabiendo que los nutrientes de la naturaleza están trabajando en mi sistema y mi mente. Confío en su poder para hacer una diferencia en mi condición física.
87. Todo el peso que pierdo, lo pierdo permanentemente.
88. Estoy elevando mi nivel y el de mi salud.
89. Puedo hacer esto, lo estoy haciendo, mi cuerpo está perdiendo peso ahora mismo.
90. Doy gracias por tener un cuerpo que es capaz de hacer ejercicio y perder peso de manera efectiva.
91. Como normalmente en proporciones perfectas y apropiadas.
92. Hoy reconozco el poder curativo de la naturaleza en mi vida y me siento agradecido por este maravilloso regalo.
93. Fácilmente tengo tiempo para mis entrenamientos y ejercicios entre mi horario de trabajo y de vida.
94. Todos los días hago ejercicio y cuido de mi cuerpo.
95. Escucho a mi cuerpo cuando me dice que necesito comer, no como por aburrimiento.
96. Estoy tan feliz y agradecido ahora que peso _____ kilogramos.

Afirmaciones positivas diarias

97. Estoy totalmente comprometido con mi peso corporal ideal.
98. La naturaleza está activando los mecanismos de auto-reparación de mi cuerpo, por lo que mis objetivos de pérdida de peso son más fáciles de alcanzar.
99. No sólo está mejorando mi salud, sino toda mi vida. ¡Y se siente muy bien!
100. Tengo el control total de mi peso.
101. Estoy dominando mi pérdida de peso y mi salud cada día más.
102. La pérdida de peso es tan fácil y natural para mí como inhalar y exhalar.
103. Me encanta establecerme nuevas metas que me mantengan inspirado y motivado para seguir adelante con mi pérdida de peso.
104. Mi cuerpo se está reparando y reconstruyendose a sí mismo porque acepto las cosas sanas y naturales y esto me está ayudando.
105. Estoy siendo limpiado y liberado por la naturaleza.
106. Estoy agradecida por este nuevo cambio de estilo de vida y me encanta perder peso.
107. Mi enfoque y conducción nunca vacilan en mi viaje para perder peso.
108. Acepto mi cuerpo exactamente como es y trabajo constantemente para mejorarlo.
109. Creo en mis habilidades y sé que tengo lo que se necesita para transformar mi cuerpo y mi mente.
110. Veo la comida como un combustible, no como algo con lo que reprimir las emociones.
111. Me encanta el viaje de la salud y me comprometo a un cambio de estilo de vida, no sólo a un plan dietético. Es lo que soy ahora y para siempre.
112. Estoy cada vez más cerca de mi peso ideal con cada día que pasa.

Afirmaciones positivas diarias

113. Fácilmente dejo ir relaciones que no benefician mi pérdida de peso y mi salud.
114. Mi metabolismo es alto y efectivo para quemar grasa y ayudar con la pérdida de peso.
115. Siento que se disuelve mi deseo por ingerir alimentos no saludables y ricos en grasas.
116. Me gusta comer alimentos saludables.
117. Tengo todo el poder mental y físico necesario para una pérdida de peso efectiva y duradera.
118. Mi pérdida de grasa progresa cada día y el progreso se siente tan bien.
119. Siento que mi cuerpo pierde peso en cada momento del día hasta que alcance mis metas.
120. Estoy muy agradecida de que hay tantas herramientas y consejos que puedo usar para ponerme en forma para la vida.
121. Me estoy volviendo más activo físicamente cada día.
122. Es seguro para mí cambiar mi cuerpo.
123. Inspiro a la gente con mi dedicación y compromiso con el acondicionamiento físico y la pérdida de peso.
124. Comer alimentos saludables ayuda a mi cuerpo a obtener todos los nutrientes que necesita para estar en mejor forma.
125. Cada persona es diferente y no tengo ninguna expectativa con respecto a mi pérdida de peso, sólo que es y seguirá sucediendo.
126. Tomo decisiones con facilidad que apoyan mi viaje de pérdida de peso.
127. Aprecio cada cosa que tengo en mi vida y vivo con absoluta alegría.
128. Mi sistema cardiovascular funciona perfectamente, ayudándome a alcanzar mis objetivos de pérdida de peso con facilidad.
129. Me comprometo a amarme a mí mismo durante todo este viaje.

Afirmaciones positivas diarias

130. Soy capaz de lograr mis objetivos de pérdida de peso y no dejaré que nada se interponga en mi camino hasta entonces.
131. Estoy viendo cómo se derrite la grasa de mi cuerpo un poco más cada día.
132. Tengo antojo de alimentos saludables e integrales cada día más.
133. Todo el universo conspira para ayudarme a perder peso y grasa.
134. Todos mis sentimientos y emociones se basan en mi pérdida de peso.
135. Estoy alcanzando y manteniendo mi peso deseado.
136. Me sumerjo en estados profundos de sueño y relajación, ayudando a mi cuerpo a recuperarse perfectamente cada día.
137. Todo lo que como sana y nutre mi cuerpo, lo que me ayuda a alcanzar el peso ideal.
138. Mi corazón y mi alma son tan apasionados y están impulsados hacia el logro de mis metas de pérdida de peso.
139. Me encanta ir al gimnasio y comer sano.
140. Mi cuerpo es mi templo, y lo cuido atentamente todos los días comiendo sólo alimentos saludables que me curan y nutren.
141. Todas y cada una de mis células se sienten sanas y vibrantes.
142. Me acepto a mí mismo tal como soy y estoy mejorando cada vez más en todo lo que hago.
143. Estar vivo me hace una persona feliz.
144. Sustituyo "debo", "tengo que" y "debería" por "elijo".
145. Soy fiel a mi maravilloso ser.
146. Soy amado por quien soy ahora mismo.
147. En el futuro todo irá bien con mi hermosa alma.
148. Confío en que soy lo suficientemente fuerte para enfrentarme a lo que me depare el futuro.
149. Me comprometo a un nuevo estilo de vida que es beneficioso no sólo para la pérdida de peso, sino también para una mayor confianza y autoestima.

Afirmaciones positivas diarias

150. Inhalo confianza en mí mismo y exhalo miedo y ansiedad.
151. Estoy perfectamente satisfecho con la cantidad perfecta de comida que necesito para perder grasa.
152. Estoy agradecido con mi cuerpo por todas las cosas que hace por mí.
153. Escucho lo que mi cuerpo me dice que necesita.
154. Todas las personas que me rodean están totalmente de acuerdo con mi pérdida de peso.
155. Soy consciente de que mi metabolismo está trabajando a mi favor para ayudarme a tener mi peso óptimo.
156. Amo mi cuerpo por completo, lo que me ayuda en mi viaje a perder peso.
157. Estoy en forma y confiado en mi propio cuerpo, le digo a mi cuerpo y a mi mente lo que debo hacer. No al revés.
158. Conocer gente nueva es fácil. Puedo crear relaciones de apoyo y hacer nuevos amigos sin sentirme ansioso.
159. Priorizo el trabajo por el progreso y no por la perfección.
160. Puedo confiar en mí mismo para seguir adelante con mis planes de pérdida de peso
161. Mi mente está llena de pensamientos positivos.
162. Me fijé metas realistas pero desafiantes que me inspiran a perder peso y sentirme bien.
163. Frecuentemente leo y veo contenido que me ayuda a adquirir conocimientos e ideas para una pérdida de peso efectiva.
164. Tengo el poder de controlar fácilmente mi peso a través de una combinación de alimentación saludable y ejercicio.
165. Ejercitarme me resulta natural.
166. Confío en mí mismo, y tengo la confianza de que soy una persona digna que todos respetan.
167. Confío plena y completamente en mí mismo para tomar las decisiones correctas que crean una gran pérdida de peso.
168. Mis pensamientos son constantemente positivos y giran en torno a imágenes positivas de que estoy en forma y saludable.

Afirmaciones positivas diarias

169. Comparto con la gente mis ideas y consejos para perder peso ya que sé que refuerzan mis nuevas creencias.
170. Importa poco lo que digan los demás. Lo que realmente me importa es cómo reacciono y en qué creo.
171. Soy amable, cariñoso, compasivo, y realmente me preocupo por la gente que me rodea.
172. Inhalo relajación y exhalo estrés.
173. Tengo todo lo que se necesita para perder peso y lograr mi peso corporal ideal.
174. Soy una persona segura de sí misma que es respetada por todos los que la rodean.
175. Soy una persona única y digna, y merezco el respeto de todos.
176. Soy entusiasta y enérgico, y la confianza es una parte importante de mi naturaleza.
177. Me respeto a mí mismo y también a los demás a mi alrededor.
178. Me acepto a mí mismo y me amo por lo que soy.
179. Confío y creo en mí mismo y dejo ir lo negativo.
180. Me encanta mi confianza absoluta en mí mismo. Mi cuerpo es hermoso, y disfruto cada cosa de él.
181. Me merezco todo lo que es bueno en este mundo. Libero cualquier necesidad de sufrimiento, y puedo sentir felicidad, confianza y amor entrando en mi cuerpo, mente y alma.
182. Nunca me comparo con los demás, ya que entiendo mi singularidad.
183. Tengo integridad, ya que soy una persona de confianza y siempre hago exactamente lo que digo.
184. Estoy sana, bien cuidada y guapa, y reconozco mi belleza interior y exterior.
185. Cada vez que inhalo, la energía fresca llena todo mi ser y cada vez que exhalo, todas las toxinas y la grasa corporal salen de mi cuerpo.
186. El cambio es inevitable y lo acepto de todo corazón.

Afirmaciones positivas diarias

187. Soy una persona que acepta fácilmente nuevos retos.
188. Merezco cosas buenas en mi futuro.
189. Estoy deseando vivir el mañana, y el mañana es el mañana.
190. Mi tasa de metabolismo está en su nivel óptimo y esto me ayuda a alcanzar mi peso corporal ideal.
191. Me llegan ideas e inspiración sobre la pérdida de peso incluso en mis sueños.
192. A veces no sé adónde voy, pero encontraré mi camino. Y será fabuloso.

CAPÍTULO DIECISIETE

AFIRMACIONES POSITIVAS PARA MANIFESTAR DESEOS

1. El Universo siempre me cubre las espaldas.
2. Las oportunidades llegan en el momento adecuado y en el lugar adecuado.
3. Creo en lo que pueda concebir.
4. Todo funciona perfectamente para mí. Estoy creando mi vida de ensueño.
5. Tengo una habilidad poderosa y natural para visualizar las cosas que deseo.
6. Algo maravilloso está a punto de sucederme.
7. Escucho profundamente las metas y los sueños que ahora me susurran.
8. Los milagros se manifiestan cada día de maneras maravillosas
9. Está bien para mí tener todo lo que quiero. Cada día me muevo en dirección a todo lo que quiero.
10. Vivo en la casa de mis sueños; en un entorno tranquilo lleno de amor, una familia bendecida y niños felices.
11. Soy un maestro en convertir la energía de mis sueños en combustible para una acción poderosa.
12. Cada vez que respiro, inhalo salud y exhalo miseria. Atraigo una vida maravillosa.
13. Soy digno de recibir mi sí. Ahora libero todo lo que no me está ayudando a conseguir mi propósito más alto.
14. Soy lo suficientemente digno para seguir mis más grandes sueños y manifestar mis deseos más profundos.

Afirmaciones positivas diarias

15. Siempre pienso primero en la otra persona. Por lo tanto, mis relaciones son seguras.
16. Si lo veo en mi mente, lo voy a sostener en mi mano.
17. Soy digno de amor, abundancia, éxito, felicidad y realización.
18. Ahora libero cualquier temor o creencia limitante que pueda tener acerca de lograr mis objetivos.
19. No hay lugar para hablar negativamente de mí mismo en mi vida. Estoy completamente enamorado de mí.
20. Siempre la posibilidad, nunca la falta.
21. Mi yo superior domina mi ego.
22. Estoy creando mi vida de ensueño y todo me sale bien.
23. Mi hogar interior es un retiro pacífico, un almacén de sabiduría práctica.
24. Soy lo suficientemente digno para seguir mis sueños y manifestar mis deseos.
25. Visualizo sin esfuerzo y con frecuencia que vivo mi vida exactamente como deseo.
26. Uso la visualización para reprogramar mi subconsciente.
27. Cada vez tengo más confianza en mi capacidad de crear la vida que deseo.
28. Estoy actuando con inspiración y perspicacia y confío en mi guía interior.
29. No apuesto a cosas pequeñas, me niego.
30. Me abro para recibir la abundancia del Universo.
31. Tengo el toque mágico, todo lo que toco se convierte en oro.
32. Trabajo donde quiero, cuando quiero y con la gente con la que quiero trabajar.
33. Atraigo a gente a mi vida que me ayuda a hacer grandes cosas.
34. Me propongo metas grandes y hago un plan sobre cómo voy a lograrlas.
35. Cuando mi "por qué" es lo suficientemente fuerte y claro, mi "cómo" aparece fácil e instantáneamente.

Afirmaciones positivas diarias

36. Siempre irradio pensamientos sobre mis sueños y eso me ayuda a atraer a las personas y a los eventos necesarios para lograrlos.
37. Celebro la vida.
38. Tengo los rasgos, cualidades y mentalidad para lograr grandes cosas en esta vida.
39. El universo está conspirando sobre cómo traer riqueza y abundancia masiva a mi vida.
40. Tengo todo lo que necesito ahora mismo y sigo recibiendo más.
41. Hoy la inspiración fluye fácilmente hacia mí.
42. Me siento abundante en el aquí y ahora.
43. No hay nada en esta vida que no pueda tener.
44. Soy generoso. Ayudo a los necesitados.
45. Ahora estoy atrayendo prosperidad de maneras esperadas e inesperadas.
46. Tengo un potencial ilimitado.
47. El Universo me proporciona todo lo que necesitaré.
48. Entiendo que dar es tan importante como recibir y me esfuerzo constantemente por contribuir tanto como pueda.
49. Soy abundante en mis finanzas, en felicidad y en amor.
50. Creo plenamente en mí mismo.
51. Me encuentro en situaciones y con personas que van a añadir más a mi patrimonio neto.
52. Mi cuerpo se sentirá fuerte, capaz y competente todo el día.
53. Hoy me pondré metas nuevas e inspiradoras.
54. Estoy altamente bendecido.
55. Hoy encontraré risas y humor.
56. Hoy aceptaré a cada persona y cada situación.
57. Me rodean personas positivas y genuinas que me ayudan y me animan a alcanzar mis metas.
58. Disfruto de absoluta libertad.
59. Mi confianza crece cada día más y más.
60. El universo me cubre las espaldas.

Afirmaciones positivas diarias

61. Confío en el Universo. Me da exactamente lo que necesito en el momento preciso.
62. Estoy creando una vida de pasión y propósito.
63. Yo soy amor.
64. Mi actitud será positiva y fortalecedora durante todo el día.
65. Tengo el poder de elegir mi estado emocional y elijo un estado hermoso, feliz y exitoso siempre.
66. Cada día me dirijo hacia mi mejor vida.
67. Atraeré el éxito y el amor a donde quiera que vaya hoy.
68. Inhalo confianza y exhalo miedo.
69. Mi negocio mejora cada día.
70. Acojo este día con los brazos abiertos y agradecido.
71. Sigo bienaventurado. Experimento bienaventuranzas. Soy bienaventuranza.
72. Lo que deseo y lo que pido está alimentado por una creencia ilimitada e inquebrantable en mí mismo.
73. Salgo de mi zona de comodidad para lograr mis metas. Encuentro consuelo en el cambio y en lo nuevo.
74. Haré que las viejas relaciones se fortalezcan hoy y que surjan nuevas relaciones.
75. Todos los días me muevo hacia mi mejor vida.
76. Un amor nuevo y más profundo llegará a mi vida hoy.
77. Yo soy Uno con mi Espíritu.
78. Mi cuerpo y mi mente se desbordarán con energía positiva todo el día de hoy.
79. No creo en los rechazos, sólo en las redirecciones divinas.
80. Me quiero a mí mismo. Me apoyo a mí mismo. Creo en mí mismo.
81. Cada parte de mi cuerpo está despierta y cargada para tener un gran día.
82. Me quiero a mí mismo. Me apoyo a mí mismo. Creo en mí mismo.
83. Sé exactamente lo que quiero y recuerdo mis metas constantemente.

Afirmaciones positivas diarias

84. Mi espíritu baila al compás de la alegría en mi corazón.
85. Soy guiado divinamente en todo lo que hago.
86. Mis intenciones son claras, poderosas y están completamente alineadas con el propósito de mi vida.
87. Uso el poder de la visualización para manifestar la vida que quiero.
88. Estoy recibiendo una abundancia infinita, inagotable e inmediata.
89. Lo que busco es buscarme a mí.
90. ¡Tengo pensamientos de poder! ¡Tomo medidas de poder! Alcanzo resultados poderosos.
91. Soy inteligente, creativo y motivado. Sólo acepto un sí por respuesta.
92. He compartido la visión de mi comunidad y ayudo a la comunidad con amor.
93. Estoy dispuesto a creer que, si me concentro en sentirme bien, tomo mejores decisiones que me llevan a los resultados deseados.
94. Estoy entero y en perfecto estado de salud.
95. Todo se siente tan bien y confío en que estoy en el camino correcto.
96. Soy rico y próspero en todos los aspectos de mi vida.
97. Experimento el mundo en toda su gloria.
98. Estoy dispuesto a creer que, al elevar mi vibración, atraeré más de lo que deseo.
99. Pienso constantemente en lo que quiero atraer y este pensamiento constante atrae lo que deseo en mi vida.
100. Ahora estoy recibiendo abundancia de manera esperada e inesperada.
101. Estoy dando y recibiendo todo lo que es bueno y todo lo que deseo.
102. Cada célula de mi cuerpo vibra con salud y energía positiva.
103. Estoy atrayendo más y más riqueza y éxito en mi vida cada día.

Afirmaciones positivas diarias

104. Todo lo que puedo unificar en mi mente y en mi corazón lo puedo manifestar en mi mundo.
105. Confío en mi capacidad de crear la vida de mi deseo y estoy constantemente en ello.
106. Mi vida se desarrolla maravillosamente ante mí mientras recorro mi camino con gracia y facilidad.
107. Mis maestros y mentores me inspiran a vivir en el ahora.
108. Cada uno de mis poros irradia abundancia.
109. Transformo mi mente con el poder de la visualización.
110. Veo belleza donde quiera que voy.
111. Merezco completamente todas las cosas buenas que la vida tiene para ofrecer.
112. Atraigo una abundancia de amor y felicidad en mis relaciones actuales y nuevas.
113. El dinero y el éxito entran en mi vida tan fácil y naturalmente.
114. Me esfuerzo constantemente por elevar mi vibración a través de buenos pensamientos, palabras y acciones.
115. Mi alma está lista para vivir la vida de mis sueños.
116. Le doy vida a mis deseos. Tomo todas las medidas necesarias para ello.
117. Tengo el coraje de seguir mi propio camino y seguir mis sueños.
118. Estoy completamente listo para que mi vida rebose de abundancia.
119. Todos y cada uno de los días me proporcionan la mezcla perfecta de sol y lluvia para convertir mis sueños en realidad.
120. En el ojo de mi mente, veo una vida nueva y vibrante para mí y atraigo esa vida.
121. La fe en mi futuro me eleva más que el miedo.
122. Todas las piezas de mi vida están cayendo perfectamente en su lugar ahora.
123. Pienso en mis metas constantemente y sin descanso y, por lo tanto, las estoy atrayendo.

Afirmaciones positivas diarias

124. Mi vida tiene un significado masivo y estoy trabajando para dejar un gran legado.
125. Hoy es un gran día para estar vivo.
126. La belleza es el aliento de mi alma.
127. Mis sueños corresponden a mis creencias y mi vida corresponde a mis sueños.
128. Estoy creando mi vida de acuerdo a mis creencias dominantes; y ESTOY mejorando la calidad de esas creencias.
129. Mis intenciones para mi vida son claras. Lo que busco es buscarme a mí.
130. Estoy haciendo una contribución significativa al mundo y SOY maravillosamente compensado por mi contribución.
131. Soy financieramente estable.
132. Estoy atrayendo toda la abundancia que deseo, cumpliendo todos mis deseos.
133. Entiendo que yo y sólo yo soy responsable de la calidad de mi vida.
134. Estoy dispuesto a creer que soy el creador de las experiencias de mi vida.
135. Soy poderoso.
136. Mis pensamientos constantes y acciones subsecuentes crean mis experiencias de vida.
137. Mi actitud positiva siempre atrae el éxito en cualquier esfuerzo que emprenda.
138. Encontraré aventura en el día de hoy.
139. Hoy tomaré las mejores decisiones
140. Soy un imán para la felicidad. Sólo atraigo a gente alegre y feliz en mi vida.
141. Los cheques llegan a mi bandeja de entrada todos los días.
142. Me abro a toda la riqueza y felicidad que la vida tiene para ofrecer.
143. Mi sabiduría crecerá hoy.

Afirmaciones positivas diarias

144. Mi instinto y la guía interna que recibo me ayudan a avanzar hacia mi meta.
145. Estoy agradecido por todo lo que es y por todo lo que será.
146. Mi riqueza crece en cantidades cada vez mayores.
147. Voy a hacer tantas cosas hoy.
148. Mi alimentación y mi actividad física son tales que atraigo lo mejor de la salud.
149. Hoy gestionaré mi tiempo perfectamente.
150. He desarrollado el hábito de sentirme bien bajo cualquier circunstancia ya que esto me ayuda a ver la vida desde una perspectiva diferente.
151. Amo mis bendiciones.
152. Estoy agradecido por _____.
153. Recibo el día de hoy con gratitud.
154. No tengo límites en mi habilidad de tener las cosas que quiero en esta vida.
155. Me merezco el éxito, la prosperidad y la felicidad y los atraigo a todos.
156. Hoy saludo con emoción y confianza.
157. Atraigo el amor a todos lados.
158. Mis sueños son mucho más grandes que mis miedos.
159. Peso _____ kilos y estoy contento con ello.
160. Siempre estoy escalando más y más alto en cada área de mi vida.
161. Me siento saludable y fuerte.
162. Mi vida es una gran aventura.
163. Estoy rodeado de gente que quiere lo mejor para mí y me va a empujar a alcanzar mis metas y sueños.
164. Soy el creador de mi propia existencia y hoy elijo crear milagros en mi vida.
165. Mi mente está completamente libre de dudas sobre mí mismo, tengo una creencia inquebrantable en mí.
166. Mi alma está lista para manifestar y vivir la vida de mis sueños.

Afirmaciones positivas diarias

167. Estoy en paz con el mundo y el mundo está en paz conmigo.
168. Hoy encontraré éxito y un sentido.
169. Mis relaciones son armoniosas.
170. Atraigo a las circunstancias positivas y a las personas positivas a mi vida.
171. Confío en mi viaje.
172. Mi negocio es un éxito rotundo.
173. Soy el mejor.
174. Trabajo como y cuando quiero, donde quiera.
175. Mis sueños se hacen realidad hoy.
176. Soy un comunicador experto y transmito mis ideas con facilidad. Eso me ayuda a atraer a las personas deseadas en mi vida.
177. Las experiencias de mi vida son como las he imaginado.
178. Hoy será un día tranquilo.
179. Soy excepcionalmente bueno persiguiendo mis sueños.
180. Elijo vivir en el reino de las posibilidades.
181. Mi vida es rica y colorida.
182. Mis sueños se manifiestan de muchas maneras.
183. Mi éxito es conocido en muchos países.
184. He sido testigo de tantos milagros personales y estoy en un constante estado de asombro.
185. Estoy haciendo algo más que prosperar.
186. Hoy entro en una burbuja protectora de positividad.
187. Mi vida es buena.
188. Tengo un montón de buenos recuerdos.
189. Yo puedo. Lo haré. Fin de la historia.
190. Mis oraciones siempre son respondidas en apoyo a mis sueños.
191. Tengo la visión interna para ver el futuro que deseo.

CAPÍTULO DIECIOCHO

AFIRMACIONES POSITIVAS PARA REFLEXIONAR

1. Mi mente está clara y concentrada.
2. Puedo dejar ir mis pensamientos a voluntad.
3. Valoro el arte de escuchar.
4. Puedo escuchar la voz de lo divino, la belleza de la naturaleza y mi propio subconsciente en meditación silenciosa.
5. Una mente tranquila me trae paz y felicidad.
6. La meditación me ayuda a ver mi mundo y mis decisiones de manera más realista.
7. Mi mente está tranquila incluso en tiempos caóticos.
8. Yo controlo mi diálogo interno.
9. Pensamientos bondadosos y amorosos guían mi discurso y mis acciones.
10. Amar a los demás reduce el estrés en mi vida.
11. Estoy libre de estrés y preocupación.
12. Si me pongo tenso o irritado, uso mi respiración para restaurar mis pensamientos amorosos.
13. Miro al mundo que me rodea y no puedo evitar sonreír y sentir alegría.
14. Me aprecio a mí mismo mientras inhalo. Aprecio a los demás mientras exhalo.
15. Admiro las buenas cualidades de los demás.
16. Veo que la felicidad de los demás es tan importante como la mía.
17. Al permitirme ser feliz, inspiro a otros a ser felices también.

Afirmaciones positivas diarias

18. Me niego a escuchar la voz interior que me dice que tenga miedo.
19. Tengo el poder de detener el miedo antes de que se apodere de mí.
20. Puedo aprovechar un manantial de felicidad interior en cualquier momento que desee.
21. Mi cuerpo está relajado y tranquilo.
22. Tengo una mente tranquila.
23. Aprendo acerca de mí mismo y del mundo que me rodea escuchando atentamente.
24. Siento alegría y satisfacción en este momento.
25. Reconozco lo mucho que tengo en común con los demás.
26. ME contenta elogiar a otros.
27. El miedo es una ilusión en la mente y sé que puedo superarlo.
28. Escucho más de lo que hablo.
29. Amar a los demás fortalece mis relaciones.
30. Hice una lista de todos mis temores para poder estar atento a ellos y detenerlos en su camino.
31. Estoy en paz dentro de mí mismo.
32. Mi mente está naturalmente calmada y tranquila.
33. Obtengo información sobre mis pensamientos y comportamiento a través de la meditación.
34. Me siento en paz aunque las cosas resulten de manera diferente a lo que había planeado.
35. Si la gente está discutiendo algo delicado y yo estoy allí, elijo un lugar y un momento tranquilo.
36. Puedo dejar ir mis miedos.
37. Estoy agradecido por mi educación y mi atención médica.
38. Mi mente es fuerte y capaz de ver más allá de un momento de miedo.
39. Puede que no esté de acuerdo con algo de lo que oigo, pero sé que alguien puede necesitar una oportunidad para expresarse sin ser juzgado.

Afirmaciones positivas diarias

40. Si no tengo claro un mensaje, parafraseo las palabras de los demás y hago preguntas aclaratorias.
41. Soy desprendido de todo
42. Puedo desprenderme de todas las preocupaciones.
43. Escuchar es una forma de expresar mi preocupación y respeto por los demás.
44. Aprecio a la gente de la industria de servicios.
45. Aprecio a los trabajadores que construyen carreteras y suministran electricidad.
46. Limpio mi mente con la meditación y la oración.
47. Reconozco mis talentos y persigo mis sueños sin importar los temores que puedan surgir.
48. Me concentro en mi familia y amigos para generar pensamientos amorosos.
49. Hoy soy libre. Libre para ir tras mis sueños.
50. Hoy reúno información para tomar decisiones más sensatas.
51. Estoy comprometido con mi práctica de meditación.
52. Mi práctica de meditación es una parte importante de mi vida.
53. Independientemente de mi experiencia en cualquier tema, puedo prestarle mi atención a alguien.
54. Mi mente está abierta a la verdad sobre los límites autoimpuestos.
55. Acepto que a veces estoy incómodo o irritable, pero escojo acciones constructivas que me permiten recuperar la compostura rápidamente.
56. Evito crear límites para mi espíritu.
57. En lugar de permitir que mis miedos estén a cargo, controlo mi cuerpo y mi mente.
58. Me divierto con todos mis esfuerzos, incluso los más mundanos.
59. El miedo es una ilusión.
60. Dejo atrás los miedos y dejo que mi creatividad florezca.
61. Medito profundamente.
62. La meditación me viene de forma natural.

Afirmaciones positivas diarias

63. Escuchar me ayuda a conectar con amigos, familiares y compañeros de trabajo a un nivel más profundo.
64. Elijo reducir el estrés.
65. Puedo evitar el pánico porque sé que soy fuerte y poderoso.
66. Mi mente es un recipiente único que funciona sin miedo.
67. El miedo es uno de estos límites, pero yo soy más fuerte que la ilusión.
68. Estoy agradecido por la amabilidad de las personas.
69. Estoy libre de la ilusión que trata de asustarme.
70. Escucho mi intuición en los momentos difíciles y sigo sus consejos.
71. Mi mente está en paz.
72. Se siente bien liberar la tensión mental.
73. Uso mis oídos más que mi boca.
74. Descubro más oportunidades para construir relaciones.
75. Mantener la calma aumenta mi fuerza y confianza.
76. Tengo la libertad de crear la vida que deseo.
77. Revelo mis vulnerabilidades.
78. Los pensamientos amorosos llenan mi mente.
79. Mi intuición me guía a las respuestas a mis problemas.
80. Veo a los demás con compasión y afecto.
81. Mis pensamientos están en silencio.
82. La meditación mejora mi salud y bienestar.
83. Mi capacidad de escuchar atentamente se fortalece con la práctica.
84. Para calmar mi mente, voy más despacio.
85. Mi fe en mis habilidades me estabiliza.
86. La meditación proporciona instrucciones tranquilas y claras para la acción.
87. Mantengo la calma.
88. Elijo palabras que son alentadoras y alegres.
89. Manejo mis emociones.
90. Encuentro alegría y placer en las cosas más simples de la vida.

Afirmaciones positivas diarias

91. Estoy centrado en el momento presente.
92. La serenidad mental es mía.
93. Escucho a otros en lugar de ensayar lo que quiero decir a continuación.
94. La meditación es un asistente poderoso en mi viaje hacia la felicidad.
95. Las meditaciones diarias mejoran mi salud física y mental.
96. Acepto la retroalimentación amablemente.
97. Tengo una rutina relajante. Doy un largo paseo o tomo un baño caliente. Apago mi teléfono y saboreo el silencio.
98. Recuerdo las cosas buenas que la gente aporta a mi vida.
99. El tiempo de inactividad me hace más efectivo.
100. Conozco la diferencia entre la voz de mi intuición y la voz general de mi mente.
101. Dejo ir todas las preocupaciones.
102. Tengo un don natural para la meditación.
103. Tomo nota de los dos lados de un asunto y lo medito antes de tomar decisiones.
104. Me concentro en mi intuición para guiarme.
105. Me enseño a ser valiente demostrando que puedo hacer frente a lo que se me presente.
106. Doy un paso atrás de la prisa diaria y recojo mis pensamientos.
107. Me alejo brevemente de una situación difícil para evaluarla.
108. Soy capaz de escuchar mi intuición en tiempos difíciles.
109. Hoy me alegro de sentirme en paz.
110. Durante la meditación, mi intuición tiene la oportunidad de encontrar respuestas.
111. Mi mente se está volviendo tranquila y relajada.
112. Evito interrumpir durante las conversaciones.
113. Me reconecto con la naturaleza y con mis amigos para ayudarme a examinar situaciones difíciles.
114. Presto atención a mis instintos y escucho hablar a mi intuición.

Afirmaciones positivas diarias

115. Me enfrento a los retos de frente y busco soluciones con calma.
116. Hoy tengo la intención de centrarme en el poder de mi intuición para resolver una situación difícil.
117. Mis victorias y reveses se vuelven más significativos porque las repaso con mi familia y amigos.
118. Soy sensible a las necesidades de los demás.
119. Evito permitir que el miedo paralice mi intuición o esté a cargo porque mantengo el control de situaciones difíciles.
120. Reconozco todos mis sentimientos y luego me concentro en los susurros sabios de mi guía interior.
121. Libero la tensión de mi cuerpo.
122. Hoy escucho profunda y eficazmente.
123. Mi intuición me da lecciones valiosas sobre el pasado, el presente y el futuro.
124. Hoy ofrezco mis buenos deseos y mi ayuda práctica a quienes me rodean.
125. Conozco los pasos que necesito dar para encontrar el éxito y la felicidad.
126. Mi intuición me apoya en este viaje.
127. Si mi desempeño es criticado, utilizo su retroalimentación para sobresalir la próxima vez.
128. Me doy cuenta de las necesidades de los demás y me identifico con ellos en sus luchas.
129. Hago que la gente se sienta cómoda mientras comparten sus desafíos.
130. Me rodeo de energía positiva.
131. Enfocaré mi mente en el momento presente.
132. Muestro mi respeto y aprecio por los demás, y obtengo mayor conocimiento y sabiduría para mí mismo.
133. Me encanta cuando la energía es positiva a mi alrededor.
134. La meditación me hace sentir capaz de lograr todo lo que me propongo.

Afirmaciones positivas diarias

135. Soy un observador oyente. Presto atención al tono y la voz de los participantes durante la conversación.
136. Las conversaciones con mis amigos abarcan pensamientos y planes para un futuro satisfactorio.
137. Me propongo entender las necesidades de mi familia, compañeros de trabajo, amigos y extraños.
138. Me concentro en mi respiración y permito que la respiración profunda me calme.
139. Amplío mi propio grupo de apoyo al igual que apoyo a otros.
140. Hoy me concentro en las necesidades de los demás y a cambio, ellos hacen lo mismo por mí.
141. Mi práctica de meditación está mejorando.
142. También escucho incluso cuando estoy solo.
143. Escucho las historias de mis amigos y comunico mi preocupación.
144. Mi red de amigos se convierte en un círculo de amor.
145. Ayudo a las personas. Presto un oído atento, ofrezco un hombro sobre el que llorar y hago todo lo que puedo para animarlos.
146. Relajo mi cuerpo y dejo de lado las distracciones.
147. Me doy cuenta de los pequeños detalles mientras mis amigos hablan. Esto me ayuda a dar consejos sabios para sus situaciones.
148. Soy generoso. Comparto mi tiempo y recursos libremente cuando necesitan ayuda.
149. Trato a la gente con amabilidad y les ayudo a trabajar en soluciones para un futuro mejor.
150. Voy en busca de personas, cosas y lugares que exudan esa positividad y aliento.
151. Meditaré todos los días.
152. Mis seres queridos saben que siempre pueden contar conmigo.
153. Hoy me comprometo a desempeñar mi papel para llevar energía positiva a todas las situaciones.

Afirmaciones positivas diarias

154. Soy sensible a los estados emocionales de mis seres queridos.
155. Me siento en paz cuando me concentro en los demás.
156. Entiendo cómo consolar y apoyar a las personas.
157. La energía positiva me motiva a lograr objetivos personales importantes.
158. Estoy llena de amor y compasión, así que mis amigos saben que pueden recurrir a mí.
159. Mi compromiso con una vida brillante y alegre se encuentra en todas mis interacciones. Soy un ser positivo.
160. La meditación construye mi confianza y voluntad de abrazar el punto de vista de otras personas.
161. Mi mente se está volviendo muy concentrada y está perfectamente tranquila.
162. Sé que soy incapaz de eliminar completamente la negatividad, pero evito alentarla.
163. Siempre que puedo pacificar una situación, tomo medidas para calmar las cosas.
164. A veces mi lugar de trabajo puede ser polémico. Me recuerdo a mí mismo mantenerme alejado del conflicto.
165. Mis amistades se basan en una comunicación sana y de apoyo.
166. Es mucho más fácil concentrarme en mis responsabilidades cuando evito la energía negativa.
167. Me abstengo de juzgar o criticar y escuchar a la gente con el corazón abierto.
168. El vínculo que comparto con mis amigos me ayuda a pensar con optimismo.
169. Sé que el trabajo en equipo produce mejores resultados cuando todo el mundo está en el mismo sentido, así que lo aliento.
170. La influencia positiva de las personas genera ideas.
171. Me resulta más fácil desprenderme de mis pensamientos.

Afirmaciones positivas diarias

172. La meditación me ayuda a aprovechar al máximo mis oportunidades.
173. Abro mi corazón antes de abrir la boca.
174. Mi sinceridad brilla en mis palabras.
175. Expreso mis verdaderos sentimientos.
176. Hoy practico la sinceridad. Me expreso con amor.
177. Reconozco las acciones positivas y los rasgos de personalidad de los demás.
178. Cumplo con lo que prometo.
179. Mis palabras y acciones muestran a mis amigos y familiares que estoy ahí para ellos. Escucho pacientemente y valido sus experiencias.
180. Equilibrio la crítica con los cumplidos y les pido a mis compañeros de trabajo que me den sus sugerencias.
181. Liberaré todo el estrés y la tensión cuando medite.
182. Cumplo con mis compromisos.
183. Me gano la confianza de los demás.
184. Proporciono consuelo.
185. Creo un ambiente de calma antes de emitir críticas que podrían ser difíciles de escuchar.
186. Comparto la retroalimentación constructiva.
187. Les hago saber a mis familiares y amigos lo mucho que significan para mí.
188. Me concentro en la colaboración y en ayudar a otros a mejorar su desempeño.
189. Me despierto por la mañana sintiéndome feliz y entusiasmado con la vida.
190. Alineo mi mente y mis pensamientos con las intenciones de mi ser más profundo.
191. La meditación es cada vez más fácil cada vez que la practico.

CAPÍTULO DIECINUEVE

AFIRMACIONES POSITIVAS PARA CUMPLEAÑOS

1. Hoy es el primer día del resto de mi vida.
2. Hoy soy digno y merecedor de cosas buenas.
3. El amor está en todas partes y yo soy amoroso y adorable.
4. Soy un ser radiante de amor.
5. Hoy y todos los días, hago al menos una cosa que me estire.
6. La lucha es mi campo de entrenamiento preparándome para cosas más grandes y mejores.
7. Hoy estoy atrayendo a personas, lugares y cosas que son perfectas para mi crecimiento.
8. Cada día alcanzo niveles más profundos de auto-realización.
9. Hoy lo que me sirve se queda y lo que me falla se va.
10. Ahora veo que los obstáculos son simplemente atajos hacia algo mejor de lo que había planeado.
11. Soy alegre, feliz y libre.
12. Hoy vivo con un propósito y mi propósito ilumina mi camino.
13. Entro en esta nueva vida con facilidad.
14. Confío en que el proceso de la vida me traiga mi mayor bien.
15. Los obstáculos en mi camino están ahí para construir mi fuerza y comprensión.
16. Soy un trabajo en progreso, pero ¡qué trabajo soy!
17. Me niego a conformarme con lo que soy cuando sé que tengo algo mejor dentro de mí.
18. Hoy estoy dando un paso más allá de lo que he hecho antes. En un abrir y cerrar de ojos estaré muy lejos.

Afirmaciones positivas diarias

19. Mi propósito es aprender a amar incondicionalmente.
20. Hoy me amo y me acepto exactamente como soy.
21. Hoy lo que importa es quién soy, no quién he sido.
22. Mi camino hacia adelante está pavimentado con la fuerza de un corazón abierto y el poder de una mente abierta.
23. Experimento el amor dondequiera que voy en este nuevo año.
24. Hoy soy la bellota comprometida valientemente en el proceso de convertirse en un roble.
25. Soy más fuerte, más sabio y más seguro con cada nuevo día.
26. Soy el capitán de mi barco. Yo elijo cómo se desarrollan mis días y mi vida.
27. Estoy muy bien organizado.
28. Doy lo mejor de mí en todo lo que hago.
29. Estoy creando una nueva vida maravillosa.
30. Me permito recibir.
31. Mis límites de ayer son mi punto de partida de hoy.
32. Creo en mis talentos y habilidades para mejorar las cosas dondequiera que vaya.
33. Hoy los viejos paradigmas están cayendo a medida que encuentro nuevas y mejores formas de vivir.
34. Estoy lleno de amor y afecto.
35. Mi conciencia siempre se expande para aceptar las oportunidades y los desafíos de mi vida.
36. Cada reto me ha llevado a ser una persona mejor y más fuerte de lo que soy hoy.
37. Hoy libero versiones inferiores de mí mismo y crezco en mi grandeza.
38. Estoy en el proceso de cambios positivos.
39. Soy el mejor que he sido nunca.
40. Me entrego completamente a mi propósito y mi propósito me da completamente el éxito y la felicidad.
41. Hoy estoy construyendo puentes entre el mundo que es y el mundo que yo elijo.
42. Enfrento este desafío con fuerza y sé que lo superaré.

Afirmaciones positivas diarias

43. En esta nueva vida todo fluye fácilmente y sin esfuerzo.
44. Estoy siguiendo mi felicidad para inspirar a otros.
45. Esta temporada persigo mis objetivos con diligencia y determinación.
46. He decidido que disfrutaré cada momento de mi vida.
47. Tengo la intención de vivir este día al máximo y practicar la gratitud.
48. Tengo una nueva y maravillosa relación conmigo mismo.
49. Prospero en cada oportunidad de llegar a ser más de lo que nunca antes he sido.
50. Ahora comienzo un proyecto que cambiará mi vida para siempre - soy indetenible.
51. Busco la paz en todas mis relaciones.
52. Ahora me mudo a un lugar mejor.
53. Espero con ansias el futuro brillante que Dios ha planeado para mí.
54. Estoy totalmente sano y agradecido.
55. Tengo el espacio perfecto para vivir.
56. Hoy soy consciente de mis deseos y tengo la intención de perseguirlos.
57. Declaro que soy valiente.
58. Hoy cambio mi necesidad de estar siempre bien por mi necesidad de estar siempre creciendo.
59. Estoy en una relación alegre con una pareja que me ama profundamente.
60. Apostar a lo seguro me mantiene a salvo de cada sueño que tengo. Hoy me arriesgo por mi recompensa.
61. Estoy en paz con los demás y conmigo mismo.
62. Acudo primero a Dios y Él dirige mis pasos.
63. Me libero de la ira, el odio y la amargura - Soy libre
64. Aprecio todo lo que hago.
65. Tengo un cuerpo feliz que me agrada.
66. Elijo la paz en esta situación - soy responsable de mis emociones.

Afirmaciones positivas diarias

67. Acepto el miedo y la duda sin dejar que nada me detenga de lo que quiero.
68. Hoy estoy sembrando las semillas del crecimiento en mi vida. Estoy absolutamente comprometido a regarlas todos los días.
69. Hoy presto atención a mis anhelos interiores y tomo acciones por ellos.
70. Mi vida está llena de una experiencia positiva tras otra. Hago uso de todas las experiencias de mi crecimiento.
71. Me perdono de los errores del pasado.
72. Cada vez que respiro me siento profundamente en paz.
73. Que venga la lluvia. Estoy ansioso por crecer. Que venga el sol. Estoy listo para florecer.
74. Estoy creando mi destino con mi sabiduría interior y el universo.
75. Incluso cuando me esfuerzo por ser quien puedo ser, ¡estoy feliz con lo que soy ahora!
76. Estoy enamorado de mí mismo. Me encanta mi cabello, mi nariz y mi cuerpo.
77. Este cambio llega justo a tiempo y es exactamente lo que necesitaba.
78. Utilizo mis talentos y habilidades para cumplir mi propósito en la vida.
79. Cada día aprendo nuevas lecciones, amplío mi conciencia y desarrollo mis habilidades.
80. Me amo y me acepto a mí mismo.
81. Hoy, mi acción de gracias se extiende mucho más allá de mis pensamientos; traigo un espíritu agradecido a cada paso y acción que doy.
82. Confío en mí mismo para ser mejor.
83. Puede que no viva para siempre, pero hoy me esfuerzo por mejorar.
84. Soy eternamente joven. En mente y cuerpo.
85. Estoy agradecido ahora, y eso es mantener la puerta abierta para más bendiciones.

Afirmaciones positivas diarias

86. El universo apoya mi éxito.
87. La riqueza ahora es parte de mí. Soy próspero.
88. Hoy soy la persona que vine al planeta para ser.
89. Estoy en el camino de alcanzar mis metas.
90. Está la vida que vivo y la vida que quiero. Hoy estoy tomando medidas para alinearlas.
91. Irradio aceptación.
92. Me defiendo diciendo cómo me siento realmente con amabilidad.
93. Yo soy yo mismo.
94. La cumbre de todo éxito es el taburete para mi próximo éxito.
95. Prospero en cada oportunidad de llegar a ser más de lo que nunca antes he sido.
96. Mi cuerpo es hermoso.
97. Ahora salgo de mi zona de comodidad para convertirme en la persona que creo que puedo ser.
98. Hoy soy fuerte y entiendo.
99. Me siento seguro conmigo mismo. Estoy a salvo.
100. Hoy aprovecho al máximo lo que soy y lo que tengo que hacer para ser lo que puedo ser.
101. Hoy estoy trabajando conscientemente hacia una mayor apertura de mi corazón y de mi mente.
102. Hoy estoy entrando en planos nuevos y emocionantes en mi vida.
103. Soy fuerte, valiente y digno de todas las cosas buenas.
104. Estoy agradecido por mi vida, por las personas que hay en ella y por todo lo que me es posible.
105. Estoy lleno de paz, amor y felicidad.
106. Cada debilidad que creo que tengo es un ángel que susurra: "Crece, crece".
107. Todo lo que sucede en mi vida me prepara perfectamente para cumplir mi propósito.
108. Estoy listo para hacer un cambio positivo.

Afirmaciones positivas diarias

109. Hoy abro mi corazón a los demás viendo lo bueno que hay en ellos.
110. Esta semana estoy abriendo nuevos caminos en mi vida y me siento muy bien.
111. El pasado es una bendición porque es mi maestro. El futuro es una bendición porque es mi oportunidad.
112. Tomo acciones diarias en las cosas que me importan.
113. Estoy creando mi vida ideal cada día con cada pensamiento.
114. Hoy estoy rebosante de alegría, amor y gratitud.
115. Celebro todo lo que es justo en el mundo.
116. Hoy me estoy liberando de las sombras de mi pasado. Un día nuevo y brillante amanece para mí.
117. Me esperan oportunidades nuevas y emocionantes. Estoy creando mi destino.
118. Inhalo buenos pensamientos y exhalo malos pensamientos.
119. Libero viejos hábitos que limitan mi potencial.
120. Estoy agradecido por todo el bien que me rodea. Atraigo la bondad.
121. Estoy dejando ir lo que no puedo cambiar.
122. Hoy estoy agradecido.
123. Estoy agradecido por las guías útiles que a veces aparecen disfrazadas para llevarme de vuelta al amor.
124. Dejo ir el miedo del pasado y abrazo el amor y la alegría del presente.
125. Me perdono a mí mismo y libero mi pasado.
126. Hoy libero hábitos antiguos y abro nuevos caminos.
127. En mi vida estoy dispuesto a ver belleza donde otros no ven nada; puedo mirar más allá de una roca y descubrir el diamante.
128. Estoy listo para una relación sana, amorosa y duradera.
129. Hoy estoy alineado con las energías que sanan mi pasado y hacen crecer mi futuro.
130. Comenzaré de nuevo perdonando a esta persona.
131. Merezco amor, confianza y paz en mi vida.

Afirmaciones positivas diarias

132. Perdono para tener una mejor vida.
133. Lucho, pero crezco. Me caigo, pero me levanto. Incluso en medio de la adversidad, triunfaré y prosperaré.
134. Doy y recibo amor abierta y gratuitamente.
135. Acepto todas las formas en que el universo quiere bendecirme.
136. En este día, ilumino la apreciación en una situación de otra manera oscura; no hay oscuridad que pueda escapar de esa luz por mucho tiempo.
137. Soy lo suficientemente valiente como para pedirle la vida que deseo al universo.
138. Irradio confianza en todo lo que hago.
139. De ahora en adelante, elijo ser amable con todos los que me encuentro - soy amable.
140. Estoy creando la mejor vida posible para mí y para mis seres queridos.
141. Hoy puedo ser lo que quiera ser.
142. Inspiro a la gente con mis palabras y acciones amables.
143. Soy el dueño de mi destino.
144. Irradio bondad y amor en mi corazón.
145. Al liberar lo que es, abro la puerta a algo mejor.
146. Hoy y todos los días estoy en un viaje heroico desde donde estoy hasta donde estoy destinado a estar.
147. Yo creo mi propia vida todos los días y trabajo duro para crear una vida llena de crecimiento y expansión.
148. La abundancia viene a mí porque estoy agradecido.
149. Hoy es un nuevo capítulo y un nuevo comienzo.
150. Cada día es una nueva oportunidad para ser increíble.
151. Soy un imán para el bien y estoy agradecido por ese bien.
152. Crearé la vida que deseo.
153. Estoy eternamente agradecido por el amor que soy capaz de dar y por el amor que aún tengo que recibir.
154. Elijo estar agradecido por la luz de esta nueva mañana y por la energía y fuerza renovadas para ser quien sé que puedo ser.

Afirmaciones positivas diarias

155. Este nuevo año acepto mis cargas y acepto mis bendiciones, y así transformo mis cargas en bendiciones.
156. Hoy estoy asociado con la paz, y lo hago a través del poder de mantener un corazón agradecido.
157. Estoy dispuesto a confiar en que mi vida es exactamente como debe ser.
158. Elijo ver esta temporada de mi vida a través de los ojos del aprecio de la mejor forma que puedo.
159. Pase lo que pase estoy seguro de que puedo volver a estar agradecido.
160. Este año, mi acción de gracias va a ser perpetua; sobrevive a todos los obstáculos porque estoy dispuesto a mantenerla viva.
161. Estoy aprendiendo a estar agradecido por lo que tengo mientras estoy emocionado por lo que me espera.
162. Dejo ir los enfrentamientos negativos. Elijo ver la paz.
163. Siento una profunda gratitud por todo lo que soy y todo lo que tengo.
164. Hoy mi gratitud es un imán absoluto para la manifestación de todo lo que quiero
165. Estoy dispuesto a confiar en que mi vida es exactamente como debe ser.
166. Independientemente de lo que sea que vea, confío en que el universo está apoyando mi ser más elevado.
167. Sé que la gratitud es una elección diaria y hoy elijo estar agradecido.
168. Puedo relajarme un poco y estar agradecido por lo que tengo ahora.
169. La gratitud abre la puerta para que mi esencia fluya a través de mi vida y espíritu.
170. El día de hoy marca el comienzo de una nueva administración en mi vida.
171. Acepto plenamente la alegría que quiere surgir en mi vida, y la acepto ahora con gratitud.

Afirmaciones positivas diarias

172. Me siento agradecido esta mañana.
173. Estoy atrayendo el bien a mi vida.
174. Estoy agradecido por toda la bondad que Dios me ha dado.
175. A partir de hoy, mi actitud diaria es de gratitud.
176. Doy gracias diariamente por las bendiciones que fluyen en mi vida.
177. Estoy agradecido por las rocas y los diamantes porque la vida es una experiencia rica que lo incluye todo.
178. Estoy agradecido por mi vida y la conciencia creciente dentro de ella.
179. Me doy cuenta de que soy bendecido de muchas maneras y estoy profundamente agradecido.
180. Siento que tengo un corazón agradecido.
181. El sentimiento de gratitud amplía mi perspectiva y me abre a nuevas formas de vivir felizmente en este mundo; es como si todo el universo estuviera en mi corazón.
182. Estoy agradecido.
183. Cuanto más agradecido estoy, más bendecido estoy.
184. Mi alma se regocija continuamente y se une a mi experiencia mientras me comprometo con gratitud.
185. Veo abundancia a mi alrededor. Estoy agradecido.
186. Veo los beneficios de la gratitud. Ahora me sumerjo en la gratitud y la cultivo como un hábito.
187. Estoy agradecido por mi salud.
188. Estoy brillando más y hacia la perfección.
189. Este año estoy haciendo grandes hazañas.
190. Me levanto triunfante con gracia.
191. Por mi gratitud, estoy cerca de la fuente de abundancia.

CAPÍTULO VEINTE

AFIRMACIONES POSITIVAS PARA VIAJEROS

1. Disfruto de paz y tranquilidad en las vacaciones de mis sueños.
2. Voy a hacer un viaje al destino vacacional más asombroso del mundo.
3. Me maravillo de las muchas maravillas del mundo constantemente.
4. Cosas increíbles se dirigen hacia mí.
5. Me merezco la felicidad que este nuevo comienzo me ofrece.
6. Estoy agradecido por la oportunidad de viajar por el mundo.
7. Crearé sol para la alegría de los demás.
8. Siempre esparzo alegría y amor dondequiera que voy.
9. Tengo la suerte de tener la oportunidad de un nuevo comienzo lleno de amor y risas.
10. Lo mejor está por venir.
11. Atraigo las vacaciones de mis sueños.
12. No hay límite a lo que puedo hacer o al amor que puedo recibir.
13. Mis maletas están hechas y estoy listo para partir.
14. Vivo y respiro emoción y busco nuevas experiencias.
15. Libero pensamientos dañinos de mi pasado y miro hacia el futuro con emoción.
16. Estoy a cargo de la trayectoria de mi espíritu aventurero.
17. Visito tierras por todas partes mientras descubro el mundo.

Afirmaciones positivas diarias

18. Aprendo a abrazar la felicidad en los lugares más grandes y más pequeños por medio de los viajes.
19. Estoy contento con el yo que soy en este momento.
20. Me enfrento a los retos de hoy con un espíritu positivo y alegre.
21. El viaje perfecto está a mi alcance.
22. El dinero para viajar fluye en mi vida sin esfuerzo.
23. Me sumerjo en esta situación esperando amor y apertura.
24. Soy más feliz de lo que he sido nunca.
25. Estoy abierto a recibir una abundancia de amor y aventura salvaje.
26. Tomarme un tiempo para descansar y relajarme en un hermoso resort es donde estoy destinado a estar.
27. Cuanto más amor doy a mis esfuerzos, más recibo.
28. Navego por los océanos más profundos y vuelo sobre las montañas más altas para alcanzar el destino de mis sueños.
29. Estoy muy agradecido por la oportunidad de conocer un nuevo hogar.
30. Invito nuevas oportunidades a mi vida.
31. Visualizo mis vacaciones de ensueño todos los días.
32. Estoy preparado para prosperar más allá de mis sueños más salvajes.
33. Disfruto de la compañía de mis seres queridos mientras disfruto de las vacaciones de mis sueños.
34. Aprecio mi vida abundante.
35. Soy un imán para nuevos viajes y aventuras.
36. Mi deseo de nuevas experiencias inspira a otros a liberarse.
37. Mi escapada me está llamando y está cada día más cerca.
38. Estoy abierto y dispuesto a nuevas aventuras.
39. Devuelvo al mundo como el amor fluye en mí.
40. Cada día ofrece nuevas oportunidades para que sucedan grandes cosas.
41. Unas vacaciones fabulosas están siendo atraídas hacia mí.

Afirmaciones positivas diarias

42. Me siento agradecido de poder manifestar las vacaciones de mis sueños.
43. Los viajes me enseñan a ver el lado bueno.
44. Hoy estoy agradecido por todas las cosas buenas de mi vida y por las que aún están por venir.
45. Viajar hace que todo parezca bueno.
46. Hoy elijo dejar ir todas las influencias negativas del pasado.
47. Tengo opciones ilimitadas.
48. Soy la energía que deseo atraer.
49. Los viajes llenan mis días de risas.
50. Encuentro placer en los lugares más secretos y escondidos.
51. Las vacaciones de mis sueños están en camino.
52. Estoy agradecido por este viaje. Soy suficiente, y tengo suficiente.
53. Me despierto en un nuevo lugar alegre e inspirado para hacer de este día un gran día.
54. El universo me proporciona recursos ilimitados para poder viajar a donde quiera y cuando quiera en las vacaciones de mis sueños.
55. Estoy agradecido por cada una de mis aventuras y oportunidades de crecer.
56. Soy libre de diseñar la vida de mis sueños, y mi imaginación no conoce límites.
57. Vivo la vida al máximo.
58. El pasado no tiene poder sobre mí.
59. Le doy la bienvenida a la aventura en mi vida.
60. Saludo a toda la vida con amor en mi corazón.
61. Me entrego a paquetes de relajación de lujo mientras estoy en las vacaciones de mis sueños.
62. Viajar cultiva la alegría en mí todos los días.
63. Tengo todo lo que necesito y más.
64. Estoy abierto a aventuras nuevas y emocionantes.
65. Viajar me hace optimista.
66. Yo creo la vida que merezco.

Afirmaciones positivas diarias

67. Pido, creo, recibo.
68. Estoy rodeado de belleza.
69. Cada día, en todos los sentidos, viajar me hace más y más feliz.
70. Viajar me hace irradiar energía positiva.
71. Me estoy despertando en otro día relajante en el paraíso.
72. Soy digno de todo lo bueno que se me presenta y lo aceptaré con gratitud.
73. Estoy agradecido y abierto a las abundancias del universo.
74. Atraigo el éxito y la aventura salvaje.
75. El destino de mis vacaciones de ensueño se acerca cada día más a mí.
76. Mi corazón busca un viaje.
77. Viajar me ayuda a inhalar con positividad y paz y a exhalar pensamientos negativos.
78. El universo me dará aventura y amor.
79. Otros se sienten atraídos a mi espíritu aventurero.
80. Mi mundo está lleno de alegría y amor.
81. Mi firma energética es una coincidencia exacta con unas vacaciones maravillosas.
82. Permito que la abundancia del universo fluya a través de mí.
83. Soy digno de aventura y amor en todas sus formas.
84. Me visualizo desempacando mis maletas en el lugar más hermoso del mundo.
85. Simplemente decido estar emocionado por este día.
86. Celebro esta vida.
87. Me comprometo a tomarme unas vacaciones bien merecidas a menudo.
88. Siempre tengo lo que necesito cuando lo necesito en mi corazón aventurero.
89. Todos mis sueños se están haciendo realidad.
90. Estoy expandiendo mi conciencia cultural mientras descubro el mundo.
91. Invierto en mí mismo con todo el corazón.

Afirmaciones positivas diarias

92. El estrés de la vida se desvanece cuando me voy de vacaciones al paraíso.
93. Acepto los regalos del universo con gratitud.
94. Voy a volar a tierras lejanas llenas de emoción.
95. Mi gratitud no conoce límites.
96. Nací para cumplir mis viajes de ensueño.
97. Un merecido descanso me hace sentir descansado y renovado.
98. Al universo le encanta mostrarme sus hermosos paisajes mientras viajo alrededor del mundo.
99. Se me permite prosperar y aceptar la abundancia en mi mundo.
100. A medida que permito más abundancia y amor en mi vida, más puertas se abrirán para mí.
101. Voy a viajar por todo el mundo.
102. La riqueza del mundo fluye libremente en mi vida.
103. Estoy creando una vida de aventura y felicidad.
104. No voy a estar limitado.
105. Mi felicidad me llena y permito que mis miedos se desvanezcan.
106. Algo increíble me va a pasar en este viaje.
107. Me imagino comiendo en los mejores restaurantes durante las vacaciones de mis sueños.
108. Atraigo eventos y oportunidades positivas a mi vida.
109. Estoy labrando el estilo de vida salvaje y verdadero que deseo.
110. Un río de perfecta riqueza siempre corre hacia mí, bañándome.
111. Estoy agradecida por este viaje y la belleza exquisita que aporta a mi vida.
112. Sé que todo saldrá bien.
113. El tiempo de descanso que merezco se me concede en forma de una escapada hermosa.
114. La aventura me hace fuerte y tranquilo.
115. Soy el arquitecto de mi fortuna de viaje.

Afirmaciones positivas diarias

116. Los viajes me enseñan a tener valor y a aceptar mi vulnerabilidad.
117. Me gusta hacer turismo mientras hago viajes increíbles a tierras exóticas.
118. Mis viajes son siempre seguros, relajantes y divertidos.
119. Estoy tan lleno de paz y gratitud por este viaje.
120. Tengo un espíritu aventurero que experimenta las maravillas de la Tierra diariamente.
121. Disfruto mucho gastar dinero mientras estoy de vacaciones en el destino de mis sueños.
122. Estoy tan lleno de paz y gratitud por este viaje.
123. Me siento satisfecho porque estoy seguro de que todos mis deseos de viaje están siendo satisfechos.
124. Soy muy afortunado de estar en condiciones de viajar.
125. Me merezco un largo descanso del trabajo.
126. Soy un viajero.
127. Mi espíritu es aventura pura.
128. El camino que tomo hoy me lleva a un lugar de plenitud y grandeza.

CAPÍTULO VEINTIUNO

AFIRMACIONES POSITIVAS SOBRE LAS EMOCIONES

1. Hoy profundizo en mi alma para descubrir la fuente de cualquier resentimiento que se acumula en mi corazón.
2. Soy capaz de impedir que el resentimiento se alimente de mis pensamientos y sentimientos. Lo libero de nuevo en el universo y lo reemplazo con pensamientos positivos.
3. Entiendo cómo discutir mis sentimientos.
4. Puedo expresar mis emociones con confianza.
5. La meditación me muestra cómo estar contento y relajado.
6. Desconecto las distracciones emocionales y me concentro en crear equilibrio.
7. Mi concentración en mis verdaderos sentimientos se hace más fuerte. Presto atención a cómo funciona mi mente. Escucho mi voz interior.
8. Elijo estar en control de mis acciones en lugar de operar emocionalmente en modo automático.
9. Recuerdo que tengo el control y que puedo elegir.
10. Me concentro en mis valores fundamentales y en el propósito espiritual de mantenerme enraizado.
11. Me conecto con mis verdaderas emociones.
12. Dejo a un lado cualquier forma de juicio y me considero a mí mismo con compasión.
13. Cada día tomo la decisión de amarme y aceptarme tal como soy.

Afirmaciones positivas diarias

14. Reconozco el poder que tengo sobre mi vida y decido cómo responder a cualquier circunstancia que se me presente.
15. Dedico mi tiempo y mis emociones a actividades que son significativas para mí.
16. Soy plenamente consciente de mí mismo y de mi valor. Sé que soy digno de amor y éxito.
17. Me doy cuenta de que al observar mis pensamientos y sentimientos acerca de ciertas cosas, me preparo para vivir la vida que realmente quiero.
18. Cultivo una sensación de calma y serenidad interior que puedo llevar conmigo a través de atascos en el tráfico o reuniones de negocios tensas sin quebrarme emocionalmente.
19. Me doy el regalo de liberarme del resentimiento. Libero el enojo, perdono a los demás y hago espacio para el amor.
20. Acepto mis sentimientos y comienzo el proceso de curación.
21. Vivo mi vida consciente y deliberadamente.
22. Me defino de una manera que va más allá de mi edad, sexo, profesión o incluso experiencias pasadas.
23. Cuando las cosas empiezan a ponerse frenéticas, voy más despacio y respiro profundamente.
24. Estoy dispuesto a trabajar para superar los obstáculos.
25. Entiendo el poder del resentimiento y su capacidad para dañar mi mente y mi cuerpo, por lo tanto, trabajo activamente en dejar ir.
26. Reservo tiempo para la meditación y la oración para alimentarme emocionalmente.
27. Hoy me enfrento a los desafíos sin abrumarme con demasiadas responsabilidades.
28. Doy un paseo al aire libre para disfrutar de la naturaleza, relajarme y conectarme con mi centro.
29. Mis relaciones permanecen seguras mientras expreso mis pensamientos y sentimientos.
30. Mi centro es una fuente de fuerza que me da la determinación de perseverar.

Afirmaciones positivas diarias

31. Para dejar ir el dolor pasado, enfoco mi conciencia en el momento presente.
32. Busco mi centro en el caos. Me concentro en mi mente para conectarme con mi centro.
33. Encuentro la fuente de mi resentimiento para poder dejarlo ir.
34. Al permanecer centrado, puedo aceptar los cambios naturales en la vida.
35. Vivo en el presente.
36. Mi centro es fuerte y este es el lugar donde me siento en equilibrio emocionalmente.
37. Atraigo personas y situaciones tranquilizadoras a mi vida.
38. Tengo confianza cuando estoy cerca de otros.
39. Aclaro mis pensamientos a medida que tamizo mis emociones. Mi mente se ralentiza.
40. Confío en mi sabiduría interior.
41. Controlo mis arrebatos emocionales y al mismo tiempo, experimento la estabilidad que viene con estar en contacto con mi ser auténtico.
42. Libero la ansiedad porque sé que sólo está de paso.
43. Hoy dejo ir cualquier resentimiento en mi corazón con gusto y avanzo hacia una vida feliz sin esta emoción negativa.
44. Reemplazo los sentimientos de preocupación con esperanza.
45. Me identifico con mis sentimientos de ansiedad tanto como con la paz.
46. Miro más profundo que la superficie. Veo más allá de etiquetas y roles superficiales.
47. Soy capaz de adaptarme a nuevas situaciones.
48. Confío en mi futuro.
49. Mi confianza, sabiduría interior y autoestima aumentan día a día.
50. Me niego a permitir que el dolor del resentimiento se pudra dentro de mí.
51. Soy más que mi genética.
52. Reacciono a mi ansiedad con calma y eficacia.

Afirmaciones positivas diarias

53. Inhalo confianza y exhalo dudas en mí mismo.
54. Aprendo de mi ansiedad.
55. Aprendo estrategias que puedo usar para liberar emociones negativas de una manera saludable y las practico diariamente.
56. Sé que mi intuición es mi mejor guía.
57. Sé que ser directo es el enfoque más efectivo, así que sumerjo en ello.
58. Vibro a una emoción más alta que la ansiedad.
59. Interpreto mis emociones y tengo la última palabra sobre cómo reacciono.
60. Libero hábitos de preocupación.
61. Reduzco el riesgo de malentendidos y retrasos al mantener una comunicación clara.
62. Acepto el estrés, este me aleja de lo que me drena.
63. Mis creencias y valores crean una base sólida para mi vida. Estoy centrado y tengo los pies en la tierra.
64. Soy valiente y me enfrento a mis miedos.
65. Para mantener una comunicación equilibrada, me pregunto qué serviría al bien común y no sólo a mis propios intereses.
66. Pido lo que quiero.
67. Me enfrento a situaciones difíciles con valentía.
68. Soy más que mi historial familiar de enfermedad mental.
69. Soy proactivo. Para ayudarme a liberarme del resentimiento, estudio métodos de comunicación positivos.
70. La meditación me da la oportunidad de descubrir mi verdadero yo.
71. Para ponerme en un estado de ánimo sincero, examino mis motivos.
72. Me permito ser vulnerable y esto profundiza mis relaciones.
73. Compruebo que mis pensamientos estén libres de resentimientos y ansiedad.
74. La meditación me ayuda a liberar mis verdaderas emociones, así como mi verdadero potencial.
75. Mis dudas tóxicas se desvanecen.

Afirmaciones positivas diarias

76. Tengo la habilidad de crear cambios en mi vida.
77. Dejé atrás el pasado porque ya no me sirve.
78. Está bien donde estoy mental y emocionalmente.
79. A medida que libero el estrés y la ansiedad, mi mente crece tranquila y en paz.
80. Sólo hablo de cosas positivas.
81. Elijo responder a las emociones que me construyen.
82. Dejo de compararme con los demás y me dedico a aprovechar mis propias fortalezas únicas.
83. No me compadezco de mí mismo.
84. También puedo dejar ir la amargura porque entiendo que mi pasado sólo puede afectar mi presente o futuro si lo dejo.
85. Me gusta el viaje emocional en el que estoy. Me encanta en lo que me estoy convirtiendo.
86. Me apruebo a mí mismo.
87. Soy mi propia roca emocionalmente.
88. Soy un guerrero y un soldado cuando se trata de proteger mi salud mental.
89. No tengo miedo de mi futuro.
90. Estoy tan enamorado de esta vida.
91. Soy completamente valiente cuando descubro mi verdadero yo.
92. Soy un regalo para el mundo.
93. Hoy cultivo un centro fuerte que guía mis decisiones, mis acciones y mis reacciones.
94. No estoy oprimido. No hay montaña que no pueda escalar.
95. Me gusta lo lejos que he llegado emocionalmente. Soy una inspiración para los demás.
96. Tomo la decisión de aprender lo que puedo de situaciones desafortunadas, dejarlas en el pasado y seguir adelante sin ellas.
97. Me amo a mí mismo completamente.
98. Me quiero y apruebo a mí mismo.
99. Soy valiente y agradecido por haberlo aprendido.

Afirmaciones positivas diarias

100. Me rodean las vibraciones positivas y permito que los viajes me levanten el ánimo.
101. Elijo estar relajado y feliz.
102. Hoy me siento a meditar. Exploro mis sentimientos y aprendo a apreciarme a mí mismo.
103. No me estresaré por cosas que no puedo controlar.
104. Me detengo y reflexiono antes de reaccionar.
105. Soy superior a los pensamientos negativos.
106. Suelto todas las preocupaciones que agotan mi energía y me siento ligero como una pluma.
107. Acepto todas las experiencias.
108. Cada día me vuelvo más tranquilo, positivo y cariñoso.
109. Mi felicidad es contagiosa.
110. Me demuestro a mí mismo que esa felicidad diaria viene de adentro en lugar de depender de posesiones materiales o de la aprobación de otros.
111. Estoy centrado, en paz y con los pies en la tierra.
112. Siempre estoy rodeado de seres queridos que me apoyan.
113. Hoy es un buen día.
114. Estoy contento y en paz.
115. Los pensamientos negativos no son lo mío.
116. Invito a la paz en todas mis interacciones con los demás.
117. Estoy permitiendo que este momento pase pacíficamente.
118. Soy feliz aquí y ahora.
119. Estoy agradecido por este momento.
120. Estoy completo, no tengo nada que probar.
121. No estoy solo.
122. Soy gentil con mis palabras y mis pensamientos.
123. Observo mis emociones con calma y desapego.
124. No juzgo mis propios pensamientos.
125. Me perdono por los errores del pasado.
126. Estoy vivo en este momento.
127. Mi corazón está lleno de alegría.
128. Mi mente está tranquila.

Afirmaciones positivas diarias

129. Elijo estar calmado.
130. Estoy aquí ahora.
131. Dejo que mi alma brille.
132. Descarto todas las expectativas.
133. Estoy en paz en mi lugar.
134. Encuentro alegría en la calma.
135. Estoy tranquilo y contento.
136. Hoy es un día fresco y nuevo.
137. Estoy a cargo de cómo me siento.
138. Hoy tengo el control de mis emociones y sentimientos.
139. Irradio calidez y amabilidad.
140. Soy pura luz de sol.
141. Me concentro en lo que puedo controlar y dejo ir lo que no puedo.
142. Me encanta mi hermosa mente.
143. Tener días malos está permitido.
144. Soy un sobreviviente y eso me hace sentir orgulloso de mí mismo.
145. Tengo una risa hermosa.
146. Mantengo la calma en situaciones frustrantes.
147. Invierto en mí mismo a través de pequeños y grandes actos de autocuidado y amor propio.
148. Soy valiente para soportar días emocionales como el de hoy.
149. La vida es dura a veces, pero yo también.
150. Mi sonrisa hace sonreír a los demás.
151. Elijo el amor por encima de otras emociones.
152. Mi fuerza interior no tiene límites.
153. Soy paciente y amable conmigo mismo.
154. Estoy deseando volver a sentirme mejor con respecto a las cosas.
155. Estoy orgulloso de la persona que soy hoy, y de la persona que seré mañana.
156. Tengo el control de mis emociones.
157. Inhalo energía y amor, exhalo negatividad y duda.

Afirmaciones positivas diarias

158. La vida es dura a veces, pero yo también.
159. Mañana es más que otro día; es otra oportunidad para brillar.
160. ¡Soy lo máximo siendo yo!
161. Atraigo el amor que desea mi corazón.
162. Cuido mi salud mental porque se merece mi amor.
163. Mis días malos y mis momentos infelices siempre pasarán.
164. Confío en mi capacidad para liberarme.
165. Traigo alegría al mundo.
166. Elijo mi tranquilidad.
167. No estoy avergonzado ni solo por tener problemas de salud mental.
168. Puedo ver el final de este tiempo emocional y me avanzo hacia este con cada respiración que tomo.
169. Estoy atrayendo la bondad de los demás.
170. Mis abrazos están llenos de amor y calidez.
171. Mantengo la calma cuando el caos me rodea.
172. Mi salud mental es tan importante como mi salud física.
173. Me tomo el tiempo para conocer mejor mis necesidades, límites y fronteras.
174. Estoy atrayendo a personas que me tratan bien.
175. El amor es en lo que más creo.
176. Estoy manifestando amor y felicidad desde dentro.
177. La buena salud mental es un viaje, no un destino.
178. Me quiero más que nunca en días difíciles como éste.
179. Estoy tomando decisiones responsables.
180. Suelo sembrar semillas de paz dondequiera que voy.
181. Inspiro a otros a ser felices cuando me permito ser feliz.
182. Abro mi corazón a la curación.
183. Inhalo paz y exhalo disfunción.
184. Cada día mi paz crece más.
185. Mis días buenos me preparan para mis días difíciles.
186. Mantengo la calma en situaciones frustrantes.
187. Estoy procesando mi dolor y enojo de manera saludable.
188. Me rodeo de gente que se preocupa por mi bienestar.

Afirmaciones positivas diarias

189. La vida es dura a veces, pero yo soy más duro.
190. Soy considerado en cuanto a cómo mis decisiones afectan a otros.
191. Mi corazón está lleno de amor por quien soy.

www.ingramcontent.com/pod-product-compliance
Lightning Source LLC
Chambersburg PA
CBHW031055080526
44587CB00011B/694